고종, 어사진을 통해 세계를 꿈꾸다

韓國寫眞歷史叢書 1

19세기 어사진의 정치학

어사진을 통해
세계를 꿈꾸다

최인진 지음

문현 도서출판

서 문

조선 최초로 어사진을 촬영했던 조선 26대 국왕 고종, 그로부터 백 수십 년 동안, 그 존재도, 그 의미도, 그 내막도 잊어버린 채 지내왔던 어사진과 그 촬영에 얽힌 여러 사실을 수년 동안 다양한 방법을 통해 규명한 내용을 이 책에 담았다.

특히 2010년은 고종이 어사진을 처음 촬영한 때로부터 126년이 되는 해, 이를 계기로 지난 2000년 초부터 어진도사와 달리, 사진기 앞에서 처음 어사진을 찍었을 때의 비밀, 언제, 누가, 어디서, 어떻게, 어떤 모습으로 촬영했으며, 이때 어사진 촬영자는 누구였을까? 이러한 문제들을 규명하려는데 주목해 왔다.

사실 고종 어사진에 대한 관심은 한국사진역사의 초기시대와 무관하지 않기 때문이기도 했다. 백 수십 년 동안, 그 존재도, 그 의미도, 그 내막도 잊어버린 채 지내왔던 것은, 시대가 요구하는 여러 연구 과제들이 선두에 있었기 때문이거나, 무관계한 일로 생각했기 때문일까?

최초의 고종의 어사진은 창덕궁에서 촬영되었을 것으로 추측했지만, 혹시나 해서 경복궁에 대한 의구심도 떨쳐버릴 수 없었다. 뿐만 아니라 최초의 어사진 촬영장에 대한 방향도 파악하지 못하고 헤매는 등, 오랫동안 답보 상태를 해결할 뾰족한 방법이 서지 못했다.

그러던 중에 로웰이 조선에 왔을 때인 1883년 12월에서 그 이듬해 3월 사이에 촬영한 많은 사진들을 입수해서 볼 수 있었고. 그때 촬영한 사진 중에 고종 및 왕세자의 어사진 4장도 들어있는 것도 확인되면서 연구에 힘을 얻게 되었다. 이를 계기로 많은 지인들의 격려와 도움이 되는 연구 방법 등도 들려주어, 그때까지 머릿속에만 꿈꾸어 왔던 사상 유래 없는 재현 촬영이라는 사진작업을 활용하게 되었으며, 이를 통해 사실 규명을 시도하게 되었다.

2008년 3월 28일 정오 돈화문에서 모인 재현 촬영을 위한 일행이, 후원에 당도해 촬영에 들어간 것은 정오를 약간 지난 1~2시 촬영장은 창덕궁 후원 연경당, 발길이 닿지 않는 농수정에서 였다. 높은 동산에 세워진 정자 남쪽으로는 탁 트여 어원의 경치를 한 눈에 볼 수 있어 아름답기 그지없었다. 이와 반대로 북쪽 방향은 숲으로 막혀 배경으로 활용하기에 알맞은 곳이었다. 굳게 닫친 사방 벽의 사분합문을 열어 겹쳐 위로 걸면 사방이 트이는 기둥만 없으면 동산에 있는 것처럼 정자를 배경으로 해도 좋고 정자 안에 들어가 의자에 앉아도 좋을, 그런 호조건을 갖춘, 그런 곳을 촬영장으로 활용할 수 있었던 것이다.

연경당 농수정에 올라 다시 한 번 옛 사진에 찍힌 건물 기둥에 걸린 주련의 내용을 분석해 맞추어보고 또 맞추어 보았다.

　재현 사진은 6장. 먼저 고종 어사진의 모습처럼 분장한 모델이 똑같은 위치에 서거나 앉게 해서 촬영했다. 자세나 모습, 위치, 농수정 정자의 사분합문의 형태까지 옛 사진에 찍힌 것처럼 그대로 촬영했다.

　촬영이 진행되면서 고종 및 왕세자의 어사진 속에 숨어있던 비밀이 하나 둘 밝혀지기 시작했다. 기둥에 걸린 주련의 내용은 이곳이 1884년 3월 10일과 13일에 있었던 촬영장임을 다시 확인시켜 주었다. 정자에 그냥 놔두고 촬영했던 서양 의자의 존재를 확인할 수 있었으며, 촬영 때마다 빛을 조절하기 위해 여러 형태로 변경한 사분합문 등 로웰이나 지운영의 카메라 시각도 선명하게 드러났다.

　이 날의 재현 촬영에서 밝혀진 또 하나의 중요한 사실은 로웰이 3월 10일 촬영한 사진, 3월 13일 지운영과 로웰이 촬영한 사진을 명확하게 구분할 수 있었다. 그리도 오랫동안 찾았던 지운영이 찍은 어사진 2장도 찾아낸 개가를 올렸다. 그 사진에는 사진촬영 때 보여준 것처럼 어진도사 시대와 사진의 시대로 이어지는 변혁기를 담고 있음도 확인되었는데 감격스런 대목이었다.

　이로부터 3년을 더 기다리면서 재현 촬영에서 대두된 여러 문제들을 규명하는 데 온 힘을 쏟았다. 어사진은 왕세자의 탄신일을 계기로 촬영되었다든가, 왕세자의 어사진을 왕실 측근들에게 야야의 어진爺爺御眞이라고 호칭하면서 자랑하는 등 그렇게 즐거워 한 명성황후, 왕세자에 대한 어머니의 꾸밈없는 마음도 읽을 수 있었다. 지운영은 일천한 사진술임에도 최선을 다해 촬영한 지 7일 만에 그것을 완성해 왕실에 전달하고, 로웰은 6개월이 지나서야 왕실에 전달했다는 사실, 그때 사진 앨범이라는 실체에도 접할 수 있었다는 내용 등이다. 미국에서 수집한 여러 연구서들에는 1884년 로웰이 촬영한 사진들에 대한 높은 평가도 접할 수 있었다. 또 윤치호가 왕실의 세세한 일까지 알 수 있었던 저간의 사정, 밀착된 왕실과의 관계 속에 어사진 촬영 현장까지도 속속들이 알게 되었다는 사실 등을 파악할 수 있었으며, 어사진의 명칭, 고종 및 왕세자의 촬영 때의 복식, 그 무렵의 사진술 등에 이르기까지 나름대로 어사진에 얽힌 비밀을 규명했다.

이 작업을 해오면서 무엇보다도 중요하게 생각한 것은 사진 수용, 정확히 말하면 사진기 · 사진, 그 이미지나 사진술을 누가 배워, 언제 누구를 촬영하고 인화작업까지 성공했느냐에 관한 문제였다. 이에 대한 문제를 규명하는데, 시기적으로 거의 같은 연대이고, 또 어사진 촬영의 시기와도 비슷하기 때문에 고종 어사진의 규명은 바로 한국사진사의 원점으로 여겨 이 부분에 큰 관심을 두게 되었다.

사진의 선각자들도 어사진 촬영의 성공은 사진술 정착에 그만큼 파급 효과가 크다고 여겼고, 공적인 대상이기도 했기 때문에 국왕의 어사진 촬영에 크게 무게를 두었을 것이다. 특히 이 시대의 지운영에 주목하게 된 것도 이러한 시대에 유일하게 위치해 있기 때문이며, 앞에 말한 여러 조건을 통해 사진술을 정착하려고 했기 때문이다.

따라서 고종의 어사진에 얽힌 사실의 규명도 궁극적으로는 이의 규명을 통해 한국사진의 원점을 밝히고자 한 방법 중의 하나이기도 하고, 이의 성공으로 수용기와 새로운 시대의 개막의 분수령을 형성하기 때문이다.

그러나 이러한 규명은 자료조사에 많은 시일이 걸렸고 침체상태에 빠진 것이 한 두 번이 아니었지만, 이번 재현 촬영 작업을 계기로 어사진에 얽힌 비밀을 규명하게 된 것은 큰 성과였다.

차 례

08 고종 황제의 어사진 / 236

■■■■고종 어사진을 통해 세계를 꿈꾸다

-19세기 어사진의 정치학-

제 1 장

고종 어사진은 이렇게 촬영했다 ▌▌▌▌▌

1 고종 어사진은 이렇게 촬영했다

1. 고종 및 왕세자의 어사진을 찾아서

고종 어사진 촬영은 역사적 사건이다. 마치 어진도사 때처럼 왕실은 물론 전 관료들이 여러 번의 회합을 거쳐 어진도사도감을 설치하고 초벌 그림의 논쟁을 거쳐, 여기에서 의견이 합치되면 구체적으로 어진의 모습이 나타났던 것처럼 사진도 이러한 사건에 버금가는 중대사이었기 때문이다.

국왕의 어사진 촬영 때에는 떠들썩하게 진행되는 경우도 있지만, 어진도사와는 달리 은밀히 그리고 국왕과 사진사, 국왕을 모시는 환관 정도만 알까, 국왕의 모습을 소란스럽지 않게 사진에 남길 수 있었던 것이 크게 달랐다. 현장에서의 위치나 배경 등은 국왕의 처소처럼 촬영현장을 조성하는 작업, 광선 조절을 위한 설치작업 등 상당한 주의를 기우려야 했으며, 특히 국왕의 기상을 드높이기 위한 여러 방법들이 연출되는 등 어느 것 하나도 결코 소홀함이 없었을 것이다.

조선시대의 국왕은 공·사가 따로 있었던 것이 아니다. 모든 움직임이 공적이었기 때문에 이러한 동향은 곧바로 사관들의 눈에도 비쳤을 터인데, 그럼에도 어진도사와는 달리 국왕의 어사진 촬영에 대한 기록은 왜 남아있지 않을까?

사진만의 독특한 세계 탓인지, 아니면 사진의 이해가 부족했던 당 시대였기 때문인지, 또는 어사진이라는 그때까지 찾아볼 수 없는 인물의 형상화 때문이었던지, 공식·비공식을 불문하고 이에 관련된 기록이나 증언은 거의 찾을 수 없었다.

어떤 동기로 어사진을 찍게 되었으며 장소는 어디에서, 누가 촬영했는가 하는 사진촬영 이면에 대한 자세한 내력, 이것을 설명해 줄만한 자료 등은 전혀 나타나지 않은 채 어사진만 남아있을 뿐이다.

필자도 여기에 포함되지만 많은 연구가들이 이 문제를 규명하기 위해 오랫동안 간단없는 탐구를 계속했다. 많은 연구가들이라고 말했지만, 사실 사진 분야 외에 고종의 어사진을 누가 어떤 경로로 촬영했는가에 대해 관심을 가졌던 적이 있었을까?

이런 상황에서 사진 분야의 연구가들은 사진 연구 방법을 재대로 형성하지 못하고 타 분야의 연구 방법을 원용해 수년을 이에 매달렸다고 하지만 아무런 성과를 얻지 못한 것 또한 당연한 귀결인지 모른다.

대부분의 고종 어사진에 대한 연구나 탐색은 고종시대의 역사를 기술한 실록 등 고종과 왕실 관련 자료를 대상으로 조사한 것들이며, 한국사 자료 소장처, 박물관 등에 비치한 고종 관련 자료 등에 중점을 둔 것이었다. 그뿐만 아니라 일부 연구가들 중에는 일본, 영국, 미국, 프랑스 등 해외의 자료관이나 사진 소장처 등에까지 현지 조사를 벌였으나 몇 점의 사진 외에는 그마져 촬영 연유를 밝혀내지 못했다.

이번 작업은 지금까지 해왔던 방식에서 벗어나 그때까지 조사한 자료를 바탕으로 고종 어사진 중에서 가장 오래된 것들을 중심으로 그때처럼 다시 촬영해 그 결과를 중심으로 최초의 사진을 밝혀내려는데 초점을 맞추었다.

로웰의 사진과 그 사진에 대한 연구서들을 기준으로 하고. 짧고 간단지만 이에 대한 기록을 남긴 윤치호의 일기 등을 재검토해, 가능한 많은 고종 어사진을 찾아내, 그 중에서 최초의 어사진은 어느 것인가에 대한 작업을 벌였다. 그리고 이를 이용해 1884년 3월 10일과 13일에 찍은 어사진과 똑같은 상황을 만들고, 똑같은 촬영 조건과 과정에서 그동안에 풀지 못했던 문제를 규명할 수 있지 않을까 하는 데까지 이르게 되었다.

1884년 3월 13일이 아닌 2008년 3월 27일, 124년 만에 고종 어사진의 재현작업은 이러한 목적 하에서 사진역사상 처음 시도했다.

사진기를 휴대하고 조선에 입국해 왕실의 후의로 창덕궁에 머물면서 수십 장의 사진을 찍었던 미국인 아마추어 사진가와 최초로 사진술을 습득한 우리나라 사진 선각자, 이들 두 사진가들이 국왕에게 처음 사진술을 선보인 재미있는 사건들을 재현해 최초의 고종 어사진은 어떻게 촬영했는가를 규명하게 되었다.

최초의 어사진 촬영에 대한 준거는 『윤치호일기』를 중심으로 하고 이 시기에 촬영한 어사진들로 추측되는 사진자료들을 가능한 많이 입수했다. 그리고 이러한 자료를 바탕으로 1884년 3월에 있었던 것처럼, 장소나 복식, 시간까지도 그때처럼 재현해 촬영했다.

그러나 재현 촬영만으로 모든 문제가 규명될 것이라는 예상은 빗나가 많은 문제를 노정시켜 이 문제를 규명하는데 3년을 더 보내야 했다. 그동안 문제를 해결할 수 있는 자료를 찾고, 고종 및 왕세자의 어사진을 찍은 사진가들에 대한 숨은 이야기, 고종은 어사진을 어디서 누가 어떻게 박았는가 등등을 두루 살펴왔다.

편의상 재현 촬영이라고 했다. 이 명칭은 이름 그대로 다시 촬영한다는 뜻이겠지만, 촬영한 사진이 잘못되어 재촬영한다는 의미로 그렇게 지칭한 것은 아니다. 고종의 어사진에 나와 있는 실상을 그대로 다시 연출해 촬영한다는 의미에서 붙여진 명칭이다.

재현 사진 촬영은 사진에서 표현을 위주로 한 일반적인 장르의 분야라기보다는 과거에 촬영한 사진을 그대로 재현해, 몇 가지 단서를 근거로 해서 원본사진 촬영자가 누구였던가를 규명하고, 촬영자의 사진적 특징, 당 시대의 시대상, 원본 사진의 진위에 대한 판별 등을 규명하려는 의도에서 시도해 본 것이다.

사진 속의 주인공, 고종처럼 분장한 인물이 같은 장소의 비슷한 위치에서 계절도 그 시기에 맞추고, 동일한 복식을 하고, 같은 자세의 모습을 비슷한 카메라 앵글로 촬영해 옛 사진과 재현 촬영한 사진의 이미지를 서로 비교 분석해 원 사진 촬영자의 의도를 규명하고, 옛 사진의 촬영 연대나 동인까지도 밝혀내려는 것이었다.

그러기 위해서는 재현하려는 옛 사진의 선정 문제, 그 사진에 관련된 자료의 수집 및 분석과 아울러 이해도 폭넓게 이뤄져야 할 것이고, 촬영 작업 때에는 원 사진이 촬영된 정확한 위치를 찾아내 원 사진에 찍힌 그대로의 현장을 조성하는 것도 빠뜨릴 수 없는 문제였다. 뿐만 아니라 대상 인물은 다르더라도, 비슷한 복식을 한 채 촬영해야 원 사진과 비교하는데 큰 도움이 된다는 점도 유의했다. 그리고 촬영자마다 독특한 시각, 즉 같은 피사체이지만 카메라에 투영된 동·서양인의 시각도 가능한 한 발견하고자 했다.[1]

2. 어사진에 대한 이해

(1) 어사진의 탄생

고종은 재위 중은 물론 퇴위 후에도 많은 사진을 촬영했다. 뿐만 아니라 사후에도 최초의 국장사진첩 속의 주인공이기도 한 사진 시대의 국왕이었다.[2] 생전에 그 수를 헤아릴 수 없을 정도로 많은 사진을 촬영했다. 그 사진마다 일화와 사연이 담겨 있었겠지만, 사적이건 공적이건 간에 무슨 자리에서 어느 날, 어느 때 어사진을 촬영했다는 사실을 기록한 자료도 거의 찾아볼 수 없다. 고종의 정사는『승정원일기』나『고종 실록』처럼 매일매일 상세한 기록을 남겨 당시의 시대사를 자세히 접할 수 있으나, 사진의 경우에는 국왕 때의 사진에 관련된 기록은 거의 찾아볼 수 없었다.

서양에서는 1839년 무렵 오랜 시간과 수많은 사람들의 연구 끝에 대중들이 사용할 수 있을 정도로 완벽한 사진술을 발명하고 공개된 자리에서 이것을 발표했다. 사진 발명 공표는 세상을 깜짝 놀라게 했다. 대중의 인기에 착안해 이를 상품화 한 무역상들은 육로를 이용해 운반하거나 해로로는 무역선에 사진기를 실어 세계 각지로 전파했다. 신문물의 총아로, 대중의 열광 속에 등장한 다게레오타이프(Dagurreotype[3])는 1840년대에 중국과 일본에, 1850~60년대에는 우리나라에도 알려지기 시작했다. 사진문화는 얼마가지 않아 속속 상륙했으며, 우리가 주체적으로 사진기를 구입해 사용하기 시작한 것은 1880년대 무렵의 일이었다.[4]

이 무렵이 되면 외국인들의 왕래도 빈번하고, 사진기를 휴대하고 입국해 여러 곳을 촬영하기도 했다. 또 공식적인 업무로 중국이나 일본을 찾은 조선 관리들 중에는 그 곳의 사진관을 공식적인 방문 코스로 정한 것은 아니지만, 사진기 앞에서 자신의 모습을 찍는, 신분에 상관없이 문화적 체험을 주저하지 않았다.

또 서울과의 시대적 간격이 약간 있지만, 개항장의 항구 도시에서는 일찍부터 외국인의 왕래를 허용해 이들을 대상으로 한 사진관이 문을 열었으며, 고객들을 상대로 사진을 찍어주고 주변 풍속과 풍물도 찍어 판매하는 등 사진업에 종사하는 조선인 및 일본인들도 등장했다. 국내 재산가들이나 신문물에 심취한 몇몇 선각자들은 이 새로운 문물에 대한 궁금증을 떨쳐버리지 못해, 구경도 하고 사진을 찍는 이들도 있었다. 아울러 서양인들도 자신의 모습을 촬영하거나, 이들이 판매하는 한국의 경치나 풍속 등 조선의 모습을 촬영한 사진을 구입했다가 돌아간 후에 그들의 여행기나 조선 관련 연구서에 자료로 활용하기도 했다.

이러한 사진술에 대한 소문은 인물화에 대한 많은 것을 알고 있었던 당시대 인들에게 큰 충격으로 받아 들여졌을 것이다. 충격은 궁금증으로, 마치 가까이서 본 것처럼 부풀려서, 기계가 사람의 용모를 똑같이 그려낸다는 사진에 대한 소문은 하나 둘의 입에서 입으로 전해지다가 온 장안에 퍼졌을 것이고, 이것으로 자신의 용모를 그려보고 싶었을 것이다.

사진에 관한 소문은 시중뿐만 아니라 구중궁궐에까지 알려지고 그 후의 일이지만, 사진을 좋아하게 된 국왕인 고종의 귀에까지 들어갔을 것이다. 그런가 하면 중국에 연행사로 갔다가 듣고 보고, 실제로 경험했던 사진·사진기에 대한 흥미로운 보고도 있었을 것이고, 일본에 파견되었던 사신들을 통해서도 사진에 대한 여러 얘기를 들었을 것이다.

아니면 시중에 떠도는 소문, 알현했던 외국인들을 통해서도 사진·사진기의 이야기를, 아니면 실물을 직접 보고 사진기 앞에 서보고 싶은 욕망을 떨쳐버리지 못했을 것이다.[5]

사진의 시대 이전에는 인물화에 대한 욕구가 높았고, 자기 자신을 그린 인물화를 벽에 건다는 것이 사대부들의 품위를 높이는 것으로 여겼으며, 또 궁중에서도 조종의 영구지도祖宗永久之圖를 어진에 두었기 때문에 용모를 기계가 똑같이 그려낸다는 신기한 기술을 한 번 체험해 보고 싶었을 것이다.

그 외에도 인물사진에 대한 욕망은 어사진을 활용해 신뢰성이나 협력을 바라는 마음의 정표로 또는 국민들에게 국왕에 대한 충성심을 돌출해 내려는 정치적 의도도 담겨 있었을 것이다.

고종 및 왕세자나중에 순종의 어사진을 최초로 누가 어디서 언제 어떻게 촬영했는가에 대해서는 오랫 동안의 관심사항이었으며, 한국사진사에서는 우리 사진의 원점으로 생각할 정도로 큰 관심을 가져왔다. 국왕 고종이 사진기 앞에 서서 사진 촬영에 임한 것은 그동안 축적된 사진술 수용을 공식화한 것이며, 사진시대의 개막을 알리는 상징이라고 생각했기 때문이었다.

이러한 사진술 수용의 개막을 알리는 고종의 어사진 촬영에 대해서, 실록이나 일기 같은 공식적인 기록 및 사초史草에는 전혀 찾아볼 수 없고 유일하게 개인 일기인『윤치호일기』尹致昊日記에서만 찾아볼 수 있다. 고종 왕세자의 어진 촬영 부분의『윤치호일기』내용은 이렇게 되어 있다.

3월 10일음 2월 13일, 월, 맑음 11시경에 사서기司書記, 로웰과 같이 예궐하여 어진·세자궁 어진을 촬영하고 오후 5시경에 물러나 공사관으로 돌아오다. ...[6]

3월 13일음 2월 16일, 목, 맑음 로웰 및 사서기와 함께 예궐하여 어진을 촬영하다. 이날 지설봉池雪峰, 池運永도 어진을 촬영하다.[7]

어진을 촬영했다는 내용은 두 번에 걸쳐 기록되어 있다. 한 번은 양력 3월 10일음 2월 13일 퍼시벌 로웰Percival Lowell이 미국 공사관의 사서기司書記와 윤치호의 안내로 고종 및 왕세자의 어사진을 촬영했다는 내용이고, 두 번째는 3월 13일음 2월 16일 역시 미국 공사관의 사서기와 로웰이 윤치호의 안내로 역시 고종 및 왕세자의 어사진을 촬영했다는 것과 지운영도 고종 및 왕세자 어사진을 촬영했다는 내용이다.

지운영과 로웰을 언급한 3월 13일자 일기에는 "로웰이 고종 및 왕세자를 촬영했다."라고 문장을 끝내고, 지운영이 어사진을 촬영했다고 이어 기술했다. 내용인 즉 "이날 지설봉도 어진을 촬영했다."라고 되어 있는데, 로웰에 관한 기록에 이어 다시 문장을 시작한 것으로 보아, 로웰과 같이 또는 함께 촬영한 것이 아니라 각각 따로따로 어사진 촬영이 진행되었음을 짐작할 수 있는 대목이다.

그리고 로웰은 두 번에 걸쳐 고종 및 왕세자 어진 촬영을 했으며, 지운영은 한 번, 두 번째 날 로웰이 먼저 촬영했는지 아니면 지운영이 먼저 촬영했는지 윤치호의 일기 내용으로는 확인하기 어렵지만, 문장의 순서로 보면 로웰 다음에 지운영이 촬영한 것으로 추론된다.

▲ 「사진 1-1」 농수정 정면 양쪽에 칠보향로를 놓아두고 장대석 위에 서서 촬영한 고종(로웰, 1884)

또 하나 로웰이 남긴 사진 자료는 로웰이 1883년부터 1884년 봄까지 서울에 체류하면서 촬영한 사진들이다. 이 사진 자료들은 로웰 천문대에서 보관하고 있다고 알려진 바 있으며,[8] 최근 조사에 의하면 미국 보스턴미술관에서도 수장하고 있는 것으로 확인되었다.[9] 이 미술관에 기증한 시기는 명확하게 알려진 바 없다. 보스턴미술관에 기증한 로웰이 촬영한 사진 중에는 이 무렵 한국에 와서 촬영한 70여 점의 사진, 그중에 고종과 왕세자의 어사진 4장도 포함되어 있었다.[10]

그 외에 고종의 어사진에 대한 연구논문도 있는데, 촬영 연대라든가 촬영 장소의 고증, 어사진의 분석, 어진의 변용 등 몇 가지 규명을 시도한 연구 결과들이다.[11] 그 외에 『승정원일기』, 『고종실록』, 『일성록』, 『내각일기』 등 1884년대 초의 왕실 관련 기록도 참고로 했다.

(2) 재현 촬영은 이렇게 준비했다

고종의 어사진을 촬영했을 때인 1884년 3월, 그때로부터 126년이 흘렀다.

▲ 「사진 1-2」 농수정 정면 장대석 위에 서서 촬영한 고종 재현 사진

20세기 마지막 몇 년 전부터 3월만 되면 어사진 촬영의 현장인 창덕궁에 관광객들과 같이 입장해 어원의 여러 곳을 관람하면서 감회에 젖기도 했다.[12] 그러나 마음 속으로 감회에 젖기에는 현실과의 거리가 너무 커 어사진 속에 감추어진 이면사의 현장에는 접근할 수 없었다.

그러던 중 어사진 촬영에 얽힌 사실을 밝혀야겠다는 꿈만을 키워오다 2008년, 이번에는 창덕궁관리사무소와 단국대학교 석주선기념박물관, 그 외의 몇몇 인사들과 의기투합해 그때의 사진촬영과 같은 상황을 재현해서 촬영 작업을 시도할 수 있는 기회를 얻게 되었다.[13]

▲ 「사진 2-1」 정자 안 남쪽 마루의 의자에 앉아있는 고종(로웰, 1884)

▲ 「사진 2-2」 정자 안 남쪽 마루의 의자에 앉아있는 고종 재현 사진

어사진 재현 촬영이 현실화 되면서 사전에 해결해야 할 문제들이 너무 많았다. 그동안 조사한 자료를 바탕으로 고종의 어사진에 대한 여러 문제들을 재검토하고, 1884년 어사진을 촬영한 로웰의 사진들을 입수해야 재현 촬영을 성공적으로 이끌어 낼 수 있을 것으로 생각되어 백방으로 그의 사진 수집을 알아보았다. 그 외에도 지운영이 촬영했을 것으로 추측되는 사진뿐만 아니라 이 시기에 촬영했을 것으로 추측되는 비슷한 사진들도 가능한 한 다양한 이미지를 입수해 어느 사진이 1884년 3월, 이들에 의해 촬영했을까 하는 의문에 대한 해답을 찾으려고 했다.

▲ 「사진 3-1」 농수정 정자의 전경속에 앉아 있는 고종(로웰, 1884)

또 로웰과 지운영이 고종 및 세자의 어사진을 촬영했다고 기록된『윤
치호일기』의 어사진 관련 부분도 꼼꼼히 살피면서 전후 관계를 면밀히
검토했다.

어사진 재현 직업은 고종 및 왕세자가 어사진을 촬영했다는 내용 그
대로 그때의 촬영 현장인 창덕궁 연경당의 농수정에 올라 사분합문을
열어 위에 걸고, 왕과 세자로 분장한 모델이 익선관翼善冠과 곤룡포袞龍袍를
입고, 동일한 위치에 서서 옛 어사진처럼 촬영하기에 이르렀다. 익선관
과 곤룡포 등 고종 및 왕세자의 복식은 단국대학교 석주선기념박물관의
박성실교수가 당시대의 복식과 똑같게 고증을 거쳐 새로 만든 것이었다.

그리고 고종의 어사진 자료 제공 및 재현 촬영은 이 분야의 전문가인 서헌강 문화재 전문사진가에게 의뢰했다.

고종 및 왕세자의 어사진 재현 촬영은 2008년 3월 13일, 고종이 어사진을 처음 촬영한 그 날을 촬영일로 정했다. 그러나 고종 및 왕세자가 입고 촬영해야 할 익선관과 곤룡포의 제작이 덜 되어 3월 18일로 연기했다. 이 일로 아침 일찍부터 창덕궁관리사무소 및 모두에게 연락을 취하느라고 부산을 떨었다. 그러나 3월 18일에도 간간히 비가 오다가 그치고 또 오고, 그렇게 궂은 날씨가 하루 종일 계속되어 또다시 1주일을 더 연기해야 했다.

▲「사진 3-2」농수정 정자의 전경속에 앉아 있는 고종 재현 사진

2008년 3월 25일 아침, 오랜만에 맑은 하늘을 볼 수 있어 재현 촬영을 단행하기로 하고 모두 창덕궁에 모였다. 원 사진처럼 똑같은 채광까지도 고려해 오후 1시경에 촬영을 시작했다.

장소는 창덕궁 후원, 연경당의 후정에 위치한 농수정, 분합문을 모두 열어 들어올려 건 정자에서 원 사진 중에서 위치가 이와 비슷한 사진만을 골랐더니 6장, 사진에 찍힌 모습 그대로 촬영을 시작했다.

3. 어사진에 얽힌 비밀

(1) 재현 촬영으로 푼 어사진에 얽힌 문제들

재현 촬영은 수집한 자료와 연구논문 등을 참고해 불분명한 문제들을 규명하는데 있었지만, 그동안 풀지 못했던 마음 탓인지 초조한 마음으로 시작했다.

첫 번째는 1884년 3월에 촬영한 고종 및 왕세자의 어사진은 몇 장이나 되며, 그 중에 지운영이 촬영한 것과 로웰이 촬영한 어사진은 어느 것인지, 두 사람이 촬영한 어사진의 이미지를 파악하는데 주목했다.

두 번째는 어사진 중에 가장 최초기에 촬영된 사진을 찾아내는 일, 그 사진에 숨어있는 다양한 영상을 하나하나 거론해 분석해 보는 것도 빼놓지 않았다. 그뿐만 아니라 어떤 동인에서 고종은 왕세자를 대동하고, 봄이 완전하지 않은 시기에 깊은 후원을 촬영 장소로 택해 사진가들을 이곳으로 불렀을까 하는 문제까지 그 범위를 확대했다.

고종은 바쁜 국왕의 업무 중에 하루도 아니고 이틀이나, 그 이상의 시간을 내어 어사진 촬영에 열정적으로 대응한 점도 궁금했고, 촬영 장소인 농수정이라는 정자의 사방 분합문을 열어 올려 걸고, 정자에 오르는 장대석에 수놓은 주단을 깔고, 촬영 소품으로 향로와 서양 의자까지 고루 갖춘 장소를 마련한 점도 궁금한 대목이었다.

고종과 왕세자 측의 동향도 동향이지만 정작 사진을 촬영했던 사진가들에 대해서도 궁금한 부분이 많다. 『윤치호일기』에는 인적 사항만 열거했을 뿐 이들의 촬영 동기에 대해 언급한 부분을 전혀 찾아볼 수 없다. 로웰에 대해서는 그가 조선에 오게 된 내력이랄까, 이런 점을 중심으로 밝혀져 있으면 하는 대목이다. 지운영에 대해서는 어떤 동기에서 어사진 촬영의 기회를 얻게 되었고, 이때 로웰이 촬영한 어사진과 지운영이 촬영한 어사진은 제작 기일이 얼마나 걸렸을까 하는 부분도 궁금한 대목이었다.

여기에 어사진, 어진, 진, 진영 등 여러 명칭 중에 어느 쪽을 택해 불러야 할지 등등. 고종 및 왕세자의 어사진 재현 촬영 작업 이전에 해결해야 할 문제들은 끝이 없었다.

(2) 로웰이 촬영한 어사진의 내막

고종 및 왕세자의 어사진 촬영을 최초로 실현한 사진가는 지운영과 미국인 퍼시벌 로웰에 의해서였다. 시기는 1884년 무렵으로 각고의 노력 끝에 사진술을 습득한 연구가와 아마추어 사진가로 조정의 외교활동에 공로가 큰 미국인에 의해 그 첫발을 내딛게 되었다.

  로웰은 1883년 12월에 입국해 약 3개월 정도 머물다가 1884년 3월
18일, 고종의 어사진을 촬영한 지 4일 만에 일본으로 출국했다. 그가
촬영한 고종의 어사진은 서양인이 촬영한 최초의 사진일 뿐 아니라 처
음으로 책에 수록된 조선 국왕의 사진이기도 했다.

  로웰이 촬영한 어사진보스턴미술관에 소장되어 있는 고종 및 왕세자의 어사진을 전제
로 한 것임은 4장, 그 중에 3장은 고종, 다른 1장은 왕세자의 어사진
이다.

  어진에 대한 개념이라든가, 우리가 생각하는 인물사진을 염두에 두
고 촬영하려는 의도는 없었던 것 같으며, 서양인들이 궁금해 하는, 조
선의 왕궁 정원에서 조선 국왕의 모습을 촬영하려는 형태로 촬영했다.
오봉병을 배경으로 옥좌에 앉은 좌상 형태의 어사진 촬영은 감광도가
너무 낮은 당시의 사진 감광판 한계 때문에 처음부터 관심을 두지 않았
던 것 같다. 그러다보니 조선 왕궁의 정원에 있는 정자, 즉 농수정을
배경으로 하게 되었으며, 후원 풍경과 함께 그곳에 서거나 앉게 해, 당
시까지 그려오던 어진과는 전혀 달리, 전혀 유례가 없는 국왕과 왕세자
의 사진을 촬영했다.

  1-1의 사진사진의 번호는 설명을 위해 편의상 삽입했다.은 농수정 정면 양쪽에 칠
보 향로를 놓아두고 장대석 위에 서게 해 촬영한 모습이고, 2-1의 사
진은 정자 안 남쪽 마루의 의자에 앉아있는 좌상이다. 또 3-1의 사진
은 농수정이라는 정자의 전경 속에 앉아 있는 모습으로 분합문을 열어
올려 걸고, 동쪽은 그대로 두거나 약간 열어놓은 채 촬영했다. 채광은
봄날 오후, 남서쪽에서 비치는 빛이 국왕을 향하도록 했으며 서쪽과 동
쪽 문으로 들어오는 빛은 보조광선으로 활용했다. 배경은 자연스럽게

북쪽 후원이 되었으며, 소나무 같은 거목들과 잡목들이 어우러져 배경이 마치 산수화와 같은 효과를 발휘했다.

로웰의 어사진의 모습은 서 있거나 의자에 앉은 좌상 등 포즈의 형태는 단순하지만, 그때까지 볼 수 없었던 인물이 중심이 되던 그렇지 않던 간에 배경 중심의 형태로 촬영한 점은 어진도사 때와는 전혀 다른 특이한 형태였다. 또 국왕을 서 있도록 해 인물사진을 촬영한 것 또한 새로운 시도였다. 그러면서 복식 및 체형, 얼굴 모습 등 중요한 부분을 명확히 재현하려고 했다.

1-2, 2-2, 3-2는 로웰이 촬영한 사진을 바탕으로 재현 촬영한 이미지이다.

(3) 새로 찾은 지운영 촬영의 어사진

윤치호는 1884년 3월 13일음력 2월 16일자 일기에[14] 로웰과 지운영의 어진 촬영 사실을 적어놓았다. 그 동안 1884년 3월 13일 지운영이 촬영한 고종 및 왕세자의 어사진은 어떤 것이었을까에 대해 여러 논의도 있었고, 지운영의 아들인 지성채 화백은 고종과 명성황후를 찍은 10여 장의 유리판을 보관하고 있었는데, 공주에 공부하러 내려갔다가 방앗간에 불이 나는 바람에 그곳에서 유리판을 모두 태웠다고 증언한 바 있다.[15]

그러나 대부분의 자료들은 『윤치호일기』에 적힌 내용을 벗어나지 못한 것이며, 고종 및 왕세자의 어사진이라 할 만한 사진자료도 구체적으로 제시해 구분하지 못한 체 말만 무성하였다.

『윤치호일기』에 기록된 대로 지운영이 촬영한 사진을 찾기 위해 로웰이 찍은 사진 속에 나타난 이미지를 중심으로 고종 및 왕세자의 모습과 비슷하고, 카펫이나 의자 등 소도구들로 단장한 똑같은 촬영장, 이렇게 조성된 장소에서 촬영한 사진을 찾는 작업에서부터 시작했다.

5-1의 사진, 6-1의 사진은 필자가 오래 전에 수집해 소장하고 있었지만, 로웰이 촬영한 어사진을 전부 볼 수 없었고, 이들 사진과 비교해 볼 수 있는 기회를 가지지 못했기 때문에 이때까지만 해도 지운영이 촬영한 사진이라고 확신할 수 없었다. 지운영의 독특한 시각, 사진촬영 기법이나 촬영 장소, 그리고 복잡한 배경을 잘 활용해 마치 정면 좌상의 어진처럼 촬영했다고 생각했으나 그가 촬영한 어사진이라는 데까지 미치지 못했다.

그러나 재현 촬영을 통해 지운영이 촬영한 어사진과 로웰이 촬영한 어사진의 촬영 시각이 명확하게 구분되고, 둘째 날인 3월 13일 촬영된 것도 사진 속의 새로운 이미지를 찾아 내면서 두 사람이 촬영한 어사진도 자연스럽게 구분되었다.

5-1의 사진은 농수정 기단 위 양쪽 네모기둥 옆에 칠보 향로를 비치하고, 꽃무늬를 수놓은 카펫을 깐 장대석 앞에 방석처럼 만든 의자에 앉은 좌상 형태로 촬영한 고종의 어사진이다. 6-1의 왕세자 어사진도 고종의 어사진처럼 섬돌에 놓인 의자에 앉은 좌상 형태로 촬영한 것이다. 그러나 고종의 어사진과 달리 왕세자의 어사진은 용안을 약간 옆을 향하게 해서 국왕과 왕세자를 차별화하려는 의도적인 촬영기법을 사용했음도 짐작하고 남음이 있었다. 왕세자의 이러한 시선과 포즈를 취하

게 한 것은 어진도사에서는 찾아볼 수 없는 근엄한 표정을 요구하던 관습과는 달리, 천진스런 소년의 모습을 표출할 수 있는 어사진 촬영에서만 가능한 기법이었다.

지운영은 농수정의 일부와 북쪽 창으로 투영된 풍광을, 담장을 배경으로 활용해 촬영했다. 배경이 단순하지 않고 복잡하긴 하지만, 마치 옥좌에 앉은 그런 분위기를 나타내려고 한 촬영자의 의도를 엿볼 수 있는 그런 모습이다. 구체적으로 설명하면 5-1의 고종 어사진과 6-1의 왕세자 어사진은 로웰이 촬영한 모습과는 여러 점에서 달랐다. 배경이나 주변 경치를 끌어들여 풍경 위주로 인물사진을 촬영하려는 의도는 전혀 없었으며, 장대석을 중심으로 건물의 주변을 옥좌와 옥좌의 오봉병처럼 활용하면서 국왕의 모습을 근접 촬영해 인물 중심의 사진이 되도록 하는데 있었다.

국왕의 어진도사 때의 모습은 실내에서 전신교의좌상全身交椅坐像 형태로 그리고, 안면이 움푹 들어간 부분에는 엷고 진한 갈색 선염으로 채색하고 짙은 갈색 선으로 덧그려서 입체감을 나타냈으며, 위아래의 눈꺼풀은 짙은 갈색 선으로, 코와 입술 등은 짙고 엷게 채색하는 선염효과를 활용했다.[16]

이와 달리 어사진의 경우에는 -물론 대부분의 인물사진에서 다 그런 것처럼- 조명을 활용해 어진과 차별화하면서 만인지상으로 표출했다. 국왕의 용안에 생기를 불어넣고 아름다움을 나타내기 위해 용안의 눈이나 코, 입 등 안면의 여러 부분을 손질하는 것이 아니라 그렇게 보이도록 하기 위해 광선을 십분 활용하는 것이었다.

지운영이 촬영한 고종 및 왕세자 어사진을 주의해서 살펴보면, 전통적인 어진도사 때의 관례와 새로운 사진술을 활용해 국왕 및 왕세자의 용모를 어떻게 표출할 것인가에 대해 고심한 흔적을 찾아볼 수 있다. 국왕 및 왕세자를 농수정 정자에 위치하도록 할 것인가, 아니면 정자의 북쪽이나 남쪽을 택할 것인가, 배경은 어떤 형태를 조성해 넣을 것인가, 처마 밑을 택할 것인가, 그도 아니면 섬돌 첫째 기단에 의자를 놓아 좌정하게 할 것인가, 섬돌 위의 향로 등까지 촬영할 것인가, 배경은 북쪽 나무숲의 풍광으로 할 것인가 등등 많은 고심을 했을 것이다.

이러한 고심 끝에 연경당에서 농수정에 올라 정자 안으로 올라가는 섬돌 맨 앞에 놓인 의자에 앉도록 하고, 배경은 단조롭지 않은 산수화 같은 형태를, 시야가 툭 트인 남쪽과 남서쪽에서 비치는 오후의 광선을 이용해 용안을 입체적으로 표현했다. 화려한 카펫으로 섬돌의 난간을 덮어 계단에 앉은 것이 아니라 실내처럼 보이게 했으며, 훤히 들여다보이는 농수정의 마루 밑은 빛의 효과와 기단의 네모기둥 양쪽에 향로를 놓아 복잡한 부분을 자연스럽게 가렸다.

이러한 촬영 스타일은 고종 및 왕세자의 어사진을 거의 정면을 향한 전신교의좌상全身交椅坐像 형태를 취하게 하고 인물화의 전통적 방법 및 어진도사와 같은 방법을 적극 활용했는데, 서화가로 활동하면서 체득한 소양에 사진가로서의 시각도 포함된 복합적인 기법이었다.

일반적으로 위대한 인물을 촬영할 때처럼 사진기의 각도는 밑에서 올려다보는 앙각 형태를 취한 앵글을 지향했으나 사진기를 받친 삼각대의 한계 탓이었을까 약간 위에서 내려다보는 것 같은 형태로 촬영되었다.

(4) 1884년 3월 10일 및 13일에 촬영한 어사진

『윤치호일기』에는 1884년 3월 10일 및 3월 13일 양일에 고종 및 왕세자의 어진을 촬영했다고 적혀있다. 그러나 재현 촬영 작업을 하기 이전에는 미술관에 보관하고 있는 로웰사진 밖에 접할 수 없었기 때문에 『윤치호일기』에 적힌 두 번에 걸쳐 촬영했다는 사실을 다각도로 검토할 수 없었다.

그러나 이번 재현 촬영 작업을 계기로 로웰이 조선에 체류할 때 촬영한 사진 중에서 현재까지 보존된 어사진을 전부를 입수할 수 있었으며, 이 사진에 대해 여러 방법으로 검토한 자료를 바탕으로 재현 촬영 작업을 진행하여 3월 10일에 촬영한 로웰의 사진, 3월 13일 촬영한 지운영과 로웰의 사진을 구분하고, 이에 대한 의문점을 규명하는데까지 이르게 되었다.

3월 10일과 3월 13일 양일에 두 사람이 촬영한 어사진은 6장이며현재까지 조사된 것을 기준으로 이 중 4장은 고종의 어사진이고, 왕세자 어사진은 2장이다. 그러나 막상 이 6장의 사진 중에서 언제 촬영되었는가를 밝히는 것 또한 난제 중의 난제였다. 어느 것이 3월 10일에 촬영한 것이고, 어느 것이 3월 13일에 찍은 것인가를 분별하기란 생각처럼 쉽지 않았기 때문이다.

먼저 수집한 사진을 판독하고, 재현 촬영 작업을 했는데, 3월 10일 로웰이 촬영한 고종의 어사진은 농수정을 배경으로, 서 있거나 농수정에 앉은, 멀고 가까운 형태의 사진 1-1, 2-1, 3-1의 어사진이었으며, 왕세자의 어사진은 사진 4-1이다.

▲ 「사진 5-1」 농수정의 일부와 북쪽 창으로 투영된 담장을 배경으로 촬영 고종(지운영, 1884)

　　그리고 3월 13일 지운영이 촬영한 고종의 어사진은 농수정의 장대석 바로 앞의 의자에 앉은 고종의 어사진 사진 5-1이며, 왕세자의 어사진은 사진 6-1로 구분되었다.

　　3월 10일과 3월 13일 촬영한 어사진이라고 분류한 중요한 이유는 의식했던 의식하지 않고 촬영했던 간에 서양 의자를 치우지 않고 그대로 촬영했기 때문이었다.

농수정에서 촬영한 고종의 어사진에는 지금까지 발견하지 못했던, 고종의 어사진을 촬영하면서 치우지 않고 놓아 둔, 뒤편의 서양 의자를 찾아낼 수 있었기 때문이다.

어사진 촬영 때에 사용하려다가 적당하지 않았던지 아니면 고종의 면복 자태에 어울리지 않았거나, 그도 아니면 등받이가 있어 다른 의자를 사용하면서 뒤로 밀어놓았던지, 어떠한 이유에서였건 이 의자를 치

▲ 「사진 5-2」 농수정의 일부와 북쪽 창으로 투영된 담장을 배경으로 재현 촬영한 사진

우지 않고 이날 촬영을 계속했던 것 아닐까?

오늘날의 일반적인 촬영 관행이나 당시의 관행으로도, 주 대상과 관련하지 않은 소품이나 주변 물체들을 사진에 나오지 않게, 또 화면에 조금이라도 이상한 소품이나 물체가 있을 때에는 반드시 이것을 정리하고 촬영하는 것을 원칙으로 한다. 당시대에도 이러한 원칙은 지켜졌을 텐데, 서양 의자를 치우지 않고 뒤로 밀어놓고 촬영한 것은 의도적이라기보다는 우연한 실수였을 것으로 생각되었다.

▲ 「사진 6-1」 농수정의 일부와 북쪽 창으로 투영된 담장을 배경으로 촬영한 왕세자(지운영, 1884)

▲ 「사진 6-2」 농수정의 일부와 북쪽 창으로 투영된 담장을 배경으로 촬영한 왕세자 재현 사진

　고종의 어사진에 나타난, 자의적이건 고의적이건 서양 의자를 치우지 않아 그대로 나타난 장면은 사진 1-1, 2-1, 3-1, 3장의 어사진 뿐이며, 그 외의 사진들에는 이러한 현상을 찾아 볼 수 없었다.

　3월 10일에 촬영한 것과 3월 13일에 촬영한 어사진을 구분할 수 있는, 눈에 띄는 또 다른 흔적은 농수정의 분합문 개폐 상태에서도 찾아볼 수 있었다. 서양 의자가 사진에 촬영된 고종 어사진은 남·북쪽의 분

▲ 「4-1」 농수정의 왕세자(로웰, 1884)

합문을 완전히 열어 걸고, 동 · 서쪽의 분합문은 약간 열어둔 상태로 촬영했으며, 다음에 촬영한 것으로 생각되는 4-1, 5-1, 6-1의 어사진은 이와 달리 남 · 북의 분합문은 완전 개방하고, 동 · 서쪽의 분합문을 닫은 채로 찍혀 있기 때문이다.

　이 외에 4-1의 왕세자 어사진을 3월 13일에 촬영한 것으로 구분한 것은 로웰의 책에서 볼 수 있듯이 '조금 뒤에 겪은 일이지만, 내가 사진을 찍으려고 파인더로 그를 올려다보자 왕세자는 거의 번개같이 문을 닫아버렸다. 그리고는 잠시 후 뜰을 가로질러 돌아가는 일행들을 뚫어져라 쳐다보고 있었다.'[17)]는 대목처럼 3월 10일에는 왕세자가 사진기 앞에 서기를 기피했다는 기록을 염두에 두었기 때문이다.

사진의 채광상태도 3월 10일 촬영한 것과 3월 13일 촬영한 사진을 자세히 들여다 보면, 3월 10일 촬영한 사진의 채광상태는 오후 1~2시의 광선 상태였음에 비해, 3월 13일 촬영한 사진의 채광 상태는 이보다도 늦은 남·서쪽에서 비치는 빛을 이용해 촬영했음을 알아볼 수 있었다.[18]

이러한 결과에 도달한 것은 오래된 사진 이미지이지만, 사진마다 세밀히 관찰해 얻은 결론이며, 아울러 재현 촬영을 통해 얻은 결론이기도 했다. 또 이곳에서 촬영한 고종 및 왕세자의 어사진은 『윤치호일기』를 통해서도 확인할 수 있었다. 그 외에 서양인 사진가와 왕실과 지근거리에서 봉사하기를 염원했던 신하의 시각, 촬영 방법에서도 두 사람의 촬영 의도는 명확하게 구분되었다.

▲ 「4-2」 농수정의 왕세자 재현 사진

물론 이러한 지적은 로웰과 지운영이 촬영한 어사진과 재현 촬영 작업에서 얻어진 결과를 바탕으로 말한 것이다. 그러나 사진이 오래되어 잘 분별 되지 않는 부분도 있고, 그때 촬영한 사진은 없어진 채 여러 번의 복사한 것들뿐이어서 그 형태를 잘 알아볼 수 없는 이유도 있어 정확한 판단이라고 내세우기에는 무리임도 감안했다.

(5) 세자 탄신일을 계기로 실현된 어사진 촬영

고종과 왕세자의 어사진은 어떤 계기로 촬영하게 되었을까? 단순히 용모를 똑같이 그린다는 신기한 기계에 이끌려 사진을 찍게 된 것도 아닐 것이고, 어진도사를 위한 보조수단으로 사진을 이용하기 위한 것도 아닐 텐데 어떤 동인에서 사진을 찍게 되었을까? 이 문제도 숙제로 오래 동안 남아 있었다. 이번 재현 촬영을 계기로 『윤치호일기』를 다시 펴서 처음부터 면밀히 분석했더니, 3월 5일음 2월 8일은 왕세자나중에 순종의 10번째 탄신일이라는 새로운 사실을 알게 되었다.

고종은 보위에 오른지 11년 만에 왕세자 척坧, 1874~1926, 후일 순종을 얻었다. 한 살 위인 명성황후와 가례를 치른 지 8년 만인 1874년 2월, 창덕궁 관물헌에서 둘째 아들을 얻었으며, 이듬해인 1875년에 왕세자로 책봉했다.[19]

1884년 3월 5일은 왕세자의 10세 되던 탄신일이었다. 궁궐뿐만 아니라 온 나라가 대대적인 생일축하 행사로 떠들썩했다. 이 날짜의 실록이나 일기 등에도 다양한 왕세자 탄신일 축하 행사를 적고 있으며, "이날은 동궁의 탄신일이다. 10시 경에 미국 공사와 같이 예궐하여 하례를 올리다."[20]라고 윤치호도 그의 일기에 기록했을 정도였다.

왕세자 탄신일인 2월 8일ᆷ자 『고종실록』 기사에는, 고종은 왕세자의 탄신에 승후承候한 시임대신時任大臣과 원임대신原任大臣, 즉 전·현직 대신들을 소견召見한 자리에서, 좌의정左議政 김병국金炳國이 "동궁 저하東宮邸下의 춘추가 이미 10세를 넘겼고 오늘 또 다시 생신을 맞이하니 전하殿下의 마음이 기쁘실 것으로 생각되오니 여러 사람들이 더욱 경축하는 바입니다."라고 축하인사를 하였다. 고종은 이에 대해 "매번 이 날을 맞을 때마다 기쁨이 비길 데가 없었는데 금년은 작년보다 훨씬 더 기쁘다"[21]고 신하들의 인사에 대답할 정도로 국왕도 신하도 왕세자 생신 축하로 온 하루가 떠들썩했다.

시원임대신, 각신, 종친, 내외 아문 등 관리에게 사찬을 내리고, 경축 과거를 춘당대에서 설행하고 경범 죄수들을 방송했다. 이날 하례를 올리기 위해 예궐한 중국 통령 제총병諸總兵과 각국 공사들을 접견하고 연희를 설치하여 대우하였다[22]고 기록하고 있다.

『승정원일기』에도 군국아문, 내각, 정원, 옥당, 조정 2품 이상, 육조 당상, 양사 장관이 세자궁과 세자빈궁에 권으로 문안을 드렸다는 내용, 경 죄수들을 석방하도록 지시한 내용, 조정신료들과 군사들에게까지 잔치를 베풀었다고 다양한 행사들을 기록하고 있다.[23]

왕세자의 생일축하 행사는 3월 10일 춘당대에서 열린 인일제人日製라는 과거 행사에까지 이어졌다. 인일제는 원래 정월 초아흐레 날ᆷ인 인일人日에 보이던 과거였으나, 왕세자의 탄신을 계기로 설행한 과거에 참가하지 못한 선비들을 위해 인일제를 3월 10일에 설행하고 왕세자를 시좌侍坐하도록 했다.[24]

왕세자의 탄신일 축하 분위기 속에 어사진 촬영은 로웰을 앞세운 미국 공사관 쪽과 지운영 양측에서 추진되었을 것이다. 로웰은 3월 4일 로웰, 미국 공사, 홍영식, 오례당, 궁강宮岡, 윤치호 등과 같이 만찬 회동 석상에서[25] 국왕과 세자의 어사진 촬영을 논의했을 것이고, 지운영은 나름대로 세자의 탄생일을 계기로 자신이 습득한 사진술을 선보일 수 있는 계기를 삼고자 했을 것이다.

(6) 어사진은 언제 받아보았을까

엉뚱한 이야기일는지 모르지만, 사진기 앞에 서서 사진을 찍는 것 하고, 사진기로 찍은 필름을 현상해 이것을 인화지에 가시 상으로 만든 것을 받아 보는 것, 이 둘 중에 어느 것을 우리가 말하는 사진이라고 할 수 있을까? 사진기로 피사체를 찍는 것을 사진이라고 할 것인지, 아니면 자신이 찍혀진 모습을 현상 인화 과정을 통해 눈으로 볼 수 있는 인화지에 가시적인 상으로 만든 것을 말하는 것인지, 어느 것을 사진이라고 해야만 정확한 명칭인지 구별하기 힘들 때가 많다.

대부분 사진기 앞에서 사진을 찍는 것도 사진 찍는다고 하고, 현상 인화를 거쳐 완성된 이미지도 사진이라고 지칭하고 있기 때문에 두 가지 다 사진이란 명칭을 붙여 부르게 된 것일까? 사진을 찍는 것을 말하는 것인지, 찍은 것을 인화지에 완성해 눈으로 볼 수 있게 만든 것을 말하는 것인지? 사진이란 명칭을 놓고 보면, 분명한 정답을 내세우기 곤란할 것 같다. 그래도 일반인들 사이에는 사진을 받아보는 것보다, 사진 찍은 것을 처음 사진을 찍었다고 말하는데, 그 이유는 어디에 있는 것일까?

사진은 "빛이나 복사 에너지의 작용을 통해 감광성의 물체 위에 피사체의 형태를 영구적으로 기록하는 방법"이고, 또 "필름을 넣은 사진기로 물체를 찍은 뒤에, 그 필름을 이용하여 특수한 종이에 재현한 영상"이라고도 설명할 수 있다.

최근에 나온 사전에는 사진에 대한 명칭을 렌즈를 통해 투영된 피사체의 빛을 필름에 촬영하는 것과 촬영한 필름의 잠상을 현상하는 것, 그리고 현상된 영상을 사진종이에 가시 상으로 만드는 것, 이 세 가지 과정을 구분해 설명하려는 것이 추세인 듯하다.

그러나 사진기로 사진을 찍는 것은 바로 사진을 만드는 행위로 이해하던 1880년대의 입장에서 보면 찍는 것보다 찍힌 사진, 즉 가시화한 이미지에 의미를 크게 두었던 것으로 생각된다. 그래서 찍히는 것보다 찍은 영상을 사진으로 만든 것, 그것을 사진이라고 이해했던 것 같다

이 가벼운 논쟁은 바로 사진은 하루 이틀 늦게 찍었지만, 로웰보다 훨씬 앞서 전달한 지운영의 사진이 최초인지, 아니면 먼저 촬영했지만 훨씬 후에 도착한 로웰의 사진이 최초인지를 판단하는 데도 영향을 미칠 것 같다.

고종 및 왕세자의 어사진은 궁궐에서 언제 받아 보았을까? 언제 찍었는지가 아니라 그 찍힌 사진을 언제 받아보았는가에 대한 물음이다.

지운영은 종로 마동에 촬영국을 개설하고 있었지만, 로웰은 촬영하고 나서 5일 후인 3월 18일 조선을 떠나 일본으로 출국했다. 지운영은 종로 마동에서 촬영국을 열고 있었기 때문에 빠른 시간에 사진을 제작해 왕실에 건넬 수 있었지만, 로웰은 조선을 떠나 일본, 미국으로 돌아갔기 때문에 왕실에 전달하는 데도 오랜 시간이 걸려, 촬영은 비슷한 시기에 했지만 제작한 사진을 왕실에 전달한 것은 시기적으로 크게 차

이날 수 밖에 없었다.

1884년 3월에 촬영한 역사적인 어사진은 당사자인 고종 및 왕세자, 그리고 명성황후를 비롯한 측근들이 볼 수 있었던 것은 언제였을까? 사진은 다른 것보다 찍을 때부터 기다림의 마력을 지니기 때문에 당사자인 국왕 및 왕세자뿐만 아니라 명성황후, 국왕과 세자가 어사진을 촬영했다는 소식을 들어 알고 있던 측근들까지 사진이 어떤 것이고, 어떻게 만들어진 것인지, 화본을 받아 볼 날만을 기다렸을 것이다. 그 중에도 사랑이 지극했던 어머니 명성황후는 어린 왕세자가 어떤 모습으로 찍혔을까 하는 궁금증 때문에 특히 기다림이 더했을 것이다.

왕실에서 고종 및 왕세자의 어사진을 볼 수 있었던 것은 창덕궁 연경당에서 촬영한 지 7일 후였다. 그것도 로웰보다 2~3일 후에 촬영한 지운영이 전달한 사진이었다. 윤치호는 그의 일기 1884년 3월 19일자에서, 곤전명성황후께서 다른 얘기 끝에 "왕세자의 어사진을 보았느냐"고 물으면서 이날 저녁에 보여주어 그때 촬영한 어사진을 처음 보게 되었다는 내용을 적고 있다.

> … 일찍 일어나 물러갈 것을 아뢰었더니 다시 조금 더 기다렸다 물러가라는 명이 있어 새 옷으로 갈아입고 공사청으로 왔는데 9시경에야 마침내 입시하게 되었다.… 양전께서 웃음을 띤 채 하교함이 없었다. 그런데 곤전께서 말씀하기를 "너는 동궁 야야의 어진을 보았느냐"고 하였다.가위 좌우를 돌아보면서 다른 말로 하는 것이라고 하겠다. … 인하여 어진을 보고 물러나 공사관으로 돌아오다. 시간은 약 10시 경이었다.[26]

어사진을 촬영하고 사진을 만들어 전달한 것은 지운영, 그는 국왕 및 왕세자의 어사진 촬영이 끝나자마자 암실작업을 시작해, 상상컨대 그가 알고 있는 사진술 지식을 총동원 해 국왕에게 기다림으로 심기를 어지럽히지나 않을까 하는 충성심으로 그 당시의 사진술로 볼 때 어느 누구보다 더 빠른 시간에 사진을 완성해 왕실에 전달했다.

촬영에서 완성, 전달하기까지 7일이 걸렸다고 하면, 촬영과 사진 전달한 날을 제외하면 5일, 이 기간에 어사진을 완성했다고 하면, 당시의 사진술 형편으로 보면 대단한 능력으로 밖에 생각할 수 없다. 1900년대의 사진관이나 1920년대의 사진관에서도 10일에서 15일 정도 걸려 고객의 손에 완성된 사진이 전해졌는데, 7일 걸려 전달한 것은 경이적인 기록이라고 밖에 할 수 없을 것이다.

사진이 촬영에서부터 완성까지 오랜 시간이 걸렸던 것은 아마 현상과 인화 때 변색을 방지하기 위해 수세를 중시했던 점도 있었을 것이다. 그리고 수정이 일반화되어 있던 때라 유리판이나 인화한 사진을 수정해야 했던 이유, 또 햇빛으로 사진을 만들어야 했기 때문에 흐린 날씨에는 암실작업을 할 수 없었던 여러 가지 사정 등등이 그 원인이었을 것이다.

참고로 1908년융희 2 9월 15일 천연당사진관에서 발행한 영수증을 보면 9일 만에 사진을 받을 수 있다는 것과 날씨가 흐리거나 비가 오면 순연되었던 경우를 보더라도, 적어도 1900년대의 사진관에서도 촬영에서부터 인화까지, 사진을 완성하는데 보통 9일 정도 걸렸던 것으로 생각된다.[27]

지운영과 같은 시기에 촬영했던 로웰은 어사진을 언제 대궐에 전했을까? 지운영보다 먼저 촬영했으며, 그러면서도 지운영과 같이 촬영한 로웰은 촬영만 하고 조선을 떠났기 때문에 곧바로 사진을 전달할 수 없었을 것이고, 국외에서 암실작업을 해 우편이나 인편으로 윤치호에게 전달, 대궐에 전달하도록 했다.

로웰은 일본으로 떠난 지 약 6개월 만인 8월 27일, 조선 체류 중에 촬영한 어사진과 진상하는 사진첩을 윤치호에게 보냈으며, 그는 이것을 받자마자 곧바로 예궐해 왕실에 전달했다고 역시 그의 일기에 다음과 같이 적었다.

> 이날 로웰의 서신과 로웰이 서울에 있을 때 촬영한 사진을 받다. 또 진상하는 사진첩進上會眞 1책이 있었다. 이것을 가지고 예궐하다.[28]

지운영과 로웰이 촬영한 어사진은 7일 만에 또는 6개월 이상 걸려 왕실에 전달되었는데, 이때 고종 및 왕세자의 어사진이 몇 장이나 전달되었는지 구체적인 사진 매수는 확인할 수 없다. 현존하는 사진을 유추해 보면 지운영으로부터는 아마 2장 정도이었을 것으로 생각되며, 로웰로부터 윤치호를 통해 전달한 사진은 앨범이었는데, 어사진을 포함해 53장을 첨부해서 우송했다.[29]

왕실에서는 이들이 촬영한 사진들을 받아보면서 대단히 흡족해 했던 것 같았으며, 뒤늦게 도착한 로웰의 사진보다 지운영이 증정한 사진에서 받은 기쁨이 더 컸을 것이다. 특히 지운영이 촬영한 왕세자의 어사진을 받아본 명성황후의 기쁨은 우리의 상상을 초월한 것이었다. 대원군에게 맞섰던 강직한 여장부로만 생각했던 명성황후였지만, 왕세자를 끔찍히 사랑했던 어머니이기도 했기 때문이다.[30]

명성황후는 인화지에 나타나 있는 천진무구한 왕세자의 모습을 보고 너무 대견스러웠던지, 10살 밖에 되지 않은 왕세자를 야야爺爺, 도련님이라고 하면 적당한 말이 될까, 존칭어 속에 사랑을 가득 담아 왕세자의 사진을 자랑할 정도로 흡족했던 것 같다. 윤치호가 일기에 "너는 동궁 야야의 사진을 보았느냐?"라고 썼지만, 명성황후와 윤치호와의 대화 속에도 사진에 찍힌 아들의 모습을 대견스럽게 생각했던 왕비가 아니라 사진에 대한 감동을 감추지 못했던 어머니 본래의 마음이었을 것으로 생각되었다.

(7) 어사진은 어떻게 활용했을까?

지운영이 촬영한 어사진이나 나중에 전달한 로웰의 어사진은 궁중에서 어떤 용도로 사용되었을까? 어사진은 자신의 모습을 보존하고, 특별한 뜻을 담아 기념하는 일면도 있었을 것이다. 또 일반 만중들처럼 인물화처럼 벽에 게시했을 수도 있고, 찾아오는 사람들에게 사진찍은 내력을 자랑삼아 털어났을 것이다.

특히 어사진은 왕세자의 탄신일을 계기로 촬영했기 때문에 그 의미는 더욱 컸을 것이다. 일반 민중들처럼 사진에서 오는 기쁜 마음만 있었던 것이 아니라 특히 국왕의 어사진이었기 때문에 일반 민중들처럼 그렇게 평범하게만 활용하지 않았을 것이다.

1884년의 사진 제작 과정도 촬영한 어사진을 당시의 어진과는 달리,

필요할 때마다 원하는 수량만큼 복제할 수 있기 때문에 궁궐 내의 가까운 친지나 당시의 국정 핵심에 있던 관리나 도화서의 어진도사와 관련된 화원들에게 하사했을 수도 있을 것이다. 가까운 친지들에게는 어진과 다른 용모를 똑같이 그려낸다는 사진의 실체를 확인시켜 주려는 의도에서, 국왕 자신의 어진도사에 관여했던 화원들에게는 새로운 어진도사를 연구하도록 하려는 자료적 차원이었을 것이다.

그보다도 더 중요한 활용 대상은 고종이 신뢰하던 우방 외교관들이나 여행자들, 그리고 국내의 개방을 추진하는 관리들이나 고종을 믿고 따르던 신민들이었을 것이다. 당시의 개방을 추진하던 국정 핵심에 있던 관리들에게는 신문물의 상징적인 사진기 앞에서 찍은 사진을 제시해 세계 각국과의 개항을 서둘러 해외 문물을 수용하고 각국과의 교류를 통해서만 부강하고, 힘 있는 국가를 유지할 수 있는 방법이라는 국왕의 뜻을 어사진에 담아 활용했을 것이다. 어진과 같은 정신을 담아 봉안하는 운동도 고종의 어사진을 통해 일으켰는데, 이것은 고종을 믿고 따르던 신민들에 의해 주도되었다.

특히 개화정책을 정책을 추진하는 데는 외교관계를 이미 수립한 미국이나 영국 등의 돈독한 관계가 선행되어야겠지만, 그보다 먼저 이들 나라의 외교관들에게 신뢰를 표시하고 협력을 끌어내려는데 국왕 자신의 어사진을 활용했다. 서양인 입장에서 보면, 자국에서 대중화 된 국왕 자신이 사진기 앞에 서서 찍은 모습을 받아 봄으로써, 친근감 그 이상을 느꼈을 것이다.

실제로 고종은 미국공사를 초청해 주위를 물리치고 단독으로 후원 편전에서 회담한 후 국왕 자신 및 왕세자의 어사진을 증정한 일도 있는데,[31] 그것은 우리의 징표와는 달리 서양적인 표시로 국가간에 신뢰감을 주기 위해 활용했던 것으로 생각된다.

특히 1880년대는 친정 체제 이후의 격변기였고, 일본을 비롯한 서양 여러 나라들과 문호를 개방하고 중국과 일본, 미국 등에 수신사, 영선사, 보빙사 등을 파견해 각국의 실정에 대한 정보 수집에 나섰던 시기이기도 했다. 이와 더불어 서양 관련 서적 등을 수집해 정보를 모아 구질서에서 벗어나 새로운 질서를 찾으려는 시기에 사진과 같은 문물을 활용해 국가간의 신뢰를 쌓아보려는 외교활동에 어사진을 활용하려 했을 것이다.

고종이 사진의 정보, 또는 사진이란 실물을 처음 볼 수 있었던 것은 1876년 수신사로 일본을 방문했던 김기수의 보고 때나 그가 일본에서 받아 온 강화도조약 당시에 찍은 사진 등이었을 것이다. 그도 아니면 1880년' 3월 일본에 파견한 수신사 김홍집의 복명 때이거나 1881년 일본과 중국에 파견했던 많은 시찰단의 복명 때도 가능한 일이었다. 이들 수신사나 시찰단은 모두 일본이나 중국 방문 때 자의건 타의건 간에 사진과 접촉을 시도했으며, 사진관을 찾는 적극성을 보이기도 했다. 그보다도 먼저 1850~60년대 중국 청나라에 연행사로 파견되었던 사신들의 견문을 통해서도 청나라 북경이나 남부 항구도시에서 벌어지고 있던 사진활동을 들어 이미 파악하고 있었을 것이다.

이러한 시기에 사진기 앞에 서서 실제로 사진을 촬영했던 고종은 그 후 많은 사진을 찍게 된 계기가 되기도 했지만, 사진을 활용해 민중의 국왕으로 선원전 같은 진전에 모시는 어진이 아니라 민중 곁에 다가 서 있는 국왕으로 위치하게 되었다.

4. 어사진에 대한 이해

(1) 『윤치호일기』의 어사진 촬영 관련 기록의 신뢰성

▲ 좌옹 윤치호(촬영 연대 미상)

고종 어사진 촬영의 전거는 『윤치호일기』의 1884년 3월 10일과 13일 기록이었으며, 이를 중요한 자료로 활용했다. 사진촬영과 관련된 구체적인 사실을 기록한 부분은 찾아볼 수 없으나 사진을 찍었다는 사실만은 정확하게 적어놓았기 때문이다.

윤치호는 바로 그의 일기 여러 곳에서 고종 어사진 촬영 및 다른 사진과 관련한 부분들도 언급하고 있는데, 그가 사진에 대해 언제 처음 접하게 되었으며, 언제 그 실체를 파악하고 있었는지에 대해 알려진 자료는 그렇게 많지 않다.

1880년 김홍집을 수행한 윤웅열이 일본을 시찰 때 일본 대장성 사진국에서 사진촬영을 한 적도 있었기 때문에 그의 부친 사진을 직접 보고 사진 촬영에 대한 정보도 접할 수 있었을 것이고, 신사유람단으로 일본에 건너갔을 때에도 사진을 접할 수 있는 기회를 가졌을 것이다.

1883년 이전에 쓴 그의 일기를 접할 수 없기 때문에 잘 알 수 없지만, 이후의 일기에는 사진 관련 부분이 자주 등장한다. 예를 들면 "이 날 오자와小澤에게 가친의 사진을 주었다. 부명父命이 있었기 때문이었다.

…"[32]라는 부친 사진의 전달 대목이다. 윤웅열이 김홍집을 수행해 도일했을 때 친교를 맺은 일본 군사전문가인 오자와를 말한다. 이로 미루어 윤치호는 1880년 무렵부터 일본의 사진관이나 사진에 대해서도 알고 있었을 것으로 추론된다.

1881년 조선에서는 대대적인 일본시찰단인 신사유람조사단을 파견했는데, 윤치호는 유람조사인 어윤중을 수행해 일본에 건너갔다. 3개월간 일본의 경제, 재정 분야를 시찰했던 어윤중을 수행한 후에는 유학생으로 일본에 계속 체류했다. 유학 중에는 특히 일본어와 영어가 신문명인 서양문명을 수용하는데 중요한 수단이라고 생각해 이 분야의 공부에 열중했다.[33]

일본유학 중이던 윤치호가 귀국한 것은 1883년 5월, 미국은 조선과 수교조약을 체결하고 루시어스 푸트Lucius H. Foote를 초대 주한 미국 공사로 임명했는데, 미국 공사의 통역을 맡게 된 연유에서였다.

귀국한 지 얼마 되지 않아 윤치호는 미국 공사관과 원활한 유대관계를 바라는 고종에 의해 통리교섭통상사무아문의 주사로 임명되었으며, 이를 계기로 고종과 왕비의 각별한 총애를 받으며 자유로이 대궐을 출입하면서 측근에서 입시했다.

입국 후 1년 8개월 동안 윤치호는 미국 공사의 통역으로, 개화당의 일원으로, 푸트공사와 개화당 인사들과 국왕의 사이를 오가며 당시대의 여러 문제들을 목격하고, 자신의 시각에서 국정개혁의 방향을 모색하기도 했다.

윤치호는 개화당 및 비개화당과도 접촉하면서 보고 듣고 체험한 사실들을 그 나름대로 비판적인 시각을 통해 여과한 내용을 그의 일기에

十三日(晴, 愼, 十日, Monday) 十一時頃、與司書記、共齎月謝膳、撮御眞・世子宮御眞、午後五時頃退歸館、夜往兼山處所、遇北海(辭歸九)、叙懷憤、夜深踰館、昨朝、遇韓前營監督于闕、韓氏耳語曰、近見有人、譏君於上曰、尹某未歷事年少矣、不足使近侍云云、余聞浣西、今議及此、切歎、且爲君患之、君須詳心察之、余稱謝其忠曲之言、壯哉想來可歌可笑、原來大家不願使、官勢忠宗求、近侍君召別性、召別性、今也隱有餘費德武、自不樂、失矣、嗚呼。

十四日(晴, 愼, 十一日, Tuesday) 雨雪霖霖、寒凜蕭艺、若冬天氣、在館、夜訪藩虜夫、遇大致丈、穩話、到夜深歸館、是夜審虜、集英語書册、傳于余、以其自己姑無用處、且欲賽此、以敎暫時之費也。

十五日(晴, 愼, 十二日, Wednesday) 在館、檢閱昨夜持來冊子、修上半書于家親、在館宿、是日逕二百十餘兩于藩虜夫、以昨日冊價也。

十六日(晴, 愼, 十三日, Thursday) 與魯越及司書記、齎嗣撮御眞、是日池雪峰(譯水)、亦撮御眞。

十七日(晴, 愼, 十四日, Friday) 在館、夜往丁壽侯家、夜半歸、以了友歷歷請訪故也、是日、御將韓公、來訪美使。

十八日(晴, 愼, 十五日, Saturday)是夜入侍、見穆氏歸銀錢策內有日、共怒咨其愛、機器價錢及運費、共洋二萬三千元、外國人二名醬貴、洋一千五百元、蕾造厨匠、洋五千元、其餘不能悉載之

▲ 윤치호 일기

표출했다.[34]

고종과 왕비와의 관계는 신뢰를 받는 그 이상이었던 것 같다. 각별한 총애 속에 고종으로부터는 갓과 탕건, 관복과 전대, 황금시계와 한충향漢沖香; 온갖 향과 약가루를 섞어 반죽하여 금실로 엮어 흰 말총으로 된 갑에 넣어서 사용하는 부인용 향 등을, 왕비로부터도 자신이 쓰던 수놓은 주머니와 고종이 쓰던 수놓은 약주머니 그리고 비단꽃다발 등을 하사받았다. 그뿐만 아니라 왕비는 윤치호의 그 해 길흉을 점쳐서 알려줄 정도로 각별히 총애했다.[35]

국왕과 왕비의 총애를 받으면서 지근거리에서 모시고 있었기 때문에 고종 및 왕비, 왕세자의 동향도 세세하게 살필 수 있었다. 그의 일기에 기록된 고종 및 왕세자의 어사진 촬영도 그가 지근거리에서 모시면서 직견했던 사실이었기 때문에 사관이나 궁중의 신료들의 기록에서 찾아볼 수 없는 것도 무리는 아닐 것이다.

윤치호의 왕실 출입을 구체적으로 설명하면, 1883년 10월 18일부터 이듬해 12월 4일까지 400여 일 동안에 2~3일에 한 번 꼴로 170회나 대궐을 출입했는데, 푸트공사나 외교사절 등과 함께 폐현한 것은 15회,

나머지 155회는 단독으로 예궐 입시했다. 이 과정에서 고종에게 상주한 내용을 그의 일기에 기록한 것만 해도 55회나 되며, 고종의 동향도 여러 곳에서 언급하고 있다.[36]

특히 로웰을 수행해 어사진 촬영에 대한 내용도 여러 차례나 기록했는데, 왕세자의 탄실일, 고종 및 왕세자의 어사진 촬영을 처음 소개한 내용도 이러한 관계에서 확인된 사실을 기록했을 것으로 생각된다.

현존하는 윤치호의 일기는 1883년 1월 1일부터 시작해 1940년 초까지 무려 60년 간 계속된다. 사진에 관한 기록은 1883년의 일기에 처음 언급하고 있으나 특히 1884년의 일기에는 고종 어사진에 대한 기록이 자주 등장한다. 이러한 기록은 사진에 대한 이해 폭이 넓고, 또 사진에 대한 실체를 극명하게 파악할 수 있는 정보나 체험에 의한 것일 것이다. 이러한 지식은 1880년 무렵부터 사진에 대한 실체라든가 촬영 체험에서 얻어진 것으로 여겨진다.

그의 일기에는 사진촬영의 당사자들, 미국인 로웰에 대한 자세한 전후 관계 즉 두 번에 걸친 고종과 왕세자의 어사진 촬영, 귀국에 앞서 고종 알현, 그리고 8월 경에, 조선에 체류하면서 촬영한 어사진 및 조선의 여러 곳을 촬영한 사진들을 대지에 붙인 앨범을 선편으로 보낸 것을 받아 왕실에 전달한 사실 등을 날짜 순서대로 자세하게 기록했다.

그뿐만 아니라 윤치호는 그의 일기에, 설봉 지운영도 고종과 왕세자의 어진을 촬영했다는 기록을 남기고 있다. 다만 "이날 지설봉도 어진을 촬영하다."라는 짤막한 글이지만, 1884년 3월 13일음 2월 16일 한국인으로서는 최초로 고종 및 왕세자의 어사진을 촬영했다는 사실, 그리고 간접적이지만 명성황후가 궁중의 주변 사람들에게 왕세자의 사진을 자랑하는 대목, 이를 기회로 고종 및 왕세자의 어사진을 보게 된 내력, 미국공사와 은밀한 대화를 나눈 후에 고종 자신과 왕세자의 어사진을 하사하는 대목 등을 빠짐없이 기록해 고종 및 왕세자의 어사진 촬영 및 이에 대한 중요한 사실을 간단명료하게 기록했다.

(2) 어사진이란 명칭에 대해

조선왕조의 국왕을 도사한 인물화의 명칭은 일반사대부를 그린 인물화보다 격을 높인 이름으로 그 명칭을 삼았다. 진영眞影, 성진聖眞, 진용眞容, 수용, 또는 쉬용晬容·粹容, 어용御容, 영자影子, 영정影幀 등으로 사용해 온 바 있으며, 숙종 이후에는 어진御眞이란 명칭을 가장 보편적으로 사용했다.

사진이 전래된 후의 국왕의 용안을 그리는 어진제작 시기에도 그 명칭은 크게 변하지 않았다. 사진이 수용된 이후에 있었던 국왕의 용모를 찍은 사진도 어진도사 때처럼 어진이라고 했다. 사진에 박은 모습이나 용모를 그린 화상, 모두 다 어진으로 이해했던 것 같다.

윤치호도 그의 일기에 어사진을 어진御眞으로 지칭했는데, 어사진을 일반적으로 사용해 왔던 왕의 인물화 개념으로 이해했거나 국왕의 사진에 대한 명칭을 달리 부를 방법이 없었던 것 같다.

사진 수용기에 해당되는 고종 재위 기간 - 1863년 12월부터 1907년 7월, 약 42년- 에는 어느 왕대와 같이 전통적인 방식에 의해 국왕의 모습을 그리기 위해 어진도사도감御眞圖寫都監을 설치·운영되었다. 뿐만 아니라 사진이라는 새로운 문물의 전래로 사진기로 찍은 음화를 현상해 사진종이에 재현한 영상, 즉 사진술을 활용하기도 했다. 이 무렵은 사진술의 초기시대로 용모사진을 제작하던 시대의 개막 초기였다. 고종은 두 문화가 혼류하는 시대의 국왕이었다.

고종의 어진도사 시기는 황제로 등극한 이후였으며, 용모나 차림은 곤룡포에 익선관이 아니라 황룡포에 면류관, 또는 익선관을 쓴 새로운 모습으로 바뀌었다. 백성들은 황제의 모습에 감동했는데, 그것은 사진의 힘도 크게 작용했다.

황제가 되고 대한제국을 선포했던 당시대는 변혁기였다. 국왕의 이미지도 조종지도에 합당한 방법일는지 모르지만, 어진은 민중의 가슴속에 간직할만한 이미지로서 사진을 따를 수 없었다. 어진은 선원전이나 어진 봉안전에 보존하는 역할로 그 임무를 다했지만, 사진은 선원전이나 어진 봉안소에 보존하는 절차는 마련되지 않았다. 그러나 사진의 특질, 무한한 복제의 역할로 해서 국민의 국왕, 백성들의 황제로 자리잡는 중요한 역할을 담당했다.

그럼에도 어진 또는 어용 등 많은 명칭으로 국왕의 인물화를 높여 그 위엄을 상찬했지만, 백성들의 황제로 자리잡는데 큰 몫을 한 사진은 그렇지 못했다. 선원전이나 어진봉안전에 모시는 절차뿐만 아니라 도화서의 역할을 사진이 담당해야 한다는 상소도 후일을 기약해야 할 형편이었다.[37]

국왕의 용모를 그린 인물화는 어진, 또는 어용 등으로 불렀던 것에 반해 사진에 대한 명확한 명칭은 따로 없었던 같다. 윤치호도 그의 일기에 어진御眞으로 지칭한 것으로 보면, 왕실 및 조정에서도 국왕의 사진에 대한 명칭을 정하지 못했던지, 국왕의 용모를 그린 어진처럼 조종지도와 예배 의식이 저변에 깔려 있다고 생각했기 때문인지, 아니면 용어에 대한 관행처럼 사진도 그림도 따로 구분해서 부르려고 했던 것이 아니라 그때까지 사용해 온 명칭을 그대로 따랐던 일면을 생각할 수도 있지만, 명확한 이유는 파악이 안 된다.

필자는 오래 전부터 고종의 사진을 어진과 구별하여 국왕에게 경의를 표했던 어御라는 단어를 붙여 어사진으로 지칭했다. 이 명칭의 근원은 『그리스도신문』과 관계되어 있는데, 이 신문은 특별 부록으로 대군주 폐하의 인물사진을 독자들에게 제공하면서 이 명칭을 처음 사용했다.[38]

뿐만 아니라 이 신문은 대군주 폐하의 어사진 보급을 신문 판매와 연계해 지속적으로 추진했다. 광고나 사고 형태로 관련 기사를 게재할 때에도 역시 고종 황제의 인물사진을 어사진이라고 호칭했다.[39]

사전에는 어사진의 어御는 다스린다거나 통치한다는 내용도 있고, 받들고 순종한다거나 대우하고 대접한다는 내용 등 다양한 뜻을 가지고 있다고 되어 있다. 검이나 명령, 의복, 수레, 친히 살펴봄, 기물을 보관하는 창고, 옥새 등 임금에게 관계된 말의 머리에 어御를 붙여, 왕이 사용하는 검御劍, 왕의 명령御命, 왕이 타는 가마나 수레御駕, 왕이 지은 글御製, 왕이 친히 보이는 과거의 글제, 친히 살펴봄御覽, 왕의 의복御服, 기물을 보관하는 창고御庫, 옥새御璽 등으로 사용된다고 했으며, 왕의 신체 일부를 지칭할 때에도 어御라는 접두어를 붙여 왕의 화상御容·御眞과 같이 국왕의 신체임을 표시했다.

(3) 어사진의 복식

농수정에서 촬영할 때의 고종의 복식은 상복인 곤룡포에 익선관 차림이었다. 사진에는 잘 보이지 않지만 고종의 복식은 관·포·대·화·보로 구성되어 있었다. 자세히 얘기하면 곤룡포를 입고 익선관을 쓰고, 옥대를 띠고, 흑피로 된 화를 착용한 시무복視務服 차림이었다. 시무복이나 상복은 모두 국왕이 편전에서 정사를 볼 때 입는 왕복이고, 국왕의 일상복이라고 해도 무리는 아닐 것이다.

곤룡포는 붉고 짙은 색의 대홍단大紅緞으로 만들었으며, 양 어깨와 앞뒤에는 발이 다섯 개 달린 용의 무늬를 금실로 둥글게 수놓은 오과룡보五瓜龍補를 부착했다.

왕이 곤룡포를 정복으로 입은 것은 1444년세종 26년부터였다. 대홍색의 비단으로 만든 곤룡포는, 초기의 형태는 깊지 않게 파인 깃이 턱 밑에 오기 때문에 속에 바쳐 입는 두루마기의 깃이 조금 보였다. 좁고 긴 소매에 섶은 오른쪽으로 여미게 되어 있고, 매듭단추를 채우거나 가늘고 짧은 끈으로 매었다. 웃옷의 좌우에 댄 딴 폭 위쪽 뾰족한 곳이 아래로 향했고, 옆이 밑까지 트여 있어 속에 입은 옷이 보였다.

조선 중기의 곤룡포 형태는 옷소매의 겨드랑이 밑은 넓어지고 위쪽의 좌우에 댄 딴 뾰족한 폭의 부분이 위로 향해 넓게 붙여졌다. 후기의 것은 홑옷에서 이중 옷깃이 되었으며 파임이 깊어졌다. 겉감에는 깃을 둥글게 만든 단령을 달고 안감에는 내의를 입은 것처럼 보이도록 하기 위해 깃이 곧은 직령을 달았다.

조선 말기에는 고종의 '의복간소화령'도 있었는데, 넓은 두리 소매에 위쪽은 뒤로 젖힌 무로 박아서 고정시키고, 아래쪽 터진 부분은 속옷이 보이지 않도록 했다. 긴 고름 두 개는 겉감과 안감으로 각각 한 개씩 만들어 한 군데에 붙였다. 옷감은 여름에는 얇고 가벼운 여름옷을 짓는 데 사紗를, 겨울에는 단緞을 사용했다.[40]

조선시대의 의관은 옷의 특징이나 직위를 나타냈다. 백관은 단령團領을 입고 사모紗帽를 썼으며, 국왕은 곤룡포에 익선관을 착용했다. 익선관 뒤에 부착한 양각의 형태가 매미 날개를 닮았다고 해서 익선관이라고 했다. 관의 모양이 사모와 비슷하고 뒤에 붙인 대각과 소각은 모라로 싸서 위를 향하게 한 것으로『국조속오례의』등에는 기록되어 있는데, 조선조 창업자인 태조가 썼던 익선관은 모정이 낮고 양각의 끝이 뾰족하였다.

곤룡포에는 익선관을 쓰고 옥대를 띄고 목이 긴 화를 신었다. 옥대에는 옥으로 만들고 금, 호박, 투각한 무소뿔을 장식한 대를 착용했다.[41]

사각형 옥판에 용문을 투각하고 홍색 천으로 싼 가장자리에 금선을 그었다. 신은 검은 사슴가죽이나 아청공단鴉靑貢緞 또는 융으로 만들고, 안은 백공단으로 하며 가장자리에는 홍색 선을 둘렀다고 했는데, 고종이 착용한 화靴는 발목 앞쪽에 흰 선을 한 줄 둘렀으며, 목 부분에는 백피를 대었고, 발등에 붉은 선을 둘렀다.[42] 『속오례의보』에는 국왕의 복식에 대해 다음과 같이 규정을 두고 있다.

전하의 시사복視事服에 있어서 익선관은 모라毛羅로 싸고, 두 소각小角은 뒤로 접어서 위로 향하게 한다. 곤룡포는 대홍단大紅緞으로 하되, 포袍의 앞뒤에 금으로 한 오조원룡五爪圓龍을 붙이며, 보포補袍의 좌우 어깨도 같다. 여름에는 대홍사大紅紗를 쓴다. 옥대玉帶는 조옥彫玉으로 하되, 대홍단으로 싸고, 금으로 그린다. 화靴는 검은 녹비黑鹿子皮로 하고, 여름에는 흑서피黑黍皮 검은 돈피로 한다.[43]

왕세자의 복식은 국왕의 상복인 곤룡포의 색과 보에서 차이가 있었다. 왕세자의 상복도 곤룡포라고 하지만 국왕의 곤룡포와 달리 검푸른 빛을 띤 푸른 색인 아청색鴉靑色의 생운문사로 만들었다.[44] 포의 형태도 국왕의 것과 같지만 양 어깨와 앞뒤에는 발이 네 개 달린 용의 무늬를 금실로 둥글게 수놓은 사과룡보四爪龍補를 부착했다. 옥대는 조각하지 않은 민옥으로 만들었으며, 화靴는 국왕의 화와 같았다. 역시 『증보문헌비고』에 왕세자의 복식에 대해 이렇게 적고 있다.

서연書筵에서 쓰는 익선관은 전하의 관과 같다. 곤룡포는 흑단黑緞으로 하는데, 제도는 전하의 포袍와 같고, 앞뒤에 금으로 한 사조원룡四爪圓龍을 붙인다. 보포補袍의 좌우 어깨도 같은데, 여름에는 흑사黑紗를 쓴다. 옥대는 조각하지 아니한 옥으로 하되, 흑단을 싸고 금으로 그린다. 화靴는 전하의 화와 같다.[45]

▲ 왕세자 상복 재현 촬영 준비

    고종이 황제로 즉위한 후에 착용했던 익선관은 모체의 양각이 모두 자색의 비단으로 싸고 전두부와 후두부 2단으로 구성되어 있으며, 짙은 자색의 굵은 견사 장식선이 전두부와 후두부 사이에 있었다. 형태는 모정이 낮고 양각이 위로 향하고, 양각 가장자리는 쇠철사와 같은 단단한 것으로 형을 잡았다. 높이는 18cm, 지름 17cm 정도이다.[46]

    로웰이 조선에 와서 국왕의 모습 중에 주의해서 관찰한 것은 복식이었다. 그의 책에는 평민과 궁정복, 왕 및 왕세자의 조선의 복식은 지위에 따라 옷의 색깔이나 형태를 달리하며, 복제금법, 예를 바탕으로 옷을 입는다고 적었다. 예를 들어 관리의 궁정예복은 앞이 솟아오른 원추 형태의 정교하게 만들어진 모자를 쓰고, 발목까지 내려오는 엷은 핑크색이나 혹은 엷은 푸른색의 긴 비단 겉옷에 활 모양으로 된 리본을 오른쪽 가슴에 달았다. 목은 파여 있어 흰 무명 깃을 달았으며, 높은 구두를 신었는데 옷에 가려 보이지 않았다. 겉옷은 비단 끈으로 묶고, 겉옷의 가슴 아래에는 수를 놓은 두 마리 학을 부착했다. 학은 계급이 낮은 관리의 복장에는 한 마리만 달았다는 내용까지도 언급한 부분을 찾아볼 수 있다.

특히 국왕의 복장에 대해서는 알현을 통해 관찰한 모습을 자세히 적고 있는 것도 눈에 띤다. 검은 청색의 모자를 쓰고, 밝은 적색 옷에 가슴 장식은 학 대신 용이 그려 있었으며, 적색은 왕을 나타내는 색이라고 했다. 왕세자의 복식도 모자, 겉옷, 허리띠, 가슴 장식 등은 고종의 옷과 흡사했으나 왕자의 옷 색깔은 왕보다 엷은 색이었다는 다음과 같은 내용이다.

왕은 약 서른 살 쯤 되어 보였으며 키는 조선인의 평균치보다 좀 작아보였다. … 왕은 대체로 다른 궁정복宮廷服과 유사한 의복을 입고 있었으며 부분적인 장식만이 다른 것과 구별되었다. 모자는 관리들의 것과 비슷했으나 관리들의 갓이 검정색인 반면 왕의 것은 검은 청색을 띠고 있었다. 겉옷은 다른 관리들과 거의 같은 모양이었고 밝은 적색赤色 옷으로 허리가 메어져 있었다. 조선에서는 이 적색이 왕을 나타내는 색이다. 허리띠는 장식에 있어서 화려 했지만 모양은 다른 것과 유사했다. 그리고 왕의 가슴 장식은 학鶴 대신 중국의 용龍이 그려져 있었다.[47]

어사진 촬영 때의 고종 복식은 로웰이 알현할 때 눈여겨보았던 모습 그대로였는데, 익선관에 곤룡포의 상복 차림이었음을 짐작할 수 있다.

익선관과 곤룡포는 왕과 왕세자의 상복常服이자 평상시에 시무할 때 착용하는 시무복이다. 시일이 지나면서 간편함을 쫓는 쪽으로 바뀌었지만, 여름·겨울의 복장과 왕과 왕세자, 왕세손의 옷도 차별화 했다. 겨울에는 비단을, 여름에는 얇은 천을 사용하였으며, 가슴과 등, 양 어깨에 왕을 상징하는 발톱수가 다섯인 오조룡五爪龍을 수놓은 원보를 붙였는데, 대홍색 곤룡포에는 대홍색 옷감에다 금사로 수놓았다.

왕세자는 용의 발톱이 넷인 사조룡을 수놓은 원보를 붙인 왕과 같은 곤룡포를 입고 조각하지 않은 옥대를 했다. 속에는 바지저고리를 입고 그 위에 첩리帖裏를 입고 곤룡포를 입었으며, 옥대를 띠고 흑화를 신었다.

로웰이나 지운영이 촬영한 어사진의 복식은 익선관이나 곤룡포 차림이었지만, 흑백으로 찍혀 색의 미묘함은 물론 색의 차이도 나타나지 않았다. 당시의 건판이나 습판은 흑백 감광판이기도 했지만, 색의 차이를 어느 정도 구별할 수 있는 감광판을 제조할 수 없었기 때문에 옷의 색깔, 즉 익선관의 미묘한 색, 곤룡포의 주황색이나 자주색, 조룡의 금색, 옥띠 등의 아름다움은 흑백 속에 묻히고 말았다.

주

1) 원본 사진에 대한 명칭을 사단에서는 'Original print'라고도 하고 'Vintage print'라고 포도주와 관련해서 만들어진 용어도 사용하지만, 여기서는 원래 촬영 때의 사진이란 뜻에서 원 사진이라고 했다.

2) 京城日報社에서 1919년 4월 27일 발행한 『德壽宮國葬畵帖』 고종 황제의 인산을 기록한 사진첩으로, 인산의 전후를 촬영한 70여 장의 사진을 60면 분량의 지면에 수록했다.

3) 다게레오타입(Dagurréotype), 최초의 성공적인 사진술 발명자 루이 자크 망데 다게르(Louis Jacques Mande Daguérre)를 기리기 위해 붙여진 이름으로 은판사진술이라고도 한다.

4) 최인진 『韓國寫眞史』 1631~1945, 눈빛, 1999.

5) 이사벨라 버드 비숍 『한국과 그 이웃나라들』 이인화 역, 도서출판 살림, 1994, p.296.

6) 13日(1晴, 愼, 10日, Monday) 十一時頃, 與司書記, 共魯月詣闕, 撮御眞·世子宮御眞, 午後五時頃退歸館. …

7) 16日(晴, 愼, 陰 13日, Thursday) 與魯越及司書記, 詣闕撮御眞, 是日 池雪峰(運永), 亦撮御眞.

8) 1989년 문화부의 후원으로 개최된 사진영상의 해에 전시할 자료로 로웰이 촬영한 사진도 전시 대상으로 조사하게 되었는데, 천문학자 조경철은 필자에게 이 사진은 로웰천문대에 보관되어 있었다고 증언한 바 있다.

9) 미국 보스턴미술관에 소장된 로웰의 사진을 입수한 서헌강(문화재 전문사진가)은 로웰의 사진 원본은 약 11×14인치 정도 크기였으며, 그 외에 건판과 같은 감광판과 수장 경로는 확인할 수 없었다고 했다.

10) 한국문화재연구소는 2003년, 보스턴미술관의 한국문화재 소장 상황을 조사하면서 로웰이 1884년 조선에서 촬영한 사진도 이때 조사했는데, 촬영 작업을 담당했던 서헌강의 제보로 이 사진을 활용해 재촬영 작업을 할 수 있었다.

11) 고종 어사진 관계 연구는 1999년 눈빛에서 발행한 崔仁辰의 『한국사진사』(1631~1945), 2004년 국립현대미술관에서 발행한 『근대미술연구』에 소재한 최인진의 「고종 황제의 어사진」, 權幸佳의 『高宗皇帝의 肖像』(홍익대학교 박사학위논문) 등이 있다.

12) 고종은 1877년(고종 14) 경복궁 화재로 창덕궁으로 이어했는데, 1884년 어사진 촬영 시기에는 창덕궁에 있었다.

13) 재현 촬영에는 창덕궁관리사무소의 이광섭(서무팀장), 단국대학교 석주선기념박물관의 이명은(학예연구사), 서헌강(문화재 전문사진가), 곽인호(디자인 팬톤 대표) 등이 함께 했다.

14) 위의 1884년 3월 13일자 『尹致昊日記』.

15) 1975년 지운영의 아들인 지성채 화백의 증언 "종로 가회동 집이 헐리니까 그 아래 살다가 그만 공주로 공부하러 가게 돼, 내 살림살이도 공주로 내려 보냈다. 공주에 내려오니까 그 유리가 있었단 말이야. 유리조각들. 아마 한 10여 장 있었어. 그 속에서 머리 이렇게 올리고, 큰 머리한 양반이 민비야. 아 그래서 그거 한 10여장 그만 저 방앗간에 불나는 통에 모두 없어졌다."는 내용이다.

16) 趙善美 『韓國肖像畵硏究』 悅話堂 1989 pp.179~180.

17) 『조선 고요한 아침의 나라』(조경철 번역 1989년 대광문화사)에는 뒷 창문이라고 번역되어 있고, 『내 기억 속의 조선, 조선 사람들』(조경철 번역 2001년 예담) 번역본에는 back window를 사진창이라고 번역했는데, 필자가 이를 파인더로 바꿨다. 로웰의 책 원문의 이 부분은 이렇게 표현되어 있다.

"He was not always so quiet, as I discovered on a subsequent occasion, when I caught him peeping out of a back window at my camera, where he supposed he could not be seen, while he was waiting to give me audience, and when I looked up, shut the sliding screen like a flash. In this instance he acquitted himself creditably, and doubt felt relieved when it was safely over, and he saw me traversing the courtyard on my return."

18) 고종 어사진의 채광상태에 대한 설명은 로웰과 지운영이 촬영한 사진을 비교해 보고, 2008년 3월 농수정 현장에서 재현 촬영 작업을 통해 확인한 결과를 바탕으로 했다.

19) 고종은 1852년(철종 3) 임자년 7월 25일 서울 貞善坊에서 출생, 1863년(철종 14) 12월 8일 창덕궁 인정전에서 즉위했다. 이름은 형(㷩), 자는 성림(聖臨), 처음 이름은 재황(載晃), 자는 명부(明夫), 호는 주연(珠淵)이다.

20) 위의 『尹致昊日記』二月 初八日(晴, 愼, 五日 Wednesday) 是日, 卽東宮春秋 睿節, 十時頃, 共美使詣闕進賀. 東宮邸下, 睿齡已有十世歲 今日又値生辰. 聖心 伏想嘉悅, 群情益切慶祝矣. 教日每當此日, 嘉悅.

21) 『高宗實錄』二十一年 二月 初八日. 召見時原任大臣. 以王子誕辰承候也. 左議 政金炳國日無比. 而今年則尤倍於前矣.

22) 『高宗實錄』二十一年 二月 初八日 기사.

23) 『承政院日記』高宗 21年 갑신(1884 光緖 10) 二月 初 八日 기사. 이 날의 『승정원일기』에는 왕세자의 탄신일 관련 기사로 거의 채우다시피 했는데, 상참(常參)과 경연(經筵)을 정지하였다는 내용, 대전 대왕대비, 왕비대전, 중궁전에 군국아문, 내각, 정원, 옥당, 2품 이상, 육조당상, 양사장관이 단자로 문안했다는 내용, 이만직에게 "오늘은 다른 날과 다르니, 경죄수는 석방하라"는 전교, "시원임대신, 봉조하, 시원임 빈객, 시원임 각신, 시원임 춘방, 시원임 계방, 내외아문의 당상, 조인, 의빈, 옥당, 내외아문의 주사, 종정경, 2품 이상, 양사장관, 승지, 사관은 사찬할 것이니 머물러 대령하라."는 하교 등이다.

24) 위의 『승정원일기』 고종 21년 2월 8일 조.

25) 위의 『윤치호일기』 初七日(晴, 愼, 五日 Tuesday).

　　往外衙門魯越寓所, 美使來坐, 以與魯氏有日前此夕之約也, 魯氏爲主, 美使, 洪公, 何立確, 吳禮堂, 宮岡及余爲客 … 島村公使, 吉田氏, 亦在席共卓, …

26) 『尹致昊日記』 二十二日(晴, 愼, 十九日, Wednesday) 早起進退, 更命小待退, 更新, 衣復到公事廳, 九時頃終得入侍, … 兩殿含笑無下敎, 坤殿曰, 汝見東宮爺爺御眞乎, 可謂顧左右而言也, … 因拜謁御眞而退歸館, 時約十時.

27) 1908년 9월 15일 稻葉이라는 고객에게 발행한 金圭鎭의 天然堂寫眞館 영수증.

28) 위의 『尹致昊日記』, 初七日(晴, 愼, 27일 Wednesday) 是日, 得魯越書信, 及魯氏在京時所撮寫眞, 又有進上會眞 一册, 余帶此詣闕.

29) David Strauss 『Percival Lowell The Culture and Science of a Boston Brahmin』 Harvard University Press 2001 p.80.

30) 위의 『尹致昊日記』 3월 22일자.

31) 위의 『尹致昊日記』, 二十九日(雨, 愼, 24일, Thursday) 是日午後 一點鍾, 上引見美使于後苑便殿, 辟坐右而賜座, 有件下詢事如左, … 美使告歸, 是日, 御賜御眞及東宮御眞于美使, …

32) 위의 『尹致昊日記』 1883년 1월 3일(음 11월 24일 맑음. 춥다. 수)

33) 尹致昊 「風雨二十年—韓末政客의 回顧談」, 『東亞日報』 1930年 1月 11자.

34) 당시대의 대인 접촉에 관한 기록으로는 『尹致昊日記』 1883년 11월부터 1884년 11월 이후까지 계속된다.

35) 위의 『尹致昊日記』 중 고종 관계는 1883년 11월 2일, 16일, 12월 1일, 1884년 5월 16일, 28일, 6월 9일, 19일, 21일자 기록. 왕비 관계는 1884년 2월 8일, 5월 3일 기록에서 찾아볼 수 있다.

36) 『개화기 윤치호 연구』 柳永烈 한길사 1985 pp.38~39.

37) 『魚文閣傳記』에 수록된 도화서를 혁파하고 사진으로 대치해 달라는 黃鐵의 상소.

38) 『독립신문』 1897년 8월 28일 2면 잡보.

39) 『그리스도신문』 1897년 7월 15일자 광고.

40) 高光林 「大韓禮典 袞龍袍에 관한 硏究」 『인천교육대학논문집』 9권, 1974.
　　金美子 「袞龍袍 形態에 관한 硏究」 『서울여자대학교논문집』 7권 1978.

41) 위의 『大韓禮典』 卷之 五 常服.

42) 金英淑 『朝鮮朝王室服飾』 문화재청 고궁박물관 2007 p.60.

43) 『증보 문헌비고』 제79권 세종대왕기념사업회 1981년.

44) 이명은 『궁중볼긔』에 나타난 행사 및 복식 연구 단국대학교 석사학위논문.

45) 위의 『증보문헌비고』 제79권 장복 예고 4 세종대왕기념사업회 1981년.

46) 『大韓禮典』 및 최연주의 석사학위 논문 「조선시대 袞龍袍의 着用例 硏究」을 참고로 했다.

47) 퍼시발 로우웰 趙慶哲 역 『고요한 아침의 나라』에 수록된 알현 및 복식 부분 참조.

▉▉▉▉고종 어사진을 통해 세계를 꿈꾸다

-19세기 어사진의 정치학-

제 2 장

고종 어사진은 이렇게 촬영했다

2 어사진 촬영장을 찾아

1. 창덕궁의 후원

어사진 촬영 사실은 위에서 살펴본 것처럼 『윤치호일기』에만 유일하게 기록되어 있는데, 그것도 어디에서 촬영했다라고 장소를 밝혀진 것은 아니다. 사진에는 그 사진을 알 수 있는 약간의 흔적이 촬영되는 경우도 있기 때문에 예를 들면 배경이나 계절, 문자나 표지 등의 단서를 실마리로 해서 촬영장소를 찾아 볼 수밖에 없었다.

창덕궁 후원은 2만 7천㎡의 넓은 터에 수백 년 동안 아름다운 숲 속에 정자들이 자리잡고 있다. 계천이 되었다가 맑은 샘이 되었다가, 계천처럼 시내처럼 흐른다. 야트막한 언덕에는 2만 6천 그루의 나무들이 들어서 있고 연지나 흐르는 물가에 크고 작은 정자들이 고즈넉이 자리잡고 있다. 무려 300년 된 수종이 세월의 흐름과는 상관없이 자리하고 있는, 태고의 아취를 간직한 곳이다.[1]

산자수명한 이곳에는 부용정芙蓉亭, 애련정愛蓮亭, 희우정喜雨亭, 기오정寄傲亭, 농수정濃繡亭, 관람정觀纜亭, 승재정勝在亭, 존덕정尊德亭, 청의정淸漪亭, 태극정太極亭, 농산정籠山亭, 취한정翠寒亭, 소요정逍遙亭, 취규정聚奎亭, 능허정凌虛亭, 청심정淸心亭 등 16여 개의 크고 작은 정자들이 여기저기 흩어져 있다.

후원 조성의 내력을 간략하게 살펴보면 이렇다. 1406년태종 6 창덕궁
궐 내곽 전각들을 지은 후 동북쪽의 해온정解慍亭을 꾸민 것이 처음이었
다. 그후 인소전, 열무정, 연일정, 신모정 등을 꾸미고, 세조 때1463에
이를 확장하고 새롭게 단장하면서 궁월의 후원 형태를 갖추게 되었다.
그후 역대 왕마다 약간의 개수와 확장이 있었으나 1592년 임진왜란이
일어나고, 전란이 전국을 휩쓸면서 궁궐도 근 20여 년 동안 황폐한 동
산이나 들판처럼 되고 말았다. 1610년광해군 2에 영화당을 새로 짓기 시
작하면서 후원의 아름다운 모습을 다시 찾게 되었다.

▲ 창덕궁 인정전(2008년)

1636년인조 14부터 대대적인 조경공사를 착수했다. 옥류천을 이용해 곡수연지曲水宴池와 탄서정歎逝亭, 오늘의 소요정, 운영정雲影亭, 태극정, 청의정淸漪亭을 세웠다. 1642년부터 취미정翠微亭, 오늘의 관덕정, 육면정六面亭, 오늘의 존덕정, 취향정醉香亭, 오늘의 휘우정, 벽하정碧荷亭, 오늘의 청연각, 취승각聚勝閣, 오늘의 낙민정, 관풍각觀豊閣 등을 수년에 걸쳐 조성했다. 숙종 때에는 존덕정 뒤의 청심정과 영화당을 개수하고 부용지 서쪽에 사정기비각과 부용지 언덕에 택수재澤水齋를 조성했다. 그후 정조 때에는 주합루, 서향각을 조성하고, 숙종 때 조성했던 택수재 자리에 부용정을 지었다.

▲ 창덕궁 후원 부용지와 부용정(1900년대 촬영자 미상)

1828년순조 28 후원 건축 공사의 마지막이라고 할 수 있는 연경당을 이때에 조성했다.[2] 이후에도 존덕정 사이로 흐르는 물을 곡지로 변경하고 여기에 부채꼴 형태의 정자를 조성했다.

2. 표암 강세황의 글 속에 나타나 있는 후원

창덕궁의 후원은 국왕들의 산책 공간으로 조성되었다. 국왕은 이곳을 거닐면서 국사를 생각하기도 하고 휴식을 취하기도 하였다. 뿐만 아니라 신하들로부터 여러 분야의 의견을 듣기도 하고 새로운 국정 방향을 가다듬기도 했다. 후원의 자연과 벗하면서 신하들과 시문을 짓고 읊조리거나, 또는 정치적으로 미묘한 관계를 해결하기 위해 이용하기도 했던 공간이었다.

1781년辛丑 9월 초삼일 정조의 부름을 받고 비단 폭에 병풍글씨를 쓰라는 어명을 받고 입시했던 표암豹菴 강세황 姜世晃: 1713~1791은 정조의 배려로 후원 구경을 하게 된다. 「호가유금원扈駕遊禁苑」은 이때의 기록이다. "남여에 오르자 붉은 일산이 앞에서 인도하여 영화당映花堂 가로 나섰다.

▲ 창덕궁 후원 연경당 입구(2010)

… 북쪽으로 가며 이문원摛文院과 어수당魚水堂을 지나는데, 수레길이 숫돌처럼 평평한 가운데 푸른 소나무와 붉은 단풍이 양 옆으로 은은하여서 장막을 두른 듯 신선세계에 들어선 듯하였다. 머리를 들고 눈을 돌려 구경하기에 매우 바빴다."[3]라고 「호가유금원」에 기록되어 있다. 국왕인 정조는 강세황과 승지 서유방·김수진, 제학 서호수, 직각 김재찬·서용보, 사관 김봉연, 화원 김응원 등을 대동하고 가을철의 후언을 구경시키는 안내자 역할을 자청한다.

이문원과 어수당에서 오리정도 갔을까? 야트막한 고개를 넘어 수백 보 쯤에 바위 언덕과 소나무 숲 사이에 있는 소요정消遙亭을 지나, 정자의 약간 북쪽에 네모난 못이 있고 짚으로 지붕을 이은 못 안에 있는 청의각淸漪閣, 못에 임하여 있는 태극정太極亭을 거쳐 정조의 가마를 따라 동쪽으로 꺾어 돌아 몇 리쯤 가자 오솔길에 만송정萬松亭에 도달했다. 다시 큰 길로 되돌아와 몇 리쯤의 길 왼편에 조각한 담과 색을 칠한 망춘정望春亭이 있었다. 육각형의 둥근 전각으로 전각 앞에 예닐곱 칸의 곁채를 두고 전각 가운데에 벽난로를 설치하였고, 주춧돌은 매우 정교하게 조각한 흰 옥이었다.

마지막으로 난간에 조각을 해 놓은 돌다리를 건너자마자 청동을 주조하여 큰 항아리처럼 둥글게 만들어 정자 꼭대기에 덮

▲ 연경당에서 본 농수정

어 둔 팔각정으로 된 존덕정尊德亭, 약간 남쪽으로 꽃담이 둘러 있는 팔각형의 정자인 폄우사砭愚榭 등을 둘러본 소회를 뒤이어 이렇게 적고 있다.

> 반 리쯤 가니 야트막한 고개가 있었고 고개 넘어 수백 보쯤 갔더니 숲이 트여 눈앞이 환하였다. 바위 언덕과 소나무숲 사이에 정자가 있었는데 소요정逍遙亭이었다. 뜰은 깨끗하고 나지막한 담장이 둘러 있었다. 정자 앞에는 기이한 바위가 가로누웠는데 여러 줄의 글씨가 새겨져 있었으나 이끼가 끼어서 자세히 볼 수는 없었다. 바위 모서리와 표면은 여러 겹으로 구멍이 뚫려 화가들의 부벽준斧劈皴[4] 방식과 매우 비슷하였다. 대개 자연이 빚은 것이지 사람의 솜씨는 아니었다. 바위아래에 평평한 반석은 둘레가 거의 20여 보인데, 이곳에 샘물을 끌어들여 유상곡수를 만들었다. 물은 정자의 북쪽을 감싸고 아래로 떨어져서는 폭포가 되었다가 정자의 뒤를 돌아서 흘러갔다. 정자의 약간 북쪽에 네모난 못이 있고 못 안에 청의각淸漪閣이 있었으니 짚으로 지붕을 이었다. 약간 남쪽에 또 정자 하나가 못에 임하여 있었으니 태극정太極亭이었다. 유상곡수는 대개 이 못에서 발원한 것이다. 약간 남쪽에는 자그마한 우물이 있었다. …
> 가마를 따라 동쪽으로 꺾어 돌아 몇 리를 가자 정자가 소나무 틈으로 은은히 보였는데, 오솔길은 황량했다. 정자의 편액은 만송정萬松亭이라 했다. 굴이 그 옆에 있을 터인데 억지로 찾지는 않았다. 큰길을 되돌아 와 또 몇 리를 가다보니 조각한 담과 색을 칠한 누각이 길 왼편에 나와 있다. 임금께서는 지나치시며 들어가지 않으셨으나 일행에게는 두루 보게 하였다. 문에 들어서니 편액은 망춘정望春亭이라 되어 있었다. 육각형의 둥근 전각으로 전각 앞에 예닐곱 칸의 곁채를 두고 전각 가운데에 벽난로를 설치하였으니, … 정자의 주춧돌은 모두 조각한 흰 옥이었는데 매우 정교하였다.

구경을 다하고 나오자 어가는 이미 수 백보 밖에 있는 조그마한 전각에 머물러 있었으므로 일행은 황급히 나아갔다. 난간에 조각을 해놓은 돌다리를 건넜다. 다리를 건너자마자 팔각형의 정자가 있는데, 물을 가로질러 세워서 솜씨가 매우 화려했다. 청동을 주도하여 큰 항아리처럼 둥글게 만들어 정자 꼭대기에 덮어 두었으니 존덕정尊德亭이었다. 정자에서 약간 남쪽으로 있는 우뚝한 전각은 펌우사砭愚榭였다. 전각 앞의 뜰은 널찍했고 꽃담으로 둘러 있었다.

벽돌의 표면은 바둑판 같이 네모난 곳에 모두 꽃과 꽃가지를 새겨 두었는데 우아하고 정교하였다. (그것을) 담의 표면에 끼워놓으니 마치 자그마한 병풍을 펼쳐놓은 것 같았다. 전각 앞 작은 문은 태청문이었다. 솜씨가 매우 예쁘고 고왔다.[5]

국왕인 정조의 안내로 희우정, 영화당, 이문원, 어수당, 소요정, 청의정, 태극정, 만송정, 망춘정, 존덕정, 펌우사, 태평문 등 후원의 여러 곳을 구경했다.[6] 또 방향을 바꾸어 규장각 서문인 영숙문, 공신문을 지나 다시 희우정에 도달하여 강세황은 "지나온 소나무 숲은 푸르고 울창했다. 시원한 소리와 짙은 그늘이 사람의 정신을 맑고 상쾌하게 하여 분주하게 오르내린 수고로움을 잊게 해주었다. 그리고 내가 어떠한 사람이건데 이와 같은 성스럽고 밝은 세상에서 다시없는 은혜를 받았단 말인가? 멍하니 하늘 상제의 세계에 오른 꿈에서 깨어났나 의심했다. 대략 적어서 우리 자손들에게 전하여 보이노라!"[7]라고 국왕의 안내를 받아 후원의 아름다움과 이를 구경하게 된 감격을 이렇게 마무리 했다.

3. 후원의 연경당

필자는 몇 번째인지 기억에 없지만, 고종이 어사진을 촬영했을 무렵

만 되면 현장 답사에 나
서곤 했는데, 특히 기억
나는 2002년 고종이 어
사진 촬영했던 그해 그
날, 3월 13일, 118년 전
의 그날에도 촬영 현장을
찾는다고 창덕궁 후원의
여기저기를 돌아다녔다.
로웰의 책 『조선 고요한
아침의 나라』에 실린 고
종 어사진 한 장만을 들
고 창덕궁 후원을 헤맸
을 때의 막막함과 실마
리도 찾을 수 없는 답답
함이란 이만저만이 아니
었다. 촬영 장소에 대한
설명이나 기록 등도 알
지 못하고, 사진에 찍힌
기둥에 부착한 '오색천서
사현란五色天書詞絢爛'이라는

▲ 창덕궁 후원 태극정(2010)

주련, 정자에 놓인 향로와 전각의 모습 등을 유일한 단서로 했을 뿐이었다. 또 어느 때는 혹시나 해서 창덕궁 뿐만 아니라 경복궁에서도 촬영했을 가능성을 지울 수 없어 양쪽을 오가며 비슷한 장소를 맞추어 보기도 했는데, 생각과 같이 그렇게 쉽지 않았다.

촬영 장소를 찾는데 가장 큰 도움이 되었던 단서는 정자의 기둥에 부착한 주련이었다. 한국문화재연구소를 찾아 궁궐에 부착한 주련을 조사해 놓은 자료를 열람했더니, 창덕궁 후원 숲 속에 깊숙이 숨어있는 농수정이란 정자의 기둥에 부착한 주련임을 알게 되었고, 고종의 어사진 촬영 현장이 이곳임을 확신할 수 있었다.

후원은 임금이 살던 궁궐의 정원을 말한다. 대궐문을 들어서면 정사를 논하는 조정, 왕실, 관료의 집무실 등의 건물로 형성된 우리가 말하는 대궐을 형성하고 있고, 그 뒤란으로 후원이 조성되어 있다. 연경당은 바로 어원의 중심에 있는 아흔아홉 칸의 민가를 본 따 조성된 건물이며, 농수정은 이 연경당의 유일한 정자이다.

어느 해에는 농수정의 정자에 오르기 위해 관광객들과 함께 관람을 한 적도 있다. 창덕궁의 정문인 돈화문으로 입궁해 금천교를 건너면 진선문이 있다. 이 문을 거쳐 인정문을 통과해 궁궐의 중심인 근정전 및 선정전 대조전, 희정당, 낙선재 등을 돌아보고 후원을 향하는 대열에 끼기도 했다. 낙선재에서 나오면 내의원이라는 표식이 붙은 건물을 끼고 왼쪽으로 돌아 양 옆의 긴 돌담길을 따라 북쪽으로 고개를 넘으면, 비원이라고 했던 후원에 이르게 된다.

고개 아래에 이르면 아름다운 풍광이 한눈에 들어오는 주합루와 영화당 일대의 부용지에 이른다. 한 가운데 섬이 조성되어 있고, 남측에 부용정, 북쪽에 어수문, 석대 위에 높게 주합루가 자리잡고 있다. 그 주합루 왼쪽에 서향각, 뒤편에 정조가 표함 강세항을 불렀던 희우정이 자리잡고 있다. 부용지를 중심으로 부용정, 건너편 북쪽의 어수문, 주합루, 북동쪽의 영화당 등으로 어울러진 궁궐의 후원에 이르러 5~10분 정도 휴식시간을 가졌다.

다시 영화당 앞뜰을 지나 후원 깊숙이 들어가 언덕을 넘으면 존덕정, 관람정, 그리고 후원 깊숙이 있는 옥류천으로 가는 길에서 왼쪽으로 연경당과 기오헌寄傲軒으로 향하는 길에 들어섰다.

연경당은 14칸이다. 건물 서쪽에 10칸 반의 내당이 있고, 동남칸 담장 쪽에 통벽문이라는 일각문이 있다. 북칸 담장 쪽에도 우신문이라는 일각문이 있다. 동쪽으로는 14칸의 선향제가 있으며, 북쪽에는 농수정이, 담장 남쪽에는 소양문이라는 일각문이 있다. 북행각의 크기는 14칸 반, 태정문이 있는 서행각의 크기는 20칸이다. 장양문은 동쪽으로 있는 21칸의 남행각 안에 있으며, 서쪽에 수임문, 장락문은 25칸의 외행각에 있다. [8]

큰 돌을 문門자형으로 조각해 불로문不老門이라고 써놓은 그 문을 통과하면 오른쪽으로 애련지와 애련정이 있고, 연경당을 지으면서 조성한 소형 연지가 눈에 들어온다. 아마 연경당 앞으로 흐르는 물을 여기에 모이도록 설계한 것이 아닐까?

후원의 옥류천으로 난 큰 길을 걷다가 왼쪽의 불로문을 통과해 애련지 애련정, 연지 등의 연못과 정자에 이르고, 민간인 마을에서나 볼 수 있는 사대부 집 형태로 지은 아흔아홉 칸의 연경당에 다다랐다. 1828년순조 28에 진잠각珍藏閣 터에 민가 형태의 건물을 지었다. 연경당은 사랑채의 당호이기도 하며 이 건물 전체의 이름이다. 집의 크기를 흔히들 아흔아홉 칸이라고 하지만, 현재 건물의 실제 크기는 109칸이 된다고 궁궐지에는 이렇게 설명되어 있다.

궁궐 안의 건축물들이 단청과 장식으로 화려한 모습을 뽐내는 것과

▲ 불로문(2010)

달리, 단청을 전혀 하지 않은 민도리집 형태로 보존된 집 앞의 돌다리를 건너면 행랑채가 둘러져 있고, 대문에는 장락문이란 현판이 붙어있다. 행랑채의 가운데에 있는 장락문을 들어서면 마당이 나오고 행랑채가 둘러서 있다. 행랑채에는 동쪽으로 마구간을 두고 가마 등을 보관하는 공간도 만들어 놓았다.

사랑채의 마당으로 통하는 장양문에 들어서면 사랑채와 안채를 막은 담이 보이고, 사랑채인 연경당 마당이 나온다. 사랑채 바로 옆에는 정면

7칸, 측면 2칸의 서제로 사용하는 선향재가 들어서 있다. 집의 방향이 서향이기 때문인지 8개의 가는 기둥을 세우고 각 기둥 윗부분에서 창방을 선향제 본 건물에 보내어 그 위로 간단한 지붕을 달도록 만들어 서쪽에서 비치는 햇빛을 차단했다.

내당은 좌측에 안방, 우측에 대청, 건너방 마루방이 하나 더 있고 툇마루가 나 있다. 내당의 전면과 우측면은 행랑방으로 둘러싸여 있으며 좌측은 담장을 쌓아 사랑채와 구별했다. 뒤에는 담을 치고 그 뒤에 음식을 만드는 부엌을 두었다.

▲ 존덕정(연대 미상)

4. 농수정

선향재 뒤란으로 돌아가면 층층을 깎은 돌로 만든 계단이 나온다. 이 계단 위에는 까마득히 정자가 우뚝 솟아있는데, 농수정이다. 꽃장식의 높은 층단을 올라가면 옆으로는 나무와 관목, 꽃들을 드문드문 심어 노단식으로 가꾸어져 있는 정원에 이른다.

▲ 연경당 농수정(1920년대 강전공)

정자에 오르면 정남쪽으로 환하게 트인 후원의 동산이 펼쳐지는데, 어수문과 주합루의 야트막한 뒷산이 눈에 들어온다.

농수정은 선향재 뒷문 오른쪽 동산에 자리 잡고 있다. 장대석 기단에 사다리꼴 초석을 놓고 네모난 기둥을 세웠다. 정자 기둥 밖으로 마루를 깔고 난간을 둘렀다. 정면과 측면이 모두 1칸, 정면과 측면은 난간을 끊어 출입하도록 했다. 지붕마루의 가운데에는 탑모양의 절병통으로 장식했다.

기둥과 기둥 사이의 4면은 벽을 없앤 대신 만卍자 무늬로 된 사분합문을 달았다. 사분합문은 모두 10개, 이 문들을 모두 열어 접어 올려서 들쇠에 걸면 사방의 경치를 한 눈에 감상할 수 있는 구조의 정자다. 정면 처마에는 농수정濃繡亭이란 편액을 달았으며, 각각 네모 기둥에는 주련을 걸었다.

1884년 3월 13일 고종이 왕세자와 함께 어사진을 촬영한 그 장소를 찾아 그곳에 선 것은 2002년 3월 13일이었다. 촬영 장소를 찾으러 나섰던 초기에는 유네스코에서 민족유산으로 지정되기 전이어서 후원 여러 곳을 다닐 수 있었다.

로웰의 책에 실린 고종 어사진의 오색천서사현란五色天書詞絢爛이라는 주련은 후원 깊숙이 자리잡고 있는 연경당, 그 뒷동산에 언덕에 넘어질 듯이 서 있는 창덕궁의 전형적인 전각, 수목이 울창하게 우거져 비단을 펼친 듯 하다는 농수정의 남쪽 기둥에 붙여놓은 첫 번째 글귀였다.[9]

정·측면 한 칸 사모지붕, 네모난 기둥 사이에 벽을 두지 않고 완자 무늬의 사분합문을 달았는데, 열 개나 되는 분합문을 접어서 들쇠에 걸어 매달면 사방의 경치가 방안으로 쏟아져 들어오는 예쁘고 아름다운 정자. 그 경치를 표현했을까? 아니면 봄을 맞는 정자였을까? 한시에 능하지 못한 필자에게는 네 기둥마다에 세로로 써 붙인 글씨의 내용은 알아보기 힘들었다.

고종은 이 농수정에 올라 그 정자 정면의 장대석에 서서 전신 형태의 사진 및 좌상의 전신상을 촬영했던 것이다. 시종들은 고종이 이곳에 친림하기 전에 정자 양편에 칠보 향로를 가져다가 놓고, 꽃무늬를 수놓은 융단 같은 것을 장대석에 깔고, 여기에 어울리는 의자도 골라 비치했을 것이다.

고종이 외국 사진가에게 사진을 촬영케 하면서 창덕궁의 후원 깊숙한, 그것도 정전이 아닌 민간 사대부 집 형태로 지은 아흔 아홉 칸의 부속 건물인 농수정에 올라 사진을 찍었던 저간의 사정에 대해 자세한 설명이 남겨져 있지 않아 그 이면의 사실을 알 수 없으나 대단히 흥미로운 일이었음에는 틀림없다.

1895년 6월 명성황후가 연경당 앞뜰에서 내외 귀빈들에게 연유회 장소로 이용한 것, 고종이 미국 공사와 좌우를 물리치고 은밀히 대화를 나누는 장소로 활용했던 것으로 보아 미국인 로웰에게 후원의 아름다운 경치를 구경 시키는 것 그 이상의 의미로 이곳을 촬영장소로 택한 것인지도 모르겠다.

주

1) 김동현은 『서울의 궁궐 건축』에서 후원의 전체 면적을 9만 평이라고 했다.

2) 金永上 『서울六百年』③ 大學堂, 1994, p.191~192.

3) 『표암 강세황 산문집』, 박동욱·서신혜 역주, 소명출판, 2008. pp.53~54.

4) 뾰족하고 험악한 바위 표면이나 깎아지른 산의 입체감과 질감을 표현할 때 사용하는 동양화의 표현법.

5) 『표암 강세황 산문집』, 박동욱 서신혜 역주, 소명출판사, 2008, pp.53~54.

6) 이 글에는 연경당이 빠져있다. 연경당은 1828년(순조 28)에 지었기 때문에 정조 당시에는 없던 건물이었다.

7) 위의 책 pp.54~59.

8) 延慶堂 十四間 以西有內堂十間半 以東南間墻 一角門 通碧문 以北間墻 一角門 佑申門 以東善香齊十四間 以北濃繡亭一間 以南墻 一角門 韶陽門 北行閣十四間半 西行閣二十間 內有兒正門 南行閣二十一間內 以東有長陽門 外行閣二十五間 內有長樂門.

9) 농수정의 사방 기둥에는 아래의 내용으로 된 주련을 부착했다.
오색의 어필은 문장도 찬란하고(五色天書詞絢爛), 구중 궁궐 봄 전각엔 말씨도 조용하네(九重春殿語從容)·막 불어난 봄물에 꽃이 비쳐 오고(春水方生華來鏡), 사랑스런 내 집엔 술이 상에 가득하이(吾廬可愛酒滿床). 이러한 좋은 모임 얻기 어려움 알겠거니(如斯嘉會知難得), 언제나 머무는 시인 인연 있는 듯 하이(常駐詩人若有緣).

고종 어사진을 통해 세계를 꿈꾸다

-19세기 어사진의 정치학-

로웰과 지운영의 사진술 ▮ ▮ ▮ ▮

로웰과 지운영의 사진술

1. 로웰의 사진술

(1) 보빙사를 미국에 안내한 로웰

▲ 퍼시벌 로웰(1855~1916)

1876년 하버드대학을 졸업하고 실업가로, 외교관으로, 천문학자로 활동했던 로웰Percival Lowell: 1855.3.13 ~1916.11.12은 매사추세츠의 유명한 로웰가家 출신이다. 아리조나에 로웰천문대를 세워 화성 연구에 크게 공헌했으며, 여러 차례나 일본을 여행하는 동안 동양문화를 탐구하고 일본 풍토의 특징을 연구대상으로 삼기도 했다. 그때 일본에서 체험했던 여러 자료를 바탕으로『극동의 혼 The Soul of the Far East』(1888),『노토 Noto』(1891),『신비한 일본 Occult Japan』(1895) 등의 책에 이때의 수상을 담아 발행하자 많은 미국 독자들의 호응을 얻었다.

그의 생애에서 가장 중요한 천문 연구 활동은 애리조나에 천문대를 세워 우주를 관측하면서 시작되었다. 1890년대 조바니 스키아파렐리가 화성 운하運河를 발견한 사실에 자극을 받아 자신의 재산과 정력을 화성

연구에 바치기로 결심했다. 1894년 화성의 언덕Mars Hill이라고 명명했던, 기상조건이 가장 좋고 이상적인 해발 2,210m 높이의 애리조나주 플래그스태프에 로웰천문대를 설립했다. 25인치 굴절망원경을 설치해 화성 관측에 사용하였으며, 1900년에는 사진술을 이용해 망원경의 초점거리를 연장, 필름 박스를 사용한 성상의 빠른 기록, 필터와 건판을 활용할 수 있는 카메라를 망원경에 장착해 화성표면을 촬영했다.

1906년에는 『화성과 운하Mars and its Canals』라는 책을 출간했다. 지능이 높은 화성인들이 멸망해가는 행성 곳곳에 관계시설을 만들어 해마다 조금씩 녹는 극관極冠에서 물을 끌어다 사용했다는 것과 화성의 운하는 이 관개시설로 재배하는 식물이 띠 모양을 이룬 것이라는 내용을 담았다. 이 이론은 천문학계의 심한 반대에 부딪쳤다.

그러나 1972년 미국의 우주선 마리너Mariner 9호가 보내온 7,393매의 표면 사진, 1976년 바이킹Viking 1, 2호가 보내온 50,000매의 사진, 1997년 9월 미국 화성탐사선 서베이어Mars Global Surveyer가 보내온 정밀한 화성표면 사진, 이들이 수집한 정보로 생물이 존재하고 있

▲ 미국으로 파견되었던 조미수호통상사절단의 사진(1883년 9월 20일 뉴욕에서 촬영)

다는 것이 판명되었다. 다만 화성에 파인 계곡은 운하로, 여기에서 재배하는 식물이 띠 모양을 이룬 관개시설이라고 한 것 등은 착각이었음도 밝혀졌다.

로웰은 해왕성 밖에 또 하나의 행성이 있다고 믿었다. 명왕성의 존재를 예측한 것이었다. 이 발견은 생전에 성공을 거두지 못했으나 결국 그의 예견대로 그가 죽은 뒤인 1930년 로웰천문대의 톰보가 명왕성을 발견했다.

1883년 일본 체류 중이던 로웰은 조선과 인연을 맺게 되는데, 주일 미국 공사관의 권유로 조선의 보빙사報聘使를 일본에서 미국까지, 또 미국에서 귀국할 때에도 안내를 담당하게 되면서였다.

로웰이 조선에 오게 된 것은 보빙사의 미국 방문 때 일행을 안내해 극진하게 보살핀 공적에 대한 고종의 배려에서 국빈으로 초청하게 되면서 성사되었다. 1883년 조선에서는 민영익閔泳翊, 홍영식洪英植, 서광범徐光範, 유길준兪吉濬, 변수邊燧, 고영철高永喆, 최경석崔慶錫, 일명道敏, 현광택玄光澤 등으로 구성된 보빙사를 미국에 파견했다. 이와 때를 같이 해 주일 미국 공사관에서는 일본 문화 연구차 일본에 와 있던 로웰에게 보빙사 안내를 부탁했고, 그는 기꺼이 수락했다. 그 외에 영어에 능통한 일본인 미아오카 쯔네지로宮岡恒次郎, 중국어 통역 우리탕吳禮堂 등도 동행했는데, 총 11명이었다. 언어 소통은 로웰이 영어로, 일본인 미아오카는 일본어로 유길준은 우리말로, 3자가 3개 국어를 활용해 의사소통을 했다.

보빙사 일행 11명은 1883년 8월 18일 미국상선 아라빅Aravic호에 승선해 일본을 출발, 20여 일의 태평양 항해 끝에 9월 2일 샌프란시스코 항에 도착했다. 이곳에서 2일간 체류, 9월 4일 열차 편으로 시카고를 거

쳐 수도 워싱턴으로 출발, 9월 13일 그곳에 도착했다. 아더Chester A. Arthur
대통령은 뉴욕에 체재 중이어서 보빙사 일행은 다시 뉴욕으로 향했다.

1883년 9월 18일 아침 11시 조선의 보빙사 일행은 이곳 호텔에 투숙
중인 아더대통령을 임시 접견실에서 알현했다. 국서는 로웰이 영어로
번역한 번역본과 함께 증정했다.

보빙사 일행은 대통령을 알현한 후 여객선을 타고 9월 18일 로웰의
고향인 보스턴에 도착했다. 방직공장과 특허의약공장 등을 돌아보고,
다시 9월 22일 뉴욕에 도착해 성대한 영접을 받았다.

1883년 9월 29일 다시 워싱턴에 도착해 분주한 일정을 보낸 일행은
10월 13일 귀국 인사차 백악관으로 아더 대통령을 방문, 공식 일정을
모두 마쳤다.

보빙사 일행 중에 민영익은 프랑스로 향하고, 유길준은 국비유학생
으로 이곳에 체류하고, 홍영식은 로웰의 안내로 나머지 보빙사 일행을
이끌고 10월 23일 상선 시티 오브 리오데자네이로City of Lio de Janeiro에 승
선해 샌프란시스코를 출발, 11월 14일 일본에 도착했다. 8개월 간의 긴
여행이었다.

조선에 돌아온 홍영식은 고종께 귀국 보고 자리에서 지난 4개월 동
안 로웰의 헌신적 노고를 설명했으며, 이를 들은 고종은 즉석에서 국빈
으로 모시도록 하명해 이 소식이 그에게 전달되었다.

로웰은 고종의 초청을 수락, 그 해 12월 20일 인천에 도착, 서울에
들어오게 되었다. 일본 나가사키 항을 출발한 로웰은 인천 제물포항에
도착, 창덕궁에 마련한 거처에서 추운 겨울을 지내고, 1884년 3월 18
일 다시 일본으로 출국, 그해 여름까지 머물다가 미국으로 돌아갔다.

2. 조선에서의 생활

퍼시벌 로웰은 1883년 12월 20일 제물포에 도착, 이듬해 3월 18일까지 조선에 머물렀다. 국왕인 고종은 그를 국빈으로 대우해 창덕궁에 숙소를 마련했으며, 알현도 허락했다. 그는 체류기간 동안 정력적으로 도성 안팎을 두루 다니면서 열심히 조선의 풍물을 구경하고 사진도 찍었다.

로웰의 사진활동은 그의 행적반큼 많은 사진들을 촬영했는데, 1883년 겨울 조선에 도착해서부터 사진촬영을 했던 것 같으며, 부산이나 한강 부근을 찍은 것들도 있지만, 대부분 서울 채류 중에 촬영한 사진들이다. 그의 책에 수록된 사진은 28장, 미술관에 소장된 로웰의 사진은 61점이지만, 책에 수록된 사진과 중복 되지 않은 사진 8장, 미술관 소장 61점을 합치면 69여 장이 된다.

▲ 로웰의 책, 조선 고요한 아침의 나라

그 외에 그는 조선에서 3개월간의 체류 기간에 취재한 자료와 사진을 바탕으로 1년 간의 각고 끝에 하버드대학교 출판부에서 412면에 달하는 『조선 고요한 아침의 나라Chosun The Land of the Morning Calm』라는 책을 내놓아 세상을 놀라게 했다. '하루가 시작되는 곳'이란 소제목으로 이 책을 시작해 '부산의 등대'를 마지막 부분으로 책을 마무리 했다. 그 사이에 조선의 지리,

기후, 사회, 복식, 언어, 정부 조직, 서울, 왕궁 등 다양한 분야를 정리했다. 이 책의 서문 끝에 추억을 안겨준 분들, 너무나 충실했던 홍영식, 하버드대학 출판국의 Stevens씨의 여러 조언에 대해서도 감사를 드린다는 얘기와 사진복사를 담당해 준 Forbes Albertype사에 감사를 드린다고 되어 있으며, 이 서문을 썼을 때가 1885년 11월이었다.[1]

로웰의 사진실력도 대단했던 것으로 알려져 있다. 1830년대에 프랑스와 영국에서 발명한 사진술은 산업혁명의 총아로 대중 속에 자리 잡았으며, 각국에 보급되어 기술적인 문제들이 하나하나 개선되면서 일반인들도 사용할 수 있게 되었다.

소년 시절부터 애용하던 굴절망원경으로 하늘을 관찰하고, 꽃과 곤충을 탐구하는 취미를 가지고 있다가, 이 새로운 사진술의 발명을 접하자 재빨리 사진기를 구입해 자연을 관찰하는데 이를 활용했다. 사진술은 이렇게 해서 열중하게 되었으며, 이때 익힌 사진술은 그의 취미나 연구 활동에 큰 기여를 했을 뿐만 아니라 일본 여행 때나 조선여행 때에도 크게 활용되었다.

소년시절에 익힌 사진술은 새로운 것에 대한 도전을 키워나가는데 중요한 역할을 했으며, 고종의 초청을 받고 조선에 갈 것을 결심한 후 많은 사진을 촬영하기 위해 만반의 촬영 준비를 하고 조선에 입국했다. 로웰은 부산항 도착 때 부산항의 모습에서부터 그 외에 도성 안팎의 여러 풍물과 생활상태, 각 계층의 인물을 열심히 촬영했다.

오늘의 35밀리 카메라처럼 쉽고 간단하게 사용할 수 있는 기종이 아니라 대형에다가 건판을 사용해야 하는 등 어려운 구조였음에도 어린 시절부터 사진기를 사용해 왔던 경험으로 해서 익숙하게 이를 활용했던 것 같다.

그의 조선 방문 때에는 여러 분야의 피사체에 대해 많은 사진들을 촬영했는데, 이땅에 외국인이 공식적으로 도성에 들어와 촬영한 최초의 사진가이었다. 이때 촬영한 일부 사진은 1885년 1월 하버드대학 출판부에서 간행한 『조선, 고요한 아침의 나라Choson the Land of the Morning Calm』에 도판으로 게재했으며, 미국 보스턴 아마추어사진계에도 조선의 풍물 사진을 공개했다. 이 사진들은 보스턴 사진계를 떠들썩하게 했으며, 보스턴아마추어사진가협회는 1884년의 가장 우수한 작품이라는 평가와 함께 최우수상을 수여했다.[2]

3. 촬영한 사진들

로웰의 사진이 더욱 빛난 것은 공식적으로 입국한 외국인이 처음 촬영한 사진이라는 것 뿐만 아니라 지운영과 함께 고종 및 왕세자의 어사진을 촬영했다는 점도 중요한 사건이었다.

현재 그가 조선 체류 중에 촬영한 사진 대부분은 미국 로웰 천문대와 보스턴미술관에 소장되어 있는데, 참고로 소장 사진과 그의 책에 수록한 사진을 정리해 보았다.

(1) 『Chosön the Land of the Morning Calm』 1886년판에 수록된 사진 목록

• 조선국왕폐하His Majesty the King of Korea (권두사진)
• 아침, 고궁 뜰에서Morning in the Old Palace Grounds (p.6)

- 부산항에 정박한 조선 선박들Korean Boats in the Harbor of Pusan (p.50)
- 한강 3월의 유빙The River Han,- Ice Floating down in March (p.50)
- 서울의 한강변River suburbs of Söul (p.74)
- 사관과 지휘관The Sa Kwan and the Colonel (p.84)
- 창덕궁 근정전The Audience Hall (p.100)
- 외무아문The Foreign Office (p.116)
- 시장 인파와 건과물An Uninvited circle in one of the Principal Streets, Soul (p.128)
- 서울의 쌀가게Rice Shop Soul (p.150)
- 도심을 관통해 흐르는 지천An Outlying Branch of the City's Wall crossing a stream (p.172)
- 파고다The Pagoda (p188)
- 서울 중심가In the Main Street, Söul (p.218)
- 고궁 담장 밖(남산을 향해)Outside the Old Palace Wall. (Looking towards Nam San (p.232)
- 경복궁 뜰에서On the Piazza of the Summer Palace (p.250)
- 홍살문The Red Arrow Gate (p.262)
- 경회루 석주 The Pillars of the Palace of Summer (p.270)
- 경복궁 연지 The Lotus Pond of the Palace of the Summer (p.280)
- 창덕궁 후원In the New Palace Grounds (p.296)
- 세검정Temple in the Valley of clothes (p.310)
- 빨래하는 골짜기In the Valley of The Clothes-Wahing (p.314)
- 군모 파는 상점A Military Hat shop (p.342)
- 동대문 밖Beyond the Northeast Gate (p.360)
- 아름다운 여인The 'Fragrant Iris' (p.372)
- 약방An apothecary's Shop (p.388)

(2) 보스턴미술관에 소장된 사진

- 서울의 거리풍경Soul street scene
- 서울의 미곡 상점Grain shop Soul
- 1883년에 설립된 외국어학교와 학생들The foreign school, English, arithmetic etc., begun in Aug. ' 83. Members with hats are unmarried. those without hats are unmarried, Taken in front of the school house)
- 외국어학교 영국인 교사Halifax, T. E.와 일본인 아내, 하인 등Teather of the foreign school, his Japanese wife. Eurasian child, and servernts. His house formerrly a temple
- 연꽃 핀 연못과 하궁夏宮 경회루A corner of the Summer Palace (Gyeonghoeru) with lotus pond. City wall can be seen onthe summit of the mountain in the distance

▲ 외국어학교 뜰 앞의 학생들과 교사 할리팩스(1884년 로웰)

▲ 서울 안쪽에서 바라본 북서쪽 혜화문(1884년 로웰)

- 퍼시벌 로웰의 집 근처 풍경The street of ashes leaching to the Blue Unicorn Valley. My over house on the left. Btushwood carrier in foreground
- 고종His Majesty the King of Korea
- 미국 공사 루시우스 푸트와 그의 부인 및 관원U. S. legations at Soul. Minister Foote, Mrs. Foote and household
- 왕세자the Crown Prince of Korea
- 한국식 복장을 한 퍼시벌 로웰의 일본인 요리사(My Japanese cook dressed in Korean clothes. A corner in one of the narrow streets)
- 외국어학교 뜰 앞의 학생들과 교사 할리팩스The foreign school in courtyard before school building

▲ 임금의 행차를 구경하려고 모인 백성들(1884년 로웰)

- 서울 안쪽에서 바라본 북서쪽 도성문惠化門(North east gate of the city wall from interior. Soul)

- 말을 타고 가는 가희(Singing girl "The Fragrant iris" on horse with groom. Korean landscape)

- 창덕궁의 고종His Majesty the King of Korea Taken in a summer house of the New Palace

- 서울 도성 밖 풍경Outside the city wall. Soul

- 서울 성벽에서 바라본 북동쪽To the north east of Soul

- 궁궐 안뜰의 괴석Korean garden court The stones on pedestal for ornament not religion

- 임금의 행차를 구경하려고 모인 백성들Crowd collected to witness passing of the King

- 미국 공사관 뜰 안의 협문Gateway in the courtyard of the American Legations. Soul

- 비누 거품놀이를 하는 소년Boy blowing soap bubbles

- 서울 도성 밖의 연지Lotus pond, outside city walls, frozen, Soul

- 부산 바다에 떠 있는 조선 선박들Korean boats at Pusan

- 아이들의 모습Group of Korean boys on the edge of a steep hill in the center of the city. Soul city spread out below

- 독일인 외교고문 묄렌도르프의 서울 집Korean house of M. von Möllendorff, one of the vice presidents of the Foreign office -Foreigner in Korean Service

- 구궁, 경복궁 경회루의 석주Interior of so called Summer Palace in the old Palace, Soul

- 한강, 나루터 위쪽 산에서 서쪽을 향해 촬영The River Han Taken from a hill above the main ferry looking west

▲ 말을 타고 가는 가희(1884년 로웰)

- 조선국왕 폐하His Majesty the King of Korea
- 창덕궁 부용지View in the New Palace grounds. Soul with artificial pond and island
- 서울의 중심가View in main street of Soul
- 서울 풍경Street scene in Soul
- 한강을 건너는 배-제물포에서 서울로 들어오는 사람들Main Ferry across the river Ha. On the road from Chemulpo to Soul, ice just breaking up. March
- 중국의 관리와 수행원. 서울Chinese commissioner and suite. Soul
- 조선의 일본어 통역관들Korean interpreters into Japanese
- 자신의 집 뜰에 있는 남자. 서울Korean gentleman in the inner courtyard of his house. Soul

▲ 독일인 외교고문 묄렌도르프의 서울 집(1884년 로웰)

▲ 조선의 가마(1884년 로웰)

- 서울을 흐르는 계천과 다리Bridge over the small stream that runs through the city. Soul
- 중국인 관리가 머물고 있는 궁의 남쪽 별체South set apart palace Now occupied by Chinese commissioner
- 서울 근교의 시골Country in the neighborhood of Soul. Roots buried in snow
- 서울의 약방Apothecary shop. Soul
- 구궁의 경회루 외경Exterior of the so called Summer Palace in the Old Palace. Soul
- 서울의 홍살문Street in Soul Torii outer approach to a royal building
- 길가의 담장Korean street wall, Soul
- 서울 북쪽 지역의 빨래터 광경To the north of Seoul Clothes washing Valley looking towards three peaked mountain called the Cock's Comb

- 경복궁 경회루 난간에서 바라본 광경View from balcony of the Summer Palace in the Old Palace grounds. Soul

- 경복궁 북문과 북악산North gateway of Old Palace grounds. and North Hill. Soul

- 영의정 홍순목His Majesty the Prime Minister of Korea

- 궁 입구 홍살문이 있는 거리 풍경Street scene with Torii outer approach to a royal building. Soul

- 통리교섭통상사무아문의 독판과 부관들Their Excellencies the Minister and Vice Minister of Foreign Affairs

- 밖에서 본 경복궁 담장 모습View of the outer wall of the Old Palace. Soul

▲ 경복궁 북문과 북악산(1884년 로웰)

▲ 외무아문(1884년 로웰)

- 서울 근교 산 오른쪽으로 펼쳐진 마을Subourbs of Soul The city lies over the hills to the right)
- 창덕궁 존덕전Summer house in the New Palace
- 조선의 가마Korean Palanquin
- 사찰 안마당의 기예꾼들Character performance and musician in inner courtyard of a monastery
- 창덕궁 후원의 정자들Summer houses in the New Palace grounds. Soul)
- 학살이 일어났던 일본공사관 터(임오군란 1882년 이후)Site of the old Japanese legation where the massacre lock place

- 서울 거리의 모자 파는 광경Hats shop in main street, Soul
- 화계사 가는 가희Singing girl 'The fragrant iris' in a wood on the approach to the Flower stream temple
- 통리교섭통상사무아문의 독판 민영목His Majesty the Minister for Foreign Affairs Min yong-mok
- 영의정 홍순목과 그의 아들 및 손자Their Highness the Prime Minister, his son, and grandsons
- 해빙기 3월의 한강The River Han looking east ice breaking up March
- 두 명의 조선 남자Korean gentlemen

(3) 책에만 수록된 사진

- 창덕궁 근정전 전경The Audirnce Hall (p.100)
- 원각사지 10층 석탑The Pagoda (p.188)
- 구궁 뜰에서 본 아침Morning-in the Old Palace grounds (p.6)
- 빨래가 잔뜩 널린 계곡In the valley of the clothes washing (314)
- 오륜교An outlying brnch of the ciy's wall crossing a streem (p.172)
- 세검정 골짜기 빨래터Temple in the valley of clothes (p.310)

그의 책에는 사진 외에 지도 2장, 일본 민화 2장, 양반 갓신과 버선, 궁중의 신발, 갓, 내부가 비치는 망건, 궁정모, 실내모, 상제의 모자, 군모 등의 스케치 또는 사진을 밑그림으로 한 도판들도 들어 있다.

4. 로웰의 조선 체류에 대한 연구 자료

퍼시벌 로웰이 조선에 왔을 때 그리고 체류하면서 있었던 일들에 대한 자료는 거의 찾아볼 수 없어 많은 어려움을 겪었다. 필자는 이 글을 준비하면서 로렌스 로웰A. Lawrence Lowell이 쓴 『퍼시벌 로웰의 연대기』, 데이비드 스트라우스의 『퍼시벌 로웰, 보스턴 지식인의 작가, 연설가, 사진가』라는 책을 입수할 수 있었다. 조선 입국 동기, 시기, 조선에 체류하면서 받았던 대우, 그를 위해 마련한 궁궐에 특별한 거주지 제공, 국왕 및 왕세자를 언제라도 알현할 수 있는 기회 제공, 이러한 기회를 통해 어사진을 촬영하게 되었다는 것 등. 로웰이 조선에 오게 된 동기라든가 체제 기록 등은 자세하게 기록되어 있지 않지만, 로웰의 체제 기간 동안 있었던 저간의 사정, 그리고 그의 책 『고요한 아침의 나라 조선』에 대한 집필 일화 등을 자세히 접할 수 있었다. 이 책에 수록된 내용 중에서 주로 이 부분을 다룬 「제3장 조선에 왔을 때」, 「제4장 고요한 아침의 나라 조선」을 참고했다.

조선에 왔을 때 이것은 은자의 왕국으로부터 서양 세력으로의 첫 번째 외교상의 임무였고, 그들은 예의범절을 터득하고 있는 누군가가 자신들을 보살펴주길 원했다. 로웰은 그 직위를 받아들여 명령과 함께 9월 2일 샌프란시스코에 상륙했고, 뉴욕에 있는 대사관으로 건너가 아더 대통령을 접견했다. 미국에서 6주를 보낸 후 태평양을 건너 많은 동료들과 함께 11월에 일본에 닿았다. 일행은 일을 잘 수행한데 대해 감사히 여겼고, 귀빈으로 초청해 보빙사 일행과 함께 조선으로 초대되었다. - 그는 이 기회를 놓치지 않고 1883년 크리스마스 바로 전, 통과하는 데 있어 여러 모로 피곤하게 하는 지체를 겪은 후 왕국의 수도인 서울에 도착했다.

그는 이상하게 호의적인 조건strangely favorable condition 아래서 겨울을 보냈다. 공식적인 지위를 가지고 이 나라에 들어온 첫 유럽인 중 하나로써 공식적 의무나 억제도 없었으며, 두 명의 관리가 그를 돌보기 위해 파견되어 움직임을 방해하지 않고 충실히 시중을 들었다. 실제로 로웰은 나라 안 사람 중 누구보다도 자유로워 보였다. 이것은 높은 관리가 가마에 탈 때를 제외하고 길을 통과할 때의 위신에 관계된 것이다. 그리고 장님을 제외한 모든 다른 이들은, 해가 진 후에 집밖으로 나오면 태형에 처한다. 그러나 차가운 2.5피트의 상자 위에 엎드리는 자세를 하는 것이 견딜 수 없었던 그는 걷기 시작했다. 그리고 이 외국인의 유별남이 높은 사람이건 낮은 사람이건the high or the lowly 놀라게 함 없이, 관리로서 그는 밤낮을 가리지 않고 시내 어디든 걸어 다녔다. (그는 관리로서 아무 때나 시내를 걸어 다녔지만, 사람들이 이 외국인의 유별난 행동을 보고 놀라지 않았다).

그는 왕과 왕세자를 특별히 알현하는 것이 허락되어, 후에 그들의 사진을 찍었다.[3]

5. 퍼시벌 로웰과 사진에 대해

데이비드 스트라우스는 로웰을 작가, 연설가, 사진가라고 했다. 그리고 조선에 체류하는 동안 53장의 사진을 촬영했으며, 손으로 들고 사진을 찍을 수 있는 핸드 카메라, 여기에 건판을 넣어 촬영하는 사진술에 대해서도 언급했다.

로웰이 조선에서 촬영한 사진에 대한 자세한 언급도 이 책에 수록되어 있다. 그리고 사진이 조선의 비밀을 자세하게 알아볼 수 있는 유용한 도구였다는 것, 여러 가지 사진을 촬영하기 위해 많은 어려움을 무

릅쓰고 감행했다는 것, 특정인물을 촬영하기 위해 많은 돈을 드려 섭외
했다는 것, 당시의 관습을 어기면서까지 여성들의 작업하는 모습을 촬
영할 수 있었다고 언급했다.

이렇게 촬영한 사진은 일본에서 인화해 고종께 우송했다는 내용, 보스
턴 아추어사진가협회에서 그 해의 사진가로 선정되어 보스턴 아마추어사
진가협회로부터 수상했다는 것 등을 사진 촬영의 고심담으로 언급했다.
이 책에서는 로웰 사진에 대한 미학적인 측면과 의미, 여러 분야가 언급
되어 있는 데이비드의 책에 수록된 사진 관련 부분을 여기에 실었다.

··· 글을 통해 사람들이 생생한 그림을 떠올릴 수 있게 했던 퍼시벌
로웰Percival Lowell은 사진촬영에 또한 재능이 있었다. 로웰이 찍은 사진들은
동아시아를 미국 국민들에게 알리는데 큰 역활을 했다. 소수의 미국인들
이 한국과 일본 국내를 방문했을 당시 그의 5장의 사진들을 포함시켜 미
국 독자들에게 새로운 경험을 선사하였다. 그의 또 다른 작품들인『The
Soul of the Far East머나먼 동양의 혼』과 『Occult Japan불가사의한 일본』, 또
한 도쿄와 교토 외에 잘 알려지지 않았던 일본 곳곳을 사진으로 소개하였
다. 윌리엄 헨리 잭슨의 획기적인 미국 서부촬영 같이, 로웰의 동아시아
사진촬영이 미국 국민들에게 또다른 새로운 세계를 소개시켜 주었다.

손으로 들고 사진을 찍을 수 있는 카메라와 건판이 나와 사진술이 큰
인기를 끌고 있을 당시 로웰이 사진술을 접했다고 추측할 수 있다. 손
으로 잡을 수 있는 카메라는 삼각대 위에 큰 낡은 박스들을 올려 촬영
했어야 하는 번거로움을 없애주었고 건판은 사진작가들이 원하는 시간
에 사진을 암실 없이도 현상할 수 있는 편리함을 주었다.

　　로웰은 삼각대도 사용하고 건판의 편리함도 활용하고 그가 당시 살았던 도쿄 집에 맞게 암실을 만들어 필름을 현상했다. 현상하는 작업은 결코 쉬운 일이 아니었지만 그는 53장의 한국사진들이 담겨있는 앨범을 손수 제작해 당시 소개를 받았던 한국의 왕에게 주었다. 그는 가족과 친구들에게 편지를 쓸 때 또한 한국사진들을 담아 한국의 아름다움을 소개하기도 했다.

　　로웰 사진들은 예술적인 면에서 아주 뛰어나다. 그는 밝은 부분과 어두운 부분을 대조시켜 그림들을 선명하고 뚜렷하게 만들었다.

　　또한 등지고 있는 산이나 성벽을 이용하여 흥미로운 배경으로 촬영 대상을 더 빛나게 하는 달인이었다. 그의 촬영 대상은 왕족, 서민, 풍경, 도시, 내부 인테리어, 마당, 거리, 상점까지 다양했다. 비록 그의 촬영 대상들은 한 번도 카메라를 접해본 적이 없었지만 사진 속의 그들은 굉장히 자연스러운 모습이다. 로웰은 조선시대의 공인들의 위엄과 거리의 서민, 사람들 생활 또한 사진 속에 잘 담아냈다. 그리하여 서울과 일본 내부의 옷, 건축물, 생활들은 미국 사람들에게 제대로 전파할 수 있었던 것이다. 로웰은 카메라가 일본 문화의 비밀들을 알아내는데 유용하게 쓰일 수 있다고 생각했다.

　　그는 여동생 에이미에게 "위엄있는 눈을 위한 양단같은 사진들"을 보냈다. 그는 한 여자가 영혼에 홀려있는 모습을 담은 사진을 담아 "두개의 혼이 그림상 얼마나 행복하게 이 여자를 감싸고 있는지 보아라"라고 쓰기도 하였다.

　　로웰은 당시 가치가 있는 대상을 촬영하기 위해서라면 작고 큰 소란이 일어날 수 있는 위험을 무릅쓰고 강행했다. 그가 도쿄의 아름다운 게이샤를 촬영하기 위해서 그녀의 아버지께 허락을 받았던 일은 한 일화로 전해져 오고 있기도 하다. 한국 모자상점을 촬영할 때는 더 많은 어려움들이 있었다. "무리들은 지출없이 쉽게 촬영했지만 특정 인물들을 촬영대상으로 따로 섭외하기 위해선 많이 지출이 따랐다. 그들은 사진가를 초대받지 않은 손님이라고 여겼다." 그리고 로웰은 "고결한 한국 세탁부인들"을 촬영하므로 당시의 관습을 어겼었다. 서울에 있는 저택들의 뜰을 촬영하여 사생활을 침해하여 관습법을 어겼었다. 이러한 상황 속에서도 한국과 일본의 삶의 활력과 위엄을 사진을 통해 훌륭하게 전달한 것은 주목할 만한 일인 것 같다.

로웰의 조선 촬영 작품들의 우수함은 인정을 받았었다. 미국 유명 잡지사 『The Nation』의 논평에서는 "그의 사진들은 우리에게 새로운 지식을 제공해 주는 그의 책 내용 중 가장 중요한 부분"이라며 그의 작품성을 높이 샀다. 그가 1884년 미국 보스톤으로 돌아왔을 당시 보스톤 아마츄어사진가협회에서는 그에게 최고작품상을 선사하기도 하였다.

작가, 사진작가, 연설가로서의 그의 작품들의 가장 두드러진 특징은 그의 융통성이었다. 동년배들이 다양한 매체를 통해 자신들의 새로운 아이디어들을 대중에게 전할 때 로웰은 탁월한 화술과 작문실력으로 대중에게 새롭게 다가갔다. 그는 프로와 아마츄어 모두에게 어필하여 사진작가들을 하나로 뭉치는데 기여하기도 했다. 그가 로맨티스트인 하웰즈와 제임스의 문학적인 사실주의를 지양한 것 또한 많은 대중에게 어필할 수 있었던 이유중의 하나라고 할 수 있다. 그는 그의 작품들을 자신만의 여행으로 소개하여 많은 독자들 (특히 남성독자들)에게 자신의 다양한 작품에 참여할 것을 권장했다. 하지만 과학자인 로웰이 물질적인 사실주의를 지양한다는 것은 놀라지 않을 수 없는 일이다. 당연히 본인은 종합적인 실정을 추구한다고 했지만 우리는 그가 그 과정에서 과연 세부사항들의 정확도에 대해 안이하지는 않았는지 생각해 볼 필요가 있다.

마지막으로 로웰의 작품들은 가족과 친구들을 포함한 여러 개인들, 단체, The Atlantic Monthly미국아틀란틱 잡지사, 그리고 로웰단체에서 보존되고 있다. 보스톤이 뉴욕에게 제1의 문화도시로 자리를 밀리고 있을 당시 보스톤을 위해 그는 노력을 했지만 뉴욕이 끝내 보스톤을 밀어내었다. 그리하여 그도 그의 남동생과 함께 보스톤의 휴튼 미플린 출판사를 떠나 뉴욕의 '개방적인' 맥밀란 출판사로 옮겼다. 그곳에서 그는 윌리엄 딘 하웰즈 외 유명인들과 함께 맨하탄이 세계의 문화중심가로 자리매김 시키는데 한몫을 했다.[4]

6. 지운영의 생애와 사진술 연구 역정

(1) 생애와 활동

▲ 일본 유학무렵의 지운영

지운영池雲英은 1852년철종 3 한의원主簿이던 지익룡池翼龍의 셋째 아들로 서울 종로 낙원동에서 출생했으며, 1935년 6월 6일 종로구 가회동 20번지에서 84세로 사망했다. 여러 곳에 설명된 글에는 아호는 설봉雪峰, 백련白蓮으로 되어 있다. 우두로 유명한 지석영의 형이다. 20세 때 중국에 건너가 여러 곳에 명가를 찾아다니면서 그림공부를 했다. 21세 때 영의정을 지낸 김병국의 집에 글 선생으로 들어가 손자인 김용진 화백을 가르쳤다.

서화가로서는 강세황姜世晃의 후문인으로 20세 때 중국에 건너가 명가를 찾아다니면서 그림공부를 했다. 미술평론가 이경성은 지운영의 화풍에 대해 "옛그림들로 임모臨模하여 기량을 길렀으며, 특히 산수, 인물을 잘 그렸다. 화풍은 대체로 중국풍이 짙은 북종 원체적北宗 院體的인 경향을 띠고 있으며, 독창적인 화풍은 형성하지 못하였으나 인물과 산수를 적절히 배치하는 구성력은 뛰어났다. 대표작으로 후적벽부도後赤壁賦圖, 남극노인수성도南極老人壽星圖, 동파선생입상도 등이 있다."고 했다.

또 김영윤金永胤은 한국회화인명사서에서 "글씨는 해서, 행서에 능했으며, 구성궁체九成宮體를 많이 따랐다. 그림은 남종 문인화南宗文人畵풍의

▲ 강위 인물 사진

산수, 인물을 잘하여 필치가 창고아윤蒼古雅潤하고 색조가 청고숙탈淸高肅脫하여 옛사람의 화풍을 보였다"고 했다.[5] 1921년 서화협회 정회원으로 제1회 서화협회전람회에 출품했으며, 1922년에 개최된 제1회 조선미술전람회에 '산인탁족도'山人濯足圖를 출품해 입선을 했다. 이 무렵부터 한국화단의 중심인물로 인정받게 된다.

설봉은 사진가로, 서화가로 활동했을 뿐만 아니라 두 번에 걸쳐 통리군국사무아문 주사를 엮임했는데, 통리군국사무아문은 외국의 동정을 살피는 군무사, 토목을 살피는 감공사, 인재를 등용하는 일과 각 관청의 필요한 물자 조달 업무를 담당하는 전선사, 농사와 잠업에 관한 업무를 담당하는 농상사, 장내사, 상사 등 7사를 설치했던 새로운 직제였다.[6]

1883년 통리교섭통상사무아문 주사에 이어[7] 1884년 3월에도 통리군국사무아문 주사에 임명되었다.[8] 통리교섭통상사무아문은

▲ 사진을 보고 그린 강위 인물화(지운영, 1884)

1882년 청나라의 제도를 모방하여 외무에 관한 사무를 맡아보던 통리아문을 개칭한 관청이었다. 지운영은 전선사의 부장附掌으로 임명되었는데, 인재를 등용하는 일과 각 관청의 필요한 물자를 공급하는 사무를 담당하는 부서였다.[9]

1886년 통리군국사무아문 주사로 재임 중에 갑신정변을 주도한 김옥균을 암살하기 위해 소위 특차도해포적사特差渡海捕賊使라는 밀명을 띄고 일본에 건너갔다. 1885년 발행한 국왕의 위임장과 비수를 소지하고 일본에 건너가 김옥균의 뒤를 쫓아 기회를 엿보았으나 도리혀 김옥균 일파에게 본색이 발각되어 비밀문서와 비수를 빼앗기고 요코하마 거리를 배회하다가 일본 경찰에 체포되었다. 조선에 호송되어 의금부에 갇혀 있다가 평안도 영변에 유배되었다.

1912년 무렵에는 관악산 삼막사 위에 백련암을 짓고 여생을 시·서·화로 소일하며 보냈는데, 『안양시지』에는 백련암터는 삼구바위 동쪽 약 5m 지점으로, 백련 지운영이 삼막사 주지로 있으면서 삼막사 위에 백련암을 짓고 여생을 시·서·화를 지으면서 보냈다고 다음과 적어 놓았다.

고종 때 사대당 정부의 밀령을 받고 자객전권으로 도일하여 김옥균을 암살하려다가 스스로 노출시켜 일본 요코하마에서 채포되어 본국에 압송되었다가 평안도에 유배된 후 고종 26년1889 풀려나와 운영雲英으로 개칭하고 안양시 석수동 삼성산 삼막사 주지를 역임하며, 삼막사 위에 백련암百蓮庵이란 암자를 짓고 여생을 시·서·화로 보냈다. 이곳에서 제작된 작품은 「초동」樵童, 「신선도」神仙圖, 「초부」樵夫 등이 있다.[10]

오래 전부터 말년의 지운영, 일본에 건너가 어렵게 습득한 사진술을 이 땅에 전파한 선구자의 말년 행적을 찾기 위해 관악산행을 마음먹어 왔다.

떠나기 전에 삼막사를 통해 절에서 신도들을 위해 봉고차를 운행한 다는 것과 오전에 관악전철역에서 기다리면 이 차를 탈 수 있다는 것 등 삼막사 가는 차편은 대충 알고 서울을 떠났다. 산길은 구불구불한 험한 길이었으나 포장이 되어 산속의 봄 경치를 감상하면서 삼성산 삼 막사에 도달했다. 안양시 석수동 산 10-1. 관악산에서 서쪽으로 뻗어 내린 능선에서 우뚝 솟아오른 바위로 이루어진 해발 481m의 삼성산에 자리잡고 있다.

『안양시지』에는 650년진덕여왕 4 이후 원효대사가 수학 정진하던 10여 년 간에 이 삼막사를 조성했다고 되어 있다. 조 선시대 1407년태종 7에 대대적으로 사찰을 중창 해 불전 3동, 요사체 5동, 어실 1동, 봉향각 1 동, 누각, 문간, 대, 비, 탑 등을 신축하거나 개 축했다. 그러나 단애한 산 속에 그 많은 사찰이 어디에 들어서 있었을까 궁금해 하면서 주위를 유심히 돌아봤으나, 필자가 꼭 확인하고 싶었던 백련암이란 암자는 찾아볼 수 없었다. 1977년 7 월 안양지방에 내린 집중 호우로 오래된 문화유 적은 유실되고 그 자취만 남아있거나 기억에서 사라진 것들도 많았다. 백련암도 1977년 7월 9 일 집중 호우로 매몰되었다고 한다.

▲ 지운영과 지석영, 삼막사(1910년대)

지운영은 1910년대에 이 험준한 산을 어떻게 올랐으며, 서울에서 어떤 등산로를 거쳐 이 사찰에 이르렀을까? 관악산을 오르는데 여러 등산 코스가 있다. 과천에서 시흥을 거쳐 연주암, 8봉, 안양유원지를 잇는 정통적인 등산 코스는 취하지 않았을 것이고, 서울에서 안양에 내려와 안양유원지에서 연주암을 통과해 삼막사에 올랐거나 시흥에서 호암사를 거쳐 삼막사에 올랐을 것으로 생각된다.

이 산에 오른 지운영은 백련암을 짓고 사용할 물을 얻기 위해 연못을 조성했다. 그리고 이 연못을 조성한 후 백련지 위에 있는 바위를 다듬어 왼쪽은 74㎝ 높이, 중앙 77㎝ 높이, 오른쪽에 86㎝ 크기로 거북의 등, 거북의 배를 상형문자로 회화한 거북귀龜 자를 써 음각했다 건립 연도는 1920년대, 우측 각자 머리에 관음몽수장수영자觀音夢授長壽靈字라고 하여 꿈에 관음보살을 본 후에 글씨를 썼다고 적었다.

마침 삼막사는 토요일이라 많은 등산객들이 올라와 휴식을 취하고 한편에서는 계속 오르는 등산객들이 뒤엉켜 북적거렸다.

지운영은 1935년 6월 6일 84세를 일기로 종로 가회동 20번지에서 세상을 떠났다. 당시 『조선중앙일보』 1935년 6월 8일자에 "조선에서 일찍부터 시문서화 대가로 유

▲ 지운영이 세긴 거북 글자 관악산 삼막사(2006)

명하든 백련거사 지운영씨는 얼마 전부터 숙환으로 부내 가회동 20번지 자택에서 치료하던 중 6일 오전 여섯시 경에 84세를 일기로 세상을 떠나고 말았는데, 발인은 10일 오전 9시에 전기 주소에서 하리라 하며 영결식은 역시 10일 오전 10시에 부내 수송동에 있는 각황사에서 거행하리라는데, 장지는 부외 미아리 묘지로 정하였다 한다."는 내용의 부음 기사를 게재했다.

7. 사진술 연구 역정

북촌의 마동에서 근원한 한국 사진은 지운영의 아들인 지성채 화백의 증언대로라면 임오군란으로 큰 피해를 입었던 것 같다. 1882년 6월에 일어난 임오군란의 와중에 사진관 시설뿐만 아니라 귀중한 사진기와 감광판 등까지 파괴되고 말았다고 한 증언처럼 1882년 6월 5일 일어난 임오군란은 무위영 소속의 구 훈련도감 군병들이 일으킨 군란이었다. 조정에서는 구 훈련도감 군병들에게 급료를 1년이나 넘게 지급하지 않다가 13개월 만에 지급되었다. 그것도 겨와 모래가 섞인 쌀을 지급하자 이에 분격해 봉기했으며, 여기에 빈민층까지 합세하여 대규모 폭동으로 확산되었다. 이들은 민씨 정권 타도에 나섰으며, 명성황후가 충주로 몰래 몸을 감추자 사망한 것으로 알려졌으며, 조정에서는 이를 수습하기 위해 청나라 군대 파견을 요청하는 사태로까지 이어진 사건이었다.

종로 마동의 지운영 촬영국은 어렵게 사진술을 습득해 사진관 건물까지 설립했으나 무더운 6월의 폭동 속에 약탈과 파괴에 휘말려 큰 피해를 입고, 사진관 영업까지 중단할 수밖에 없게 되었다. 일천한 사진 문화가 정착하는 과정에서 겪어야했던 첫 번째 시련이었다.

지운영의 촬영국은 그 이전의 자료는 기록으로 남아 있지는 않지만, 1882년 임오군란 때 사진관이 파괴되었던 무렵부터 그 모습을 알아볼 수 있는 약간의 자료들을 남기고 있다. 1876년 일본과의 외교관계 수립 이후부터 일본 왕래의 길은 허가만 받으면 가능했기 때문에 그 무렵 이후에서야 일본을 통해 사진술을 습득할 수 있었을 것이다. 이때의 자료들은 아들인 지성채 화백의 증언과 이당 김은호 화백의 증언, 지운영 본인의 기록, 그 당시 일본을 왕래했던 사절단 등의 기록에서 찾아볼 수 있는데, 필자가 1882년 임오군란 이전에 지운영의 촬영국이 설립되었다고 한 것은 바로 이 두 화백의 증언에 따른 것이다.

임오군란으로 파괴된 사진관을 재건하기 위해 일본에 다시 건너 간 것은 1882년 11월, 도쿄를 거쳐 항구 도시인 고베에 온 것은 12월, 이곳 히라무라 도쿠베이平村德兵衛 사진관과 나카무라中村 사진관을 찾아 사진술 습득에 전념하게 되었다.

당시 히라무라 도쿠베이는 고베라는 항구도시에서 사진관을 하고 있었지만, 습판시대에 건판 촬영 방법을 발 빠르게 받아드리면서 유명해졌다. 이에 대한 전문 기술을 갖추고 이를 활용하자 주변에선 새로운 감광판의 전문가라고 자자하게 소문났다.

당시 일본 사진계는 새로 발명한 건판을 수입하고, 사진업자들 사이에 공급되고 있었지만, 감광도가 상상 이상으로 빨라 습판에 익숙한 사진인들에게 생소한 재료였을 뿐만 아니라 그만큼 실패도 많았다. 실패를 거듭한 사진사들 중에는 건판이 불편하다고 해서 건판 사용을 중지

하고 습판으로의 회귀를 꾀하기도 했다.

이러한 분위기 속에 도쿠베이는 약간의 영어 실력과 사전을 찾아가면서 건판상자에 들어있던 인쇄된 현상 처방의 정보를 해석하고, 이것을 바탕으로 실험에 몰두해 건판의 진가를 파악할 수 있었다. 당시 관서지방關西地方의 동업자간에 건판 사용법을 터득한 사진사는 히라무라 도쿠베이 한 사람 뿐이라는 소문이 널리 퍼졌으며, 교토나 오사카 등지의 일부 사진사들은 그를 찾아와 그 사용법을 지도받기도 하였다.

▲ 지운영에게 사진술을 전해준 일본 고베의 히라무라 도쿠베이

이 정보에 접한 지운영도 새로운 사진술을 습득하고 이를 활용하기 위한 목적에서 고베를 찾았던 것으로 추정된다. 오사카와 고베는 1876년 이후 조선 사신들이 요코하마를 거쳐 도쿄로 가는 중간 기착지였으며, 외교 관계가 수립된 이후에도 크고 작은 사건으로 우리 사절단이 이곳을 통과하는 지방이었다. 그리고 지역적으로 또 당시는 해로가 교통의 중심이 되었기 때문에 조선과 가까운 오사카나 도쿄보다도 우리와 밀접한 관계에 놓여 있었다.

지운영이 도쿄나 오사카, 요코하마 등지보다도 고베를 사진술 습득의 장소로 택하게 된 것도 사실 이러한 이유와 무관하지 않았을 것이다.

지운영이 유학했던 일본 고베의 히라무라 사진관은 1882년 박영효가 숙소로 정하고 일본 국내에서 처음으로 태극기를 게양했다고 하는 사까에 마치榮町 3가 67번의 이시무라야西村屋와는 불과 지척지간인 모토마치元町 6가 199번지에 있었다.

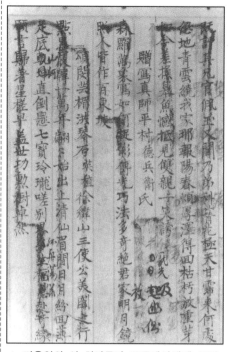

▲ 지운영의 시 히라무라 도쿠베이에게 드림

오사카아사히신문大阪朝日新聞은 이때의 소식을 "지금 고베에 체류하고 있는 조선인 일행 중의 경성 유사儒士 지운영31년이라는 사람이 사진술을 배우기 위해 지난 12일부터 동항同港 모도마치元町 6정목丁目의 사진사 히라무라平村에게 입문해 거居하고 있다."[11]고 보고했으며, 오사카마이니치신문大阪毎日新聞은 고베휘보神戸彙報란을 통해 "조선 경성 사람 지운영씨는 고베 모도마치元町에 있는 사진사 나카무라中村 모씨某氏에게서 촬영술을 배우다."[12]라는 내용의 기사를 게재했다. 흥미로운 것은 지금까지 히라무라에게서만 사진술을 배운 것으로 알려졌는데, 또 다른 사진관인 나카무라의 사진관에서도 사진술을 습득했다는 신문 기사 내용처럼 유명 사진관의 주인으로부터 사진술을 지도받았던 것으로 생각된다.

지운영의 사진이나 그의 사진에 대한 기법이나 생각을 논의한다는 것이 어려운 문제이지만 그 자신이 쓴 글을 모은 문집[13]을 참고하면 사진술 습득이 당시대의 관심사였지만, 빛을 찍는다는 사진의 본질적인 문제를 처음부터 의식하고 있었던 것으로 생각된다. 다시 말하면 사진은 물체를 찍는 것이 아니라 물체의 빛을 찍는다는 빛의 작용으로 생각했던 것이다. 사진이란 빛으로 그린 그림이란 사진 용어적 의미에 관심을 가졌으며, 사진을 촬영할 때 빛을 어떻게 이용하느냐에 따라 삼라만

상의 모든 물체를 다양하게 표현할 수 있다는 점을 파악하고 있었다고
도 할 수 있다.

　이러한 그의 생각을 잘 나타낸 것이 사진술 연구를 지도했던 헤이무
라 도쿠베이平村德兵衛을 위해 지은 시라고 할 수 있다.

> 사진사 히라무라 도쿠베이平村德兵衛에게 드림
> 무성하게 늘어선 삼라만상을 어찌하여 촬영하나
> 그림을 포착하고 빛을 전하는 교법巧法도 많아라.
> 기이하다 그대 집의 명월경明月鏡이여!
> 사람에게 비추자 뭇 동파東坡를 만드네.[14]

　삼라만상을 나타내는 것은 빛과 그림자를 포착하는 것이며, 그 빛과
그림자를 어떻게 포착하느냐에 따라 사진을 찍을 수 있는 방법이 수없
이 많다는 것, 이러한 방법으로 사람의 얼굴을 명월경明月鏡, 즉 사진기
로 촬영하자 마치 중국의 시인인 소동파蘇東坡의 시처럼 훌륭한 사진을
만들어 낸다는 것, 이 시의 내용이라 할 수 있을 것이다.

　빛과 그림자를 포착하는 것을 사진 찍는 것으로 이해하고 이것을 잘
이용하는데 따라 시詩처럼 창조적인 세계에 도달할 수 있다는 그의 사
진적 시각은 당시뿐만 아니라 오늘에 있어서도 중요한 의미를 갖는다.
다만 그가 이러한 정신을 사진촬영에 어떻게 활용하고 제작했느냐에
대해서는 현시점에서 속단하기가 어려운 문제이기도 하다.

　그리고 윤치호가 쓴 일기에는 1884년 3월 10일 로웰이라는 미국 천

문학자가 한국에 와 당시의 국왕인 고종의 어진을 촬영했다고 기록하고 있으며, 같은 해 3월 13일에도 역시 로웰과 지운영이 창덕궁에서 고종의 어진을 촬영했다는 기록도 있다.

그렇다면 자운영이 사진을 접하고 사진의 길을 택하게 된 동인은 어디에서 연유된 것일까? 육교시사六橋詩社라는 시 모임에서 얻어진 것은 아닐까?

청계천 하류로부터 여섯 번째 다리인 광교 부근에 모여 사는 역관과 의관 등 기술직 중인 계층 사람들이 강위姜瑋를 중심으로 모인 시동인회를 말하는데, 해당루海棠樓 주인 변진환邊晉煥이 초청해서 1877년 동짓날 저녁에 첫 모임을 가졌다.

이 모임은 강위姜瑋 1820~1884를 비롯한 김경수金景邃, 1818~?, 김석준金奭準 1831~1915 등과 같은 연장자들이 젊은이들과 만나 시를 지으며 개화에 대한 자신들의 의견을 개진하거나, 중국과 일본 등을 다녀온 동인들이 외국의 다양한 선진문물에 대한 지식이나 정보를 교환하는 공간이었다고도 한다.[15] 육교시사의 동인들 대부분이 역관이었기 때문에 해외에 나가 누구보다도 서양문물에 대한 많은 정보를 접할 수 있었으며, 외국의 동향에 대해서도 밝아 개화활동에도 적극적이었다.

지운영은 이 해당루의 첫 모임부터 김재옥의 송년서옥 모임, 김명환이나 이기가 주최하는 시회, 독서산방으로 떠나는 지운영을 위한 강위가 주최한 모임 등에 참석해 시를 지으면서 해외의 정보에 접할 수 있었고, 특히 사진술과 서화에 관해서도 구체적인 정보에 접할 수 있었을 것으로 생각된다. 어쩌면 육교시사에서의 활동을 통해 서화와 비슷한 사진술의 길로 들어서지 않았을까? 외국 문물에 대한 많은 정보를 소

유했던 시사화원들의 경험담이 그의 서화에 대한 또 다른 길을 추구하
도록 이끌었을 것으로 추측해 본다. 이 부분은 앞으로 더 깊은 연구가
따라야 할 문제로 남겨두었다.

주

1) 조경철『퍼시벌 로우웰』대광문화사 2004 서문 참조.

2) 위의『Lowell Percival The Culture and Science of a Boston Brahmin』p.82 조경철 위의『퍼시벌 로우웰』pp.22~79.

3) A. Lawrence Lowell 『Biography of Percival Lowell』 The Macmillan Company, 1935.

4) David Strauss 『Percival Lowell The Culture and Science of a Boston Brahmin』Harvard University Press 2001.

5) 金榮胤의『韓國書畵人名辭書』의 池雲英 항목에는 "철종 3년 11월 22일-단기 4268년 서기 1852년-1935년 乙亥 5월 5일. 忠州人. 初名은 運永 初號는 雪峰·白蓮이라 호하였다. 寒素한 가문에 태어났으나 才智가 超倫하여 學文이 該博, 詩書書에 曉通하니 三絶의 稱이 있었고 또 儒佛仙 三道에도 通透하였다. 中年 한때에는 憂國之士로서 중국 일본에까지 왕래하였으나 시운이 불길하여 목적을 이루지 못하고 만년에는 오직 詩書畵로써 自娛하였다. 姜豹菴의 門人이었다. 詩는 盛唐을 追上하는 名詩가 많았고 自畵自題의 능력은 근대에 白眉라 하겠다. 書는 楷行에 능하여 九成宮體를 篤慕한 感이 있으며 畵는 南宗文人風의 山水·人物을 잘하여 筆致가 蒼古雅潤, 色調가 淸高蕭脫, 古人之風이 있었다."라고 적었다.

6) 민족문화추진회 국역『승정원일기』1884년(고종 21) 3월 29일조, ㅇ또 통리군국사무아문의 말로 아뢰기를, "전주사 지운영(池運永)을 본 아문의 주사로 차하하여 전선사 부장(典選司付掌)으로 거행하게 하는 것이 어떻겠습니까?" 하니 윤허한다고 전교하였다.

7) 『日省錄』1883년(고종 20, 계미) 4월 29일.

差下主事李鶴圭丁大英朴齊純

統理交涉通商事務衙門啓言本衙門事務殷繁屬員苟艱檢書官李鶴圭加差主事分司

掌交主事金嘉鎭 有口代長興主簿丁大英差下主事池運永姑爲減下代幼學朴齋純

請差下允之.

8) 『日省錄』1884년(고종21, 갑신) 3월 29일.

差下典園局總辦李祖淵委員徐相晦司事李愚永軍國衙門主事池運永

○軍國衙門啓言前主事池運永本衙門主事差下以典選付掌請擧行允之.

9) 李弘稙 편 『國史大事典』 1976 大營出版社.

10) 『安養市誌』 安養市史編纂委員會 1992.

11) 『大阪朝日新聞』 1882년 12월 20일 제8면 기사.

12) 『大阪每日新聞』 1882년 12월 20일자 기사.

13) 지운영의 문집이란 『香秋館集』을 말한다.

14) 池運永의 문집 『香秋館集 第二』.

贈寫眞師平村德兵衛氏

森羅萬象寫如何捉影傳光巧法多奇絶君家明月鏡照人皆作百東坡.

15) 崔卿賢 「池雲英과 그의 畵風」 『한국근대미술사학 2005 15집(특별호)』 한국근
대미술사학회.

고종 어사진을 통해 세계를 꿈꾸다
-19세기 어사진의 정치학-

어사진을 촬영했던 1880년대의 사진술

1. 1880년 무렵의 사진술

1880년대 고종 및 왕세자의 어사진을 촬영할 때의 사진술은 어느 정도의 수준이었으며, 어떠했을까? 사진기는 어떤 기종이었으며, 여기에 장전해 사용했던 감광판은 습판과 건판 중 어느 것이고, 렌즈의 밝기, 사진약품, 인화지 등은 어떠했을까? 고종 소장 도서이기도 한 1880년대 청나라 동문관에서 출판한 『조상약법照像略法』에는 당시의 사진술의 정도를 접할 수 있는 이런 대목이 있다.

건판법으로 산수를 촬영하는데 필요한 기구는 단지 세 개로서 하나는 촬영기이며, 하나는 피광상이고, 하나는 삼각대이다. 밖으로 나가 유람할 경우 두 개의 상자는 서로 휴대할 수 있으며, 삼각대는 지지대의 용도이다. 멋진 경치를 만나면 바로 삼각대를 세우고 촬영기를 안착하여 초점거리를 조절하고 건판을 촬영기의 안에 장치하여 촬영기의 뚜껑을 재거한다. 촬영에 걸리는 시간의 길이는 반드시 렌즈와 관련이 있다. 만약 습식법의 렌즈를 사용한다면 3초만 필요하며 건식법을 사용하면 1분이 필요하여 대략 20배가 된다.[1]

1880년대의 사진술은 습판을 사용하던 시대에서 새로 개발한 건판을 사용하기 시작하던 과도기였다. 그러나 아직도 건판의 감광도가 습판보다 느려 건판을 사용하는데 어려움을 겪던 시기였다.

사진기도 감광판의 영향을 크게 받았기 때문에 습판과 건판의 동향은 중요한 관심사일 수 밖에 없었다. 습판은 사진발명 후인 1851년 영국의 스코트 아처Frederick Scott Archer가 발명한 이후 이 분야의 기술을 개발해 기존의 여러 방법들을 물리치고 감광판의 중심에 서게 되었다. 이와 함께 많은 사진인들이 이 습판을 사용하게 되면서 다양하게 대두되었던 감광판의 사용도 하나로 통일되었다.

습판법Wet Process이란 말은 도포한 감광물질이 마르기 전, 끈적끈적 하고 습기가 있을 때 사용한다고 해서 그렇게 불렀던지, 촬영 직전에 감광유제를 유리판에 도포해 촬영하고 또 곧바로 현상해야 감광도를 유지할 수 있었다. 야외에서 촬영할 때에는 꼭 암실 텐트를 가지고 다녀야 할 정도로 불편했지만, 이외에 다른 방법이 없었다. 이 습판법은 1871년 영국의 매독스Richard Leach Madox가 역시 유리판에 감광유제를 도포해 건조시켜 사용하도록 고안한 건판Dry Plate의 등장으로 얼마 있지 않아 쇠퇴하였다.

1880년대의 우리나라 사진 활동에 필요했던 감광판이나 사진기 등은 거의 대부분 일본에서 수입해 사용했기 때문에 서양의 사진술 영향보다 일본의 영향을 크게 받았다. 건판의 시대가 늦은 것도 일본에서 사용이 그만큼 늦었기 때문이었다. 감광판은 유럽에서 제작해 배로 수송해야 하는 지리적 조건 때문에 유럽보다 훨씬 늦게 사용할 수 밖에 없었으며, 일본을 거쳐 우리나라에 들어오기 때문에 그보다도 훨씬 더 늦을 수 밖에 없었다. 그뿐만 아니라 건판을 선적한 수송선이 뜨거운 태양이 작열하는 인도양을 항해하야 하기 때문에 일본 사진계 일부에서는 배에 실은 건판의 변질 문제가 대두된 적도 있는데, 이로 인해 건판 사용을 기피하는 사진사들의 영향 때문에 건판 사용이나 보급이 더 더딜 수 밖에 없었다.[2]

일본의 사진계 선구자인 우에노 히코마上野彦馬가 스완Swann 건판[3]을 입수해 사용에 성공한 것은 1881년, 일본의 에사키江崎札二가 건판을 수입해 해군의 어뢰 폭발 현장을 촬영한 것도 1883년,[4] 지운영이 사진술을 연구했던 헤이무라 도쿠베이平村德兵衛도 건판 사용 기술을 습득해 일가를 이루었던 때도 이 무렵이었다.[5]

지운영이나 로웰도 이러한 일본 사진계의 변화를 목격하면서 체류했을 텐데, 조선에 들어와 사진활동을 개시한 이들이 이러한 영향과 전혀 무관하지 않았을 것이라는 생각이다.

로웰은 1883년 12월에 조선에 입국했고, 그의 사진들 대부분은 2월과 3월에 촬영했기 때문에 일본의 사진술 수준의 촬영 장비를 구입해 촬영했을 것이고, 지운영 역시 1882년 일본의 항구도시인 고베에 건너가 그곳의 사진사들에게 사진술을 지도 받았기 때문에 그 무렵의 사진 기재들을 구입했을 것이다.

2. 어사진 촬영에 활용한 사진기재들

  그럼에도 이들이 어사진 촬영에 습판, 아니면 건판, 어느 것으로 촬
영했을까? 이에 대한 해답을 찾기란 어렵고 힘든 난제 중의 난제다. 로
웰의 경우에는 수십 장의 사진이 보관되어 있고 지운영의 경우에는 그
때 촬영한 사진은 복사에 복사를 한 것들이 몇 장 남아있을 뿐이며, 이
것들도 이번의 재현 촬영 작업에서 확인된 것들이다.

  로웰은 "초청을 받고 사진기를 가지고 가기로 했다. 조선으로 떠나는
선편은 일본의 서쪽 끝에 있는 나가사끼항港에서 밖에는 얻을 수가 없
었으므로 그곳에 가서 1883년 12월 20일에 제물포인천에 도착하였다."[6]
라는 내용처럼 일본에서 구입한 것인지, 아니면 미국에서 가져온 것인
지 확인할 수 없다. 그러나 조선 여행에는 자유롭게 어느 경우에도 촬
영할 수 있도록 사진기 일체를 준비해 입국했던 것 같다. 또 "삼각대를
사용하는 핸드 카메라와 건판을 이용했다."[7]는 증언도 이와 같은 내용
을 뒷받침해주고 있다. 이와 아울러 사진 촬영에 사용했던 감광판은 일
본에서 구입했을 것으로 추측된다. 감광판은 건판이라고 하더라도 유
제를 유리판에 도포해 사용하기 때문에 무겁고, 또 파손될 우려 때문에
미국에서 그 많은 건판을 구입해 왔을 리 없고, 그때그때 일본에서 구
입해 사용했을 것이다.

  이런저런 이유 때문에 감광판은 일본에서 구입했을 가능성이 크며,
촬영한 감광판이 70여 장이 넘기 때문에 습판을 사용했다면, 즉석에서
그 많은 감광판을 제작해 촬영하고 촬영이 끝나면 곧바로 현상해야 하
는 법석을 떨어야 했을 것이다. 그러나 건판으로 촬영 했을 경우에는

촬영만 했다가도 한꺼번에 암실작업을 할 수 있었기 때문에 습판보다
작업이나 촬영하기가 훨씬 쉬웠을 것이다, 이러한 등식은 어느 감광판
을 사용하느냐에 따라 사진기의 선택도 달라야 했던 것은 물론이지만
카메라 제작회사들은 나중에는 건판 위주의 사진기만 제작하게 되었다.

　로웰은 삼각대를 필요로 하는 핸드 카메라를 사용했다는 것은 앞에
서 언급했지만, 이 카메라를 어디에서 구입 했을까에 대해서는 언급된
부분이 없다. 미국을 떠나기 전 또 일본에서 조선으로 떠나오기 전에
사진기를 구입했다면, 여행에 편리하게 사용할 수 있는 건판용 사진기
를 휴대했을 것이다.

　참고로 카메라 컬렉터를 위한 『Cameras 2001~2002』에 수록된
1880년을 전후해서 제작한 건판 사용 사진기를 예로 들면 다음과
같지만, 어느 것을 사용했는가에 대해서는 판단이 안되었다.

- 1880년 Anthony사의 Climax Detective(4×5") 사진기와 Novel
  (4×5", 5×7")
- 1882년 Blair Camera Co.에서 판매한 Combination(4×5")
- 1882년 프랑스의 Enjalbert사에서 판매한 Touriste
- 1882년 영국 Lancaster 사의 Le Meritoire($\frac{1}{4}$"에서 10×12"), Le
  Merveilleux (10×8")
- 1882년부터 Scovil l& adams사에서 판매한 Compact view(5×7",
  10×8"), Field / View camera(8×10") (1880년 제작)
- 1882년 미국 Walker사의 American Challenge($3\frac{1}{4}$×$4\frac{1}{4}$", 4×5")

앞의 데이비드 스트라우스David Strauss의 책 『퍼시벌 로웰』에는 건판을
사용하는 핸드 카메라로, 촬영 때에는 삼각대에 올려놓고 사용했다고
한 것처럼[8] 위의 기종들 중에 어느 한 가지였을 것이다.

지운영의 경우에도 일본에서 건판사진술을 습득했을 것으로 추측하
지만, 시기적으로 건판 사용이 가능했겠느냐는 의문도 남는다. 그러나
어사진을 촬영할 당시의 촬영장이나 촬영 등의 조건, 그리고 시기적으
로 감광판의 과도기라는 점, 이런 점들을 미루어 볼 때 건판을 사용했
을 가능성이 높아 보인다. 그리고 어사진 촬영에 사용했던 사진기도 습
판, 또는 건판용을 구별하기란 그렇게 단순치 않다.

1868년부터 1882년까지 일본의 사진기종은 일본의 사진기 제작회사
에서 자체 제작한 암상暗箱에 수입한 렌즈를 장착해 사용한 그런 사진기
였다. 렌즈는 에르마지사나 클레멘트 길마사의 포트레트 렌즈, 달마이
어사의 포트레트 렌즈 2A번, 로스사의 풍경용 렌즈, 독일 스타인하일
사에서 제작한 것들이었다. 사진기의 몸체라고 할 수 있는 암상은 외국
제품을 모방해서 만든 일본제로, 상자형과 주름상자 부착형, 그리고 이
중간형 등을 제작했다.[9]

인화지는 다양한 종류를 사용했다기보다 밀착 인화지가 대중화되어
있었다. 1882년 무렵 영국에서 생산한 P. O. P.라는 밀착 인화지가 주
종을 이루었는데, 취급이 간단한 염화은 젤라틴 유제를 종이에 도포해
말린 밀착 인화지를 공장에서 다량 생산해 공급했다. 그 전에는 계란
흰자위를 종이에 도포한 알부민 인화지를 사용했으나 건판의 등장과
함께 인화지도 P.O.P.계열의 인화지로 바뀌게 되었다.

따라서 시기적으로 어사진을 촬영한 사진은 염화은 젤라틴인화지를
사용해 만들었을 것으로 추측된다.

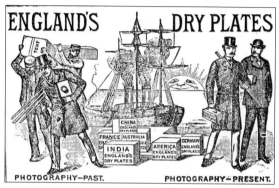

▲ 1884년의 건판광고 좌측은 과거의 사진 텐트 등 많은
도구가 필요했다는 내용, 우측은 신사의 경쾌한 자세
오느르이의 사진이라고 표시되어 있다.

▲ 삼각대에 부착된 사진기를 관포를
둘러쓰고 초점을 맞춤

주

1)『照像略法(格致彙編)』英國 傳蘭雅 輯, 1880년 10월, 是編補續中西見聞錄, 在 上海格致書院 發售.

2)『カメラ面白物語』朝日新聞社編 1988 p.19.

3) 세계 최초의 건판제조회사. J. W. Swan은 이 회사를 설립한 사람이자 건판 제 조자의 이름. 1877년에 처음 유리건판을 판매하기 시작. 일본에서는 이 회사의 건판을 많이 사용했다.

4)『日本寫眞史年表』講談社 1976, 1883년 부분.

5) 최인진『한국사진사』1631~1945 눈빛 1999 p.109~110.

6) 조경철『퍼시벌 로우웰』대광문화사 2004 p.60.

7) David Strauss『Percival Lowell』Harvard University Press 2001 pp.70～82.

8) 위의『Percival Lowell』p.80.

9)『日本カメラの歷史』歷史編 日本 每日新聞社편 1975 pp.18~19.

■■■■고종 어사진을 통해 세계를 꿈꾸다

-19세기 어사진의 정치학-

제 5 장

서양인의 눈에 비친 고종 ▌▌▌▌▌

5 서양인의 눈에 비친 고종

1. 서양인들의 고종에 대한 관심

서양인들이 조선을 여행하고 돌아가 출판한 책들에는 조선의 국왕인 고종이나 왕세자에 대한 부분들을 빼놓지 않고 언급한 경우를 흔히 보게 된다. 1884년만 해도 많은 나라들과 외교관계를 맺고 있지 않아 미지의 나라, 미지의 나라의 국왕으로 주목되었기 때문이었을까, 조선을 여행한 외국인 모두의 관심사였다. 그 후 서양제국과 외교 관계 수립 후에는 많은 외국인들에게 알현할 수 있는 기회를 제공했으며, 외국과의 국가적인 문제에 직면했을 때에는 이들과 우호관계를 유지하려는 뜻에서인지 많은 외국인들을 직접 만났다.

이러한 시기에 외국인들에게 비쳐진 고종의 모습은 어떤 것이었을까? 그냥 인심 좋은 소왕국의 국왕 정도로만 비쳐졌을까, 아니면 자국인들이 많은 화제와 관심을 갖고 궁금증을 가진 국왕, 또는 당당한 독립국가의 국왕으로 비쳐졌을까? 그리고 국왕의 신체나 용안, 복식 등을 통해 한국문화를 어떻게 이해했을까? 이러한 궁금증에 대한 반응을 알고 싶어 그들의 책을 통해 고종을 알현했을 때의 설명을 찾아 보았다.

물론 알현했던 서양인마다 고종의 모습이나 인상에 대한 반응은 다양했다. 키가 작다거나 작은 체격이라는 부분은 빼놓지 않은 대목이었으며, 온화하고 점잖다는 것, 좋은 사람으로 비쳤다는 것 등은 거의 공통된 기록이었다.

복식에 대한 언급도 빼놓지 않았다. 국왕시대보다 황제시대에 더 많이 알현했기 때문에 그뿐만 아니라 황제시대에 조선을 왕래한 외국인들이 더 많아서인지 모르지만 이 시기의 황제 복식에 대한 언급이 많이 등장한다. 많은 외국인들이 조선을 여행하고 또 고종을 알현했을 것으로 추측되지만, 필자가 이들의 책에 접근할 수 있는 사람들, 이사벨라 버드 비숍, 릴리어스 호톤 언더우드, G. W. 길모어, 아손 그랩스트, 까를로 로제티 등의 책과 그 외의 알현인사들이 남긴 기록 부문도 여기에 게재했다.

2. 비숍의 『한국과 그 이웃 나라들』

이사벨라 버드 비숍은 영국왕립지리학회 최초의 여성회원, 오늘까지도 그 빛을 잃지 않는 개화기 서양인들이 쓴 몇 권의 책 중의 하나인 『한국과 그 이웃 나라들』를 쓴 저자, 영국인으로 항상 남자 복장을 하고 조선을 4번이나 방문했던 여성 여행가, 세계 각국을 여행한 많은 여행기를 남긴 이사벨라 버드 비숍은 4번에 걸쳐 알현했던 고종과 왕세자, 왕비에 대한 감회를 여러 모양으로 적었다.

▲ 비숍의 책에 수록된 고종

이사벨라 버드 비숍은 고종을 세 번을 알현했다. 왕비가 사적으로, 언더우드여사의 안내로, 또는 공식 리셉션에서 그리고 왕실 쪽에서 알현을 요청 받기도 했다. 이러한 기회를 통해 알현했던 고종은 외모는 온화하고 작은 키에 엷게 콧수염을 길렀으며, 병약한 소박한 사람이었다. 복식은 흰 색 가죽 신발에 흰색 비단 두루마기를 입고 그 위에 소매가 없는 짙은 남빛 능라직 옷을 입고, 머리에는 말총으로 짠 천으로 된 모자와 망건을 쓴 모습이었다고 다음과 같이 기록했다. 그리고 왕은 천성이 온화하기로 잘 알려진 분이며, 왕비의 권유에 잘 따르는 모습이었다는 것도 잊지 않았다.

왕은 작은 키에 병약해 보이는 얼굴로 필시 소박한 사람일 듯했다. 엷은 콧수염을 길렀으며 턱 밑으로도 수염이 자라 있었다. 신경이 예민한 지 두 손을 잡아당기곤 했으나 몸가짐이나 태도로 보아 위엄이 없다고는 할 수 없었다. 얼굴에는 기뻐하는 빛이 역력했다. 왕은 천성이 온화하기로 잘 알려진 분이다. 대화를 하고 있는 동안 왕비는 왕을 몹시 채근했다. 왕과 왕세자는 비슷한 옷을 갖추고 있었다. 흰색 가죽 신발에 솜버선을 신고 있었으며 헐렁하게 솜 둔 흰색 바지를 착용하고 있었다. 이렇게 갖춘 후에 흰색 두루마기를 입고 그 위에 옅은 푸른색 옷을 그리고 소매가 없는 짙은 남빛 능라직 의복을 입고 있었다. 전체적인 복장이 퍽 아름답고 신선한 것이어서 보기에 썩 좋았다. 머리는 가는 말총으로 짠 천으로 된 모자와 망건을 쓰고 있었는데 바깥의 수은주가 영하 21도까지 내려갔으므로 가장자리에 모피를 두른 검정색 비단 두건을 쓰고 있었다.[1]

또 한번의 알현은 왕실의 요청에 의해서 였다. 그가 한국을 떠나기 전인 11월 쯤이며, 장소는 정확히 나타나 있지 않지만, 후원의 정자였던 것으로 추측된다. 아마 사적인 비밀을 유지해야 할 그런 대화를 위해 경복궁의 어느 은밀한 정자에서 만났던 것으로 추측된다. 그러니 그곳에 비밀이 지켜지지 않았던 지 알현 중에 이를 감시하는 사람의 그림자가 창문으로 통해 비쳐졌다고 했다.

한국을 떠나기 직전 알현을 요청받아 나는 공사관 통역관에게 같이 가기를 청했다. 관청 청사에 갔더니 평상시와 같은 예우로 무기를 든 병사들이 나를 맞아 주었다. 북적거리던 시종도 없었고 지체할 필요도 없었다. 내시 몇몇과 무관이 나를 툇마루 앞까지 호위해 가자 왕이 미닫이 창을 열어 들어오라는 손짓을 하고는 문을 닫았다. 내가 들어온 곳이 왕족들이 종종 앉아 있곤 하는 정자라는 것을 알아차렸다. 그러나 알현실과 여기 사이에 놓인 미닫이 문은 닫혀져 있었고 정자는 기껏해야 2평 정도 넓이였으므로 관례적인 깊숙한 절을 할 수가 없었다. 거기에는 수행원들, 내시들, 비단 저고리를 입고 왕과 왕비 뒤에 서 있는 상궁들 등 문 앞에서 북적거리던 일군의 사람들 대신 단지 시녀와 통역관만이 대기하고 있었다. 그들은 벽과 벽 사이 움푹한 곳에 있어서 왕비를 볼 수 없었을 뿐더러 비굴해 보일 정도의 공손한 자세로 몸을 구부린 채 결코 땅에서 눈을 때거나 속삭이는 정도 이상으로 목청을 높이지 않았다.[2]

비숍이 목격한 국왕의 모습은 옥좌에 앉은 모습만이 아니라 궁궐을 나서서 거동하는 광경에까지 미쳤다. 서울의 단조로움 속에 태양처럼 빛난 국왕의 거동을 구경하기 위해 넓은 대로를 종횡무진 가로지르며 행진하는 행렬, 휘장이 물결치는 광경을 구경하기 위해 모여든 엄청난 군중들과 함께 아침 6시에 영국 공사관을 나와 서울 종각 근처에서 국왕의 거동을 구경했다.

드디어 국왕의 교자가 가까이 왔다는 느낌이 들었다. 황색 대지에 뒷발을 딛고 일어선 날개 달린 호랑이의 형상인 왕실 경호대 문장을 든 기수들, 많은 수의 깃발과 군대, 거대한 붉은 비단 우산을 포함한 한국 왕실의 휘장, 보기 드문 석재 액자가 다음으로 나타났다. 많은 수의 귀인들, 병사들, 악기들 다음에 최초의 왕실 교자가 나타났다. 붉은 비단으로 둘러쳐진 이 최초의 왕실 교자는 실상 안이 비어 있다고 한다. 첫 교자는 이론상 암살자의 공격을 받기 쉬운 까닭이다. 거대한 삼지창三枝槍이 그 빈 교자 앞에 운반되고 있었다.

두 번째의 붉은 교자에 국왕이 타고 있었다. 교자는 붉은 옷을 입은 40명의 사람들에 의해 높이 들려진, 많은 술이 달렸으며 닫집으로 가려지고 햇빛을 차단하는 날개를 가진 화려한 의자였다. 그 붉은 교자가 침묵하는 군중 사이로 왕국의 모든 위엄과 광채를 떨치며 지나가는 동안에도 국왕의 창백하고 기운 없는 얼굴 표정은 결코 변화하지 않았다. 국왕의 교자는 눈 깜짝할 사이에 사라졌다.

국왕의 교자 뒤에는 더 많은 귀인들, 하인들, 병사들, 기수들, 궁수들, 관리들, 기병대와 인도되는 말들로 구성된 왕세자의 행렬이 있었다. 왕세자 역시 붉은 색 가마로 옮겨지고 있었으며 부친보다 더욱 창백하고 무감각해 보였다. 관리들의 행렬은 끝이 없는 것처럼 보였는데, 왕세자의 뒤로는 성장盛裝을 하고 붉은 벨벳 공작 깃털로 장식한 모자를 쓰고 호박 목걸이로 된 목끈을 한 고관들이 화려한 수행단을 거느리고 400m 가량 뒤따랐다.3)

왕세자에 대해서도 그 자신이 관찰한 실상을 그의 책에 적었다. 통통하고 병약한데다 심각한 근시라는 것, 왕세자는 왕비와 자리에 같이 있을 때에는 한시도 왕비의 손을 꼭 잡고 있었다고 모자의 관계까지도 언급했다.

> 왕세자는 통통했으나 병약해 보였다. 불행히 심각한 근시라고 하는데 예법 상 안경을 낄 수 없었다. 그래서인지 나뿐만 아니라 누가 보더라도 완전히 환자인 듯 한 인상을 풍겼다. 그는 유일한 아들이었으므로 그 어머니의 우상이었다. 후궁의 아들에게 왕위를 빼앗길까 하는 두려움 때문인지, 그는 끊임없이 건강 때문에 걱정을 들어야 했다. 아들의 병약함이 왕비로 하여금 몇 가지 부적절하게끔 부추겼는지도 모른다. 그녀는 점쟁이에게 계속적인 도움을 청했으며 절에다 바치는 시주도 자꾸 늘려만 갔다. 알현을 하고 있는 동안에도 어머니와 아들은 줄곧 손을 꼭 잡고 앉아 있었다.[4]

3. 리리아스 호턴 언더우드여사의 고종 알현기

1888년 여의사로 미국 장로교 선교국에서 조선에 파견된 L. H. 언더우드여사도 고종을 여러 차례에 걸쳐 알현했다. 좋은 품성을 가진 친절한 신사로, 긴 두루마기나 화려한 붉은색의 비단 겉옷을 입고 있었으며, 날개가 달린 모자를 쓰고 있었다고 첫인상을 이렇게 기록했다.

임금의 식구들이 우리를 만날 채비가 다 되었을 때 벙커부인과 나는 안내를 받아 가까운 곳에 있는 마당을 거쳐 대문을 몇 개 지나서 마침내 한 작은 방 앞에 서게 되었다. 그 방에는 관리들과 내시들 그리고 나인들이 반쯤 들어차 있었고, 그 방 위쪽에 있는 아주 조그만 방에 임금과 왕비, 그리고 열 여섯 살 쯤 되어 보이는 그들의 아들이 있었다. 빙그레 웃으면서 우리를 기다리고 있는 그 세 사람을 향해 우리는 허리를 잔뜩 구부리고 연거푸 절을 하면서 앞으로 나아갔다. …

그러나 정중한 사양을 더 할 수 없을 만큼 자꾸 강요해서 마침내 가로가 4 피트, 새로가 8 피트쯤 되는 작은 방에서 조선의 임금과 왕비와 함께 서로 마음대로 떠들 수 있을 만큼 얼굴을 맞대고 앉게 되었다. 그 때에도 그랬고, 그 뒤에도 만날 때마다 아주 잘 생기고 온화한 신사인 임금에게서 나는 깊은 감명을 받았다. 그는 새빨간그것이 왕족을 나타내는 빛깔이었다 비단 두루마기를 입고 있었고, 머리에는 양 옆의 날개 뒤쪽으로 구부러진 것 말고는 관리들이 쓰는 것과 같은 모자를 쓰고 있었다.[5]

L. H. 언더우드여사는 왕비의 주치의로 궁중 출입을 자주하면서 주치의로, 여성대 여성으로, 친구와 같은 관계로 왕비와 가까이 알현할 수 있는 기회를 자주 갖게 되었다. 일본인들에 의해 시해될 때까지 서로의 관계는 더욱 돈독해 졌으며, 왕비를 자주 만나고 가까운 사이가 되면서 그동안 알지 못했던 부분도 자세히 알게 되었다. 친절하고 관대하고 지적인 능력이 대단하다는 것 등도 그 중의 하나였다. 그러나 그보다도 언더우드여사를 감동시켰던 것은 많은 패물을 가지고 있음에도 결코 사치스러운 단장을 하고 나선 것을 보지 못했다는 것, 왕비라

는 신분에도 항상 겸손했다는 것 등이 너무 마음에 들어 사진을 찍고
싶었다는 내용으로 된 알현기도 있다.

우리가 돌아온 지 얼마 되지 않아서 왕비는 개인적으로 나를 초대해
서 나에게 아주 특이한 금팔찌 한쌍을 주었다. 그것은 결혼 선물로 그
가 주문해서 만든 것이었으며 우리가 시골로 떠난 후에 준비되었던 것
이다. 그는 또 남편을 위해 아름다운 진주반지 한 세트를 주었다. 그는
우리의 여행에 대해서 자상하게 물어 보았으며, 여느 때와 다름없이 인
정스럽고 사려가 깊었다. 나는 그의 전성기 때의 진실한 모습을 세상에
알리고 싶지만, 설령 그가 사진을 찍기를 허락하였다 하더라도 이것은
나타내기가 어려울 것이다. 왜냐하면 대화할 때 그의 매력적인 표현,
그때 드러나는 개성과 지성은 얼굴이 평온할 때에는 반쯤밖에 보이지
않기 때문이다. 그는 모든 조선의 부인들처럼, 머리 중앙을 가르고 얼
굴 옆으로 단단하고 아주 매끄럽게 잡아당겨서 머리 뒤쪽 약간 아래쪽
에 묶었다. 그리고 내가 어떤 다른 부인에게서 전혀 보지 못했던 것으
로서 아마도 그의 지위를 표시한다고 생각되는 작은 장식이 머리의 꼭
대기에 얹혀 있었다. 산호, 진주, 그 밖의 보석을 박은 금세공의 긴 장
식 머리핀 한 두 개가 머리 뒤의 묶은 곳을 꿰뚫고 있었다. 그는 보통
노란 비단 저고리를 입고 진주나 호박으로 단추를 채우고 아주 길게 끌
리는 푸른 색 비단 치마를 입고 있었다. 저고리는 모든 조선의 여인들
이 입는 것이다. 왕비의 모든 옷은 아주 고상한 비단으로 만들어졌다.
왕비 전하는 장식에 신경을 많이 쓰지 않는 것 같았으며, 또 거의 달
지도 않았다. 북부지역의 젊은 여성들이 커다란 은 귀걸이를 하는 것을
제외하고는 어떠한 조선의 여성들도 귀걸이를 하지 않았다.

왕비도 예외가 아니어서 이제까지 그가 목걸이, 브로치 또는 팔찌를 한 것을 본 일이 없다. 그는 많은 반지를 가지고 있었을 것이 분명했지만 나는 그가 유럽의 제품을 한 두 번 이상 낀 것을 보지 못했다. 그것도 평범한 재산과 지위를 가진 미국 여성들이 종종 과시하는 것처럼 그렇게 많거나 큰 것은 아니었다. 그는 멋진 시계를 몇 개 가지고 있었지만 결코 차지 않았다. 조선의 관습에 따라 그는 비단 술이 달려있는 금세공의 장신구 몇 개를 옆구리에 매달고 다녔다. 그를 반쯤 문명화 된 국가의 왕비라고 생각하기 어려울 정도로 그의 옷 입는 취미는 아주 단순하고 아주 지극히 세련된 것이었다.6)

4. 윌리엄 리처드 칼의 고종 알현기

1884년부터 1895년까지 영국 영사를 역임한 영국 공사관의 윌리엄 리처드 칼William Richard Carles: 1848~1929의 『조선풍물기』에도 고종을 알현했던 때의 모습, 온화한 표정에 신하들의 복식과 크게 다르지 않은 옷을 입고 있었다고 기록했다.

5월 1일, 파크스 경은 영국 여왕의 편지를 조선의 왕에게 전달했다. … 파크스 경은 진홍색의 관복을 입은 조선 대신들의 영접을 받았다. 그들은 허리에 사슴뿔과 홍옥수로 만든 편평하고 딱딱한 허리띠를 차고 있었다. 이 허리띠는 양옆으로 몇 인치 튀어나온 딱딱한 쇠고리로 연결되어 있었다.

궁정에 사는 이 관리들과 환관들은 보통 조선 사람들이 쓰는 모자를 쓰지 않고 머리와 수평을 이루며 앞쪽으로 약간 기울어져 있는 날개가 달린 모자를 쓰고 있었다.

약간의 시간이 흐른 후 파크스 경은 남향이며 궁정 뜰보다 몇 피트 높게 세워진 건물에서 왕의 영접을 받았다. 왕의 양 옆에는 칼을 빼어 든 사람들이 도열해 있었으나 왕의 표정은 온후했다. 왕의 의복은 매우 단순했고 허리띠의 구성과 모자를 조이는 방법을 제외하고는 신하들의 복장과 별로 다른 점이 없었다. 왕은 파크스 경에게 몇 마디 말을 건네었는데, 사람을 대하는 모습이 매우 간결하고도 친절했다.[7]

5. 아손 그랩스트와 까를로 로제티의 고종 알현기

고종이 국왕이었을 때가 아니라 황제로 등극한 후에 알현했던 서양인들의 기록은 한 두가지가 아니다. 아마 당시에 조선이 대한제국으로 국체를 변경하면서 국제적인 관심사도 그만큼 컸기 때문이었을까? 조선에 관한 많은 책들이 간행되었으며, 또 이 무렵 고종 황제를 알현한 외국인들도 많았다.

러일전쟁 취재차 조선에 입국했던 스웨덴 기자 아손 그랩스트도 1904년고종 41에 내한했는데, 순명태자비순종의 비인 순명왕후의 장례식에 초청되어 고종 황제를 알현하고 느낀 인상을 이렇게 기록했다.

자그마한 연단 위에는 수많은 내시들에 둘러싸인 채 왕과 그의 아들이 저마다 노랗고 엄청나게 큰 양산 밑에 서 있었다. 둘 다 노란 옷차림이었다. 노란색의 높다란 모자를 쓰고 노란 버선에 노란 신을 신고 금으로 된 가는 요대를 차고 있었다. … 외교 사절단이 조의를 표하는 동안 나는 황제 폐하와 황태자의 얼굴을 유심히 살펴볼 수 있었다.

황제의 얼굴은 개성이 없었으나 원만해 보였고 체구는 작은 편이었다. 눈은 상냥스러워 보이기는 했지만 작았고 사팔뜨기여서 시선을 어디엔가 고정시키지 못하고 노상 허공을 헤맸다. 노란색 옷차림에도 서양의 나이트 캡(밤에 잘 때 머리칼을 헝클어뜨리지 않으려고 쓰는 모자; 역주)과 비슷한 높은 모자를 쓰고, 성긴 수염과 콧수염을 길렀으면서도 마치 상냥하고 늙은 목욕탕 아주머니와 같은 인상을 주었다.[8]

황제 옆에 서 있는 태자는 아주 못생긴 얼굴이었다. 작고 뚱뚱한 체격에다가 얼굴은 희멀겋고 부은 듯 해서 생기가 없어 보였으며, 입술은 두꺼워 육감적이었고, 코는 납작했고, 넓은 눈썹 사이로 주름살이 움푹 패여 있었다. 노란 두 눈을 신경질적으로 연방 깜빡거리며 한시도 쉴새 없이 이곳저곳에 시선을 돌려 대었다. 아무튼 전체로 보아 인상이 돼지의 찡그린 면상을 보는 것 같았고, 무슨 악독한 괴물을 대하는 느낌이 들었다.[9]

6. 이탈리아 영사 까를로 로제티

1903년 이탈리아 공사로 조선에 부임한 까를로 로제티의 고종 황제 알현기도 흥미롭다. 11월 4일 제물포에 도착해, 조선이란 나라가 어디에 있는지도 모르던 시기에 이탈리아 영사로 약 8개월 간 서울에 채류했다. 부임 후 맞는 첫 새해에 베풀어지는 연회에 앞서 고종 황제를 알현했을 때의 모습, 알현실의 분위기, 알현 뒤에 이어지는 연회 등에 대해 자세한 기록을 남겼다. 어느 외국인보다도 고종 황제의 알현에 대해 자세하게 여러 부분을 언급하고 있는데, 특히 고종의 모습과 알현에 앞서 기다렸던 대기소 분위기를 여기에 옮겼다. 이러한 알현에 대한 기록은 황제 등극 후에 이루어진 일이라서 더욱 더 흥미롭다.

황제는 조선이 자주국임을 선포한 날 이후부터 입을 수 있게 된 황제를 의미하는 노란색 비단으로 된 풍성한 도포를 걸치고 머리에는 자주색 비단으로 된 관을 쓰고 있었는데, 관의 뒤쪽 하단부로부터 수직으로 된 얇고 투명한 날개 같은 것이 솟아 있었다. 황제의 얼굴 표정은 우리가 기대하던 바와 별로 다르지 않았다. 창백하고 살이 약간 오른 얼굴에 조그만 눈은 반쯤 감기고 움직임이 없이 위로 치켜 올라갔으며, 입 주위와 턱에 길고 드문드문 난 수염을 기르고 있었다. 첫 눈에 본 그의 얼굴 모습은 표정이 없는 것 같지만, 일단 말을 시작하면 곧 잔잔한 미소로 생기가 솟아나며 다정한 인상을 주게 된다. 키가 한국인 평균 보다 상당히 작아서 대개 일어선 채로 계속되는 알현 시간 동안 그는 조그만 탁자 뒤에 숨겨진 발판 위에 올라 서 있다. 태자는 노란색이 아닌 빨간색으로 된 같은 모양의 도포를 입고 있으며 신장은 아버지보다 꽤 컸지만 아버지처럼 다정한 인상을 주지는 못하였다.

태자가 정신적, 육체적으로 결함을 지니고 있다거나 품행이 나쁘다거나 하는 여러 소문이 떠돌았으나 어느 정도까지 사실인지는 알 수 없었다. 하지만 그를 보면 소문은 어느 정도 진실인 것 같았다.[10]

까를로 로제티의 알현기의 특이한 부분은 알현 절차의 여러 부분을 엿볼 수 있지만, 알현을 기다렸던 대기실에 대한 기록이 흥미롭다. 한국 것이라고는 하나도 없는, 마치 서구인들의 방처럼 붉은 카펫을 깐 넓은 공간에 서양 담배, 음료들이 탁자에 마련되어 있었다. 동양의 왕실 안에 있는지, 대 가장무도회의 연회장에 앉아 있는지 의문을 갖게 되었다는 것, 응접실 창가에는 방안의 모습이 궁금했던지 넓은 응접실을 들여다 보는 앳된 기생들의 모습도 눈에 띄었다고 했다.

알현관의 큰 뜰에서 차를 마시며 알현 시간을 기다리는 동안 대신들과 흥미로운 대화가 펼쳐지게 된다. 그리고 나서 알현관의 응접실로 들어서면 예기치 않았던 매우 기이한 것들이 눈에 들어온다. 가구들이나 장식이 동양적인 것은 아무것도 없으며 바닥에는 붉은 카페트가 깔려 있고 주위에는 비엔나풍의 의자가 12개 정도 놓여 있다. 그 가운데에는 이집트 담배들과 하바나 시가, 차와 비스켓, 바카라 컵들과 독일제 찻잔 등이 놓인 탁자가 하나 자리잡고 있다. 응접실에 조선 것이라고는 벽 구석에 서 있는 거대한 병풍뿐인데, 병풍에는 조선의 기마대들에게 쫓기는 중국 병사들의 모습이 그려져 있었다.

비단으로 된 우스꽝스러운 의복을 입고 나비 모양의 기이한 모자를

조선에 와서 을사보호조약 등 국권을 상실한 격변기를 거친 후 조선을 떠났다.

그는 입국하자마자 미국 공사 알렌의 도움으로 황제를 알현했는데, 키가 작다는 것과 용을 수놓은 신기한 비단옷을 입고 있었다는 내용을 적고 있다.

나는 이곳에 도착하자마자 곧 알렌 박사의 주선으로 황제를 배알할 기회를 얻었다. … 이윽고 황제의 뒤를 따르는 높은 계급의 내시 하나가 황제가 알현실로 오고 있음을 알렸고, 그 앞에서 붉은 색의 관복을 입고 공작 깃털로 장식된 털 달린 관모를 쓴 황실 시종 하나가 길을 인도했다. 두 명의 대신들이 먼저 가서 화강암 계단을 오른 뒤 황제 앞에 엎드려 세 번 절을 했는데, 매 번 절을 할 때마다 조금씩 앞으로 나아갔다. 절이 끝난 뒤 그들은 양옆으로 갈라 서서 소매 속에 찔러 넣은 팔을 가슴 높이에 둔 채 머리를 조아리고 눈을 내리깔았다. 통역관들도 같은 의식을 반복했다. 알렌 박사와 나는 무릎을 꿇는 대신 세 번 허리를 숙여 인사를 한 뒤 조그마한 탁자 앞으로 다가 갔는데, 그 뒤에 황제와 황제의 장남인 황태자가 황금빛으로 채색된 화려한 장막을 배경으로 하고 서 있었다. …

알현은 매우 간단했다. 황제는 안색이 흰 조그만 체구의 인물로 태도는 진지하고도 조심스러웠으며 황실을 상징하는 용이 수 놓아진 눈부신 황금빛 비단옷을 입고 있었다. 그는 우리 두 사람에게 작고 섬세한 손을 내밀었으며, 미소를 짓기도 하고 고개를 끄덕이기도 하면서 통역관의 과장된 의례를 기다리지 않고 허물없는 표정으로 직접 알렌에게 빠르게 말하곤 했다.

황태자의 옷차림은 색깔이 진홍빛이라는 점을 빼고는 아버지와 똑같았으며 그는 시종 어색하게 앉아 있었는데, 내 생각에는 그가 당당하고 거만한 분위기를 풍기려다 보니까 견딜 수 없게 되고 병이 나서 그렇게 된 것 아닌가 싶다.[12]

8. 기타

고종이 국왕으로, 황제로 재위에 있었던 조선 말기는 격동기였다. 특히 개방화의 물결 속에 많은 서양인들이 조선을 방문했으며, 국왕을 직접 알현할 수 있는 기회를 가진 인사들도 많았다. 고종도 개방적이어서 많은 외국인들을 면담했다. 그 중에는 왕권의 문제를 해결하기 위한 목적도 있었으며, 의례적인 알현도 허용했던 것 같다.

위에서 소개한 외교관들 외에 영국 외교관 조지 카슨은 "체구는 작고 안색은 나빴다는 것, 그러나 표정만은 유난히 부드럽고 명랑했다."고 했으며, 프랑스인 의사 아장은 "55세 정도로 보통 키에 호의적인 모습으로 계속 명랑하게 미소를 짓고 있어 얼굴이 더욱 밝아 보였다. 그러나 동시에 극히 나약하다는 느낌도 받았다."는 고종에 대한 인상기를 발표한 적도 있었다.[13]

프랑스 여류 여행가 보띠에, 영국 여류화가 테일러의 알현도 있었다. 이들은 "건강해 보였고 만족스런 격식을 갖추고 있었다."는 내용, "보통 양반들이 이는 평상복 차림"을 한 고종 황제를 알현했다는 내용 등이 전해지고 있다. 또 프랑스 화가로 고종 황제의 인물화를 그린 드 라 네지에르는 "고종은 우아하고 선량하며 성격도 쾌활하고 영리하다."고 1903년 경 발행된 『극동의 이미지』에 고종 황제의 그림과 함께 게재한 적도 있다.[14]

주

1) 이사벨과 버드 비숍, 『한국과 그 이 이웃나라들』, 이인화 옮김, 도서출판 살림, 1944, pp.295~296.

2) 위의 책 pp.302~303.

3) 위의 책 p.76.

4) 릴리아스 호튼 언더우드, 『언더우드부인의 조선생활』, 『상투잽이와 함께 보낸 십오년 세월』, 김철, 뿌리깊은나무, 1984, p.34.

5) W. R. 칼스, 『조선풍물지』, 신복룡 역주, 집문당, 1999, pp.72~73.

6) 아손그랩스트, 『코래아 코래아』, 김상열, 미완 1986, p.171, p.181.

7) 위의 책 p.181.

8) L. H. 언더우드 위의 책 pp.119~120.

9) 까를로 로제티, 『꼬레아 꼬레아니』, 서울학연수소 역, 숲과나무, 1996, p.94.

10) 까를로 로제티, 위의 책 p.9.

11) W. F. 샌즈, 『조선의 마지막 날 고문관 샌즈의 기록』, 김훈 역, 未完, 1986, pp.66~69.

12) 까를로 로제티, 위의 책 pp.92~93.

13) 백성현·이한우 『파란 눈에 비친 하얀 조선』, 새날, 1999, pp.289~290.

14) 위의 책 p.286.

▌▌▌▌고종 어사진을 통해 세계를 꿈꾸다
-19세기 어사진의 정치학-

6 고종 황제 어사진의 역사

고종의 어사진 촬영은 적어도 1884년 3월양 경에 처음 이루어졌다. 지금까지 조사한 바에 의하면 퍼시벌 로웰이 촬영한 어사진은 3장, 지운영이 촬영한 어사진은 1장으로 알려져 있다. 그후의 어사진 촬영에 대한 내력은 자세히 전해지지 않았지만, 국왕 재임시, 황제로 등극한 후 그리고 퇴위해 붕어할 때까지 많은 어사진, 가족 및 주변 인물들주로 정부 각료과 기념사진 형태의 사진들을 남겼다.

물론 어사진에는 명확한 연대 표시가 없지만, 찍힌 영상을 자세히 관찰해 보면 시대마다의 흔적과 자취를 담고 있어 어느 시대에 촬영했는가를 어렴풋이 짐작할 수 있다. 그리고 여러 형태의 모습들 중에는 복식의 유추를 통해 촬영 시대를 파악할 수 있으며, 사진술의 변천 과정을 통해 서로 역시 어느 정도의 시대를 알아볼 수도 있다. 또 어느 사진에는 등장 인물들을 통해 또는 거처했던 궁궐을 파악해 촬영 장소나 시대를 짐작할 수도 있다.

고종이 어사진을 가장 많이 촬영한 시기는 1897년 황제 즉위 이후로 짐작된다. 이 시기는 1897년부터 1907년 무렵으로 물론 고종 황제 자신의 요망도 있었을 것이지만, 즉위한 황제에 대한 외국인들의 관심사도 중요한 역할을 했다. 그리고 황제가 된 고종에 대한 국민의 열망과 이를 확인하고, 황제의 실상을 보존하려는 민중들의 의식적인 변화에서 제기된 일면도 있었다. 따라서 이 시기에 가장 많은 어사진을 촬영하고 어진도 많이 모사되었는데, 이들의 이미지는 일반적으로 진전 봉안용이 아니라, 민중 개개인들의 봉안용이었다. 특히 이 무렵 그리고 퇴위 후에 일어난 일련의 어진봉안운동은 다양한 고종 어사진 및 어진의 모사와 제작을 낳았다.

어사진이나 어진의 제작은 봉안운동과 연계되어 있는데, 개인으로부터 학교나 예배당 같은 공공의 장소에 봉안하려는 운동으로 전개되었다.

그리고 퇴위 후에도 이러한 개개 민중들의 어진 또는 어사진 봉안운동은 지속적으로 이어졌는데, 이러한 운동은 당시대의 시대상과 맞물려 국체나 민족의 정신적 지주로서 활발한 봉안운동을 전개하게 되었다.

1. 국왕시대의 어사진

국왕시대의 어사진과 황제 즉위 후의 어사진은 우선 복식에서 크게 달랐다. 국왕시대에는 곤룡포와 익선관 차림으로 촬영되었다. 황제 직위 이후에는 황룡포黃龍袍에 익선관을 착용했다. 그런가 하면 어느 경우에는 강사포에 통천관, 또는 황곤룡에 익선관을 착용하는 경우도 있었다.

우선 조선시대의 국왕들의 어진은 민중들을 향해 이를 현시하기 위한 민중 이미지 조성이 아니었다. 조선 역대 국왕들이 남긴 어진은 어진을 모시는 진전에 자신의 어진도 진열해 영구지도 또는 국왕의 반열에 자신의 모습도 남기려는 의도에서였다. 그래서 국왕의 어진도사는 국가적으로 크고 의미있는 행사로 치러졌으며, 유일본이나 이본을 만들어 서울을 비롯한 여러 곳의 진전이나 봉안소에 소장하게 했다.

국왕이 몰하고 새로운 국왕이 제위에 오르게 되면 의당 거쳐야 했던 어진도사라는 국가적 행사를 거치지 않고 바로 시진의 시대에 직면했던 것은 고종시대에서의 일이었다. 다시 말하면 고종은 어진도사보다 먼저 어사진 촬영을 겪었다. 나중에는 어사진을 정본으로 해서 어진모사 때나 이본 제작시에 참고 자료로 삼았다. 그런 점에서 고종의 어진은 사진의 영향을 크게 받았으며, 어사진에도 그렇지만, 어진도사나 모사에도 사진적인 형태라든가 사진과 같은 형태로 조성하게 되었다.

어진 제작은 사진전신寫眞傳神은 면부面部를 위주로 했으며, 상초上綃는 묵화로 처리했다. 상초이어시上綃移御時에는 용안龍顔, 용신범위龍身範圍, 곤의흉배袞衣胸背(補) 그리고 화자靴子의 차례로 그렸다. 설채는 대개 북채(背)를 먼저 했으며, 이때는 왕이 직접 작업실에 나와 얼굴을 화사들에게 보여주었다. 가장 중요한 부분인 눈은 금으로 채색을 했으며, 복식설채는 도화분을, 안색은 토황으로 채색했다.[1]

어진도사는 대상의 충실성 즉 사실을 기조로 하기 때문에 대상에 대해 상당한 구속력을 가질 수 밖에 없었지만,[2] 사진은 바로 이러한 문제 때문에 오히려 장점이 되었던 것이다.

2. 황제시대의 어사진

조선시대의 고종은 국왕시대1863~1897와 황제시대1897~1907를 지낸 유일한 인물이었다. 이러한 시대의 흐름과 함께 다양한 어사진을 남겼으며, 황제시대에 어진도사라는 대역사를 겪은 국왕이었다.

산술적으로는 국왕시대보다 황제시대에 많은 어사진을 촬영했으며, 장소도 경복궁이나 창덕궁보다도 경운궁, 오늘의 덕수궁에서 더 많은 어사진을 촬영한 시기였으며, 이곳에서 어진도사라는 대역사도 치러졌다.

그러나 초기 즉 국왕시대의 어사진 촬영은 최초기에 촬영한 어사진에 대해서만 명확하게 규명되었을 뿐 1884년 이후의 어사진 촬영에 대해서는 명확하게 규명된 것이 없다. 물론 이 기간에 촬영된 어사진도 많지 않지만, 이마저도 익명의 사진으로 전해져 오고 있다.

굳이 꼽아본다면 6장에서 7장 정도로, 이들 어사진이 국왕시대에 촬영된 것들이다. 여기에서 1884년 로웰과 지운영이 촬영한 어사진을 제외하면 3~4장 정도 될까? 1884년에서 1897년 무렵에 촬영한 사진으로 알려진 것은 이 정도밖에 되지 않는다.

창덕궁 후원에서 어사진을 촬영한 이후 고종의 어사진은 어떤 경로를 거쳐 왔을까? 짐작컨대 창덕궁 어사진 촬영 이후 고종의 어사진은 시대의 격변기, 왕조에 가해지는 여러 위기로 해서 이러한 문화를 수용할 수 없었고, 충분한 여유를 갖지 못했던 시기이기도 했다. 갑신정변과 동학농민혁명 및 청일전쟁 등 그 외에 다른 문제들로 해서 어사진을 촬영할 만한 충분한 여유를 갖지 못했다. 그 뿐만 아니라 명성황후의 시해도 시중에서 개업하고 있던 일본인 영업사진가들 조차도 믿을 수 없었기 때문에 어사진 촬영 행위는 단절될 수 밖에 없었다. 그렇지만 이러한 일본인 사진사에 대한 불신의 시대에도 서양인들에게는 관용스럽게 대했으며, 특정한 여행자에게는 사진을 찍도록 허용하기도 했다. 그러한 결과물들이 1890년 초에 나타나는데, 서양인의 간행 책이나 매체에 등장하는 것이 바로 그러한 이미지들이다.

3. 외국인에게 제공된 로웰과 지운영의 사진

그보다도 먼저 언급해야 할 부분은 로웰과 지운영이 촬영한 사진들이 이미 1880년대에 외국인들에게 제공되어 삽화나 사진 그 상태로 책이나 정기간행물과 같은 인쇄물에 게재되었다. 이러한 현상은 촬영자였던 로웰이나 지운영이 필요로 하는 사람들에게 제공해서만 가능했을 것이지만, 지운영의 경우 국왕이나 왕실의 허락을 받아야 했기 때문에 지운영 혼자서 결정할 수 없는 일이었다. 이 경우에는 왕실이나 고종의 윤허하에서만 가능했기 때문에 고종의 윤허를 받아 제공되었을 것으로 생각된다. 그러나 로웰의 경우는 지운영보다 훨씬 자유스러운 입장이었기 때문에 고종의 허락을 받지 않고도 원하는 사람들에게 사진을 제공할 수 있었을 것이다.

이렇게 제공된 어사진은 삽화나 목판화로 게재되거나 사진 그대로 인쇄되었다. 지운영이 촬영하고 왕실에서 제공한 것으로 추측된 고종의 어사진은, 조선천주교회 교구장이었던 리델 주교Mgr Ridel가 쓴 『Annales

de la Propagation de la Foi』1888년라는 책에 수록되었으며,[3] 1894년
독일에서 발행된 책에도 사진에 의거해 삽화로 제작해 게재했다.[4] 또
하나는 조선을 방문해 민영환의 인물화와 궁궐을 스케치 한 바 있는 A.
H. 세비지-렌도어의 『고요한 아침의 나라 조선』에도 제공되어 '왕의
초상'이란 명칭으로 게재되어 있다.[5]

활용 부분에서 뿐만 아니라 당시의 조선은 식민지 지배의 야욕에 시달
리고 내외적인 전란의 무대가 되기도 하고 전란을 직접 겪었던 시기를
보냈다. 사건의 중심지였던 조선은 뉴스의 중심지가 되었으며, 세계인
들의 시선이 집중된 적도 있었다.

▲ 고종, 사진 원본을 재구성해 목판으로 제작 인쇄

▲ 고종의 사진(환등용으로 제작한 지운영의 사진)

이러한 시대를 배경으로 고종의 이미지는 한층 대중의 주목을 끌게 되었으며, 찍혀진 국왕의 이미지들은 조선 왕실이나 조정에서 필요로 하는 사람들에게 제공되어 여러 기법을 가미한 새로운 시각매체로 재등장 되었다.

최초기에 지운영이 촬영한 어사진은 일반의 관심 대상이 되기에 충분했으며, 어떤 경로인지는 모르지만, 일부 인사에게 제공되어 변형된 형태로 인쇄매체나 시각매체에 활용되었다. 시각매체 중에는 환등이라는 공연매도 포함되는데, 지운영의 사진은 환등용의 양화(陽畵)로 제작되어 일반 민중들에게 보급되었다. 환등용의 포지티브 제작 보급은 지운영이 촬영한 고종의 어사진이 처음이었다.

사진 자체로 책에 수록된 것은 로 웰이 제공했을 것으로 짐작되는 헐 버트의 『대한제국의 비극』이라는 책에 수록된 고종의 어사진이다, 이 사진은 농수정의 장대석 위에 서 있 는 로웰의 책에 수록된 모습 그대로 였다.

이와는 달리 1894년부터 고종의 어사진이 서양에서 간행된 인쇄물에 등장하는데, 이 부분에 대한 촬영 내막은 자세히 알려져 있지 않다.

1894년 영국 런던에서 간행된 『problems of the Far East』Hon. George N. Curzon M. P.란 책에는 국왕으 로서의 고종의 어사진이 게재되어 있으며, 상반신의 어사진 역시 1894년 영국 런던에서 간행된

▲ 왕의 초상, 사진을 그림으로 재현해 복제

problems of the Far EastHon. George N. Curzon M. P., 그리고 1897년 영국 에서 간행된 Jean Perry의 『Chilgoopie the Glad-The Story of Korea and Her children』이라는 책에도 상반신 어사진이 게재되어 있 는데, '황제'라고 표기되어 있다.

4. 조선인의 정서와 다르게 게재한 고종 어사진

▲ 상반신으로 복제한 고종 어사진

황제가 아니라 국왕으로 재위할 때 촬영한 어사진은 어느 것이며, 누가 촬영한 것인가에 대한 논의도 분분했으나, 막상 어느 사진이라고 단정한 어사진은 아직까지 없었다. 다시 말하면 1884년 3월 어사진을 처음 촬영한 이후 두 번째로 국왕으로 재위 때 촬영한 어사진은 언제 누구에 의해서 어디에서 촬영했을까에 대한 궁금증이었다.

국왕 재위 때 촬영한 고종 및 왕세자 어사진은 1894년 8월 4일자 『The Illustrated London News』, 1897년 미국 뉴욕에서 발행된 John D. Ford의 『An American Cruiser in the East』, 1898년 프랑스에서 발행된 Villetard de Laguerie의 『La Coree』에 수록되어 있다.[6]

이로 보면 국왕으로 재위 중에 촬영된 어사진은 고종과 왕세자가 함께 촬영한 1894년 8월 4일자의 『The Illustrated London News』, 1894년 영국 런던에서 간행된 『problems of the Far East』Hon. George N. Curzon M. P.에게재된 고종만 촬영된 전신의 어사진, 상반신 등이다.

이들 어사진은 황제라고 설명은 되어 있으나 황룡포에 익선관을 착용한 황제 직위 후의 복식을 한 고종 황제가 아니라 국왕 때의 어사진을 게재하고, 그렇게 설명을 붙여놓았을 뿐이다. 또 게재된 사진들 중에는 고종 및 왕세자가 함께 찍은 모습도 있으며, 고종 혼자서, 아니면 왕세자 혼자서 촬

▲ 고종과 왕세자(1896년 무렵 덕수궁)

영한 어사진들도 있는데, 전부 익선관과 곤룡포를 착용해 한 눈에도 국왕시대의 어사진임을 바로 알아볼 수 있다.

국왕시대에 고종 및 왕세자가 함께 촬영한 어사진 중에는 임시로 설치한 촬영장에서 촬영한 모습도 찾아볼 수 있다. 궁궐의 건물 처마 밑

이거나 아니면 동남향이나 남향을 향하도록 하고 북향 건물을 배경으로 하고, 배경에 나온 잡다한 모양들을 가리기 위해 병풍을 치거나 무지로 된 천을 걸어둔 임시 설치한 간단한 촬영장이었다. 당시는 감광도도 오늘과는 달리 아주 낮았으며, 그렇다고 인공조명을 개발하지 못한 때이고, 오직 햇빛을 이용한 사진 제작 및 촬영을 할 수 밖에 없던 때라 실내 분위기를 조성하려면 야외에 촬영장을 설치하고 그곳에서 촬영하는 것 밖에 다른 방법이 없었다.

그렇더라도 배경막 설치라든가 촬영장을 준비할 때에는 제대로 설치해야 자연스런 실내 분위기를 표출할 수 있지만 그렇지 못할 경우에는 효과가 크게 반감되었다. 고종 및 왕세자가 임시 촬영장에서 촬영한 어사진은 추측컨대, 시내에서 사진관을 개업하고 있던 사진사의 연출이라기보다는 왕실을 방문하러 온 외국인이거나 아마추어 수준의 사진가에 의해 시도된 촬영장이었다. 배경 천은 벽을 완전히 가리지 않았으며, 인물의 배치도 배경에 너무 근접해 인물과 배경이 한꺼번에 노출되는 현상을 빚게 되었던 것이다.

그 외에도 조선인들이 가진 어사진에 대한 이해를 고의로 무시한 서양인들의 시각을 곳곳에서 찾아 볼 수 있다. 시점을 무시한 부분도 그렇지만, 누가 언제 촬영한 사진이라는 것조차 밝히지 않은 것도 여러 책에서 찾아 볼 수 있다. 특히 고종이 황제의 보위에 오를 즈음 서양에서는 조선 관계 서적들을 많이 발간하는데, 이들 책에 게재된 사진 및 사진 설명들은 사실과 부합되지 않은 부분들을 여러 곳에서 찾아볼 수 있다.

또 아주 심한 예는 설명도 그렇지만, 상반신이나 반신으로 커트해

게재한 것은 조선인의 정서
와는 전혀 다른 것이었다.
이렇게 서양인들은 1894년부
터 1897년 이후까지 고종의
어사진을 게재하면서 조선인
들이 국왕을 생각하는 감정
이나 어진 개념을 전혀 무시
하고 자신들 임의대로 조선
의 국왕 어사진을 게재했다.

▲ 상반신만 커트한 고종 황제 어사진

5. 이사벨라 버드 비숍이 촬영한 고종 어사진

1884년 3월, 지운영과 로
웰의 고종 어사진 촬영한 이
후 몇 장의 어사진이 서양인
들의 책에 수록되어 있지만, 정작 이들이 촬영한 것이라고 믿을 만한
자료는 찾아볼 수 없다. 이와는 달리 1896년 경에 이사벨라 버드 비숍
이 촬영한 고종 및 왕세자의 어사진은 시기적으로 황제에 등극하기 직
전이었기 때문에 국왕으로서의 마지막 모습을 촬영한 것으로 짐작된다.

고종은 1884년 이후 창덕궁과 경복궁을 오가면서 거주했는데, 1884년
12월의 갑신정변, 1895년 을미사변 등 생명의 위협을 느낄 정도로 여

러 사건들이 줄을 이었다. 창덕궁에 있을 때에는 갑신정변으로 피난을 해야 했으며, 경복궁에 있을 때에는 명성황후가 일본인에 의해 시해 당하는 등 여러 사건들로 촬영할 수 있는 여유나 분위기가 형성되지 못했다. 여기에 생명의 위협을 느낀 고종은 경복궁에서 몰래 탈출해 아관파천을 하는 등 많은 사건을 겪게 되었다. 이후 고종은 정궁인 경복궁이나 이궁인 창덕궁에 다시 돌아가지 않았으며, 경운궁인 오늘의 덕수궁에서 말년까지의 생애를 보냈는데,[7] 이때에 많은 사진을 남기게 되었다.

고종이 황제로 등극하기 이전, 국왕이었을 때의 모습을 촬영한 사람은 일본 나가사키에서 명성황후의 비보를 듣고, 이를 조문하기 의해 다섯 번 째 조선에 입국한 영국 최초의 여류 지리학회 회원이자 여행가인 이사벨라 버드 비숍이었다.[8] 명성황후와 생전에 친분을 가졌던 비숍은 고종을 알현하고 명성황후를 조문했는데, 이 과정에서 사진 촬영이 이루어졌던 것으로 생각된다. 촬영 시기는 1896년 10월 하순, 촬영장소는 경운궁 일우에서 이루어졌다. 알현 과정에서 영국의 빅토리아여왕에게 헌상할 사진을 찍고 싶다고 해서 성사되었지만, 그 내막을 자세히 살펴보면 고종이 조선이 처한 현실 문제에 대한 영국에 대한 외교적인 기대감도 있었을 것이고, 비숍에 대한 호감도 작용했을 것으로 짐작된다.

이사벨라 버드 비숍의 입국, 알현, 어사진 촬영까지의 내용은 그의 책 『한국과 그 이웃나라들』에 이렇게 적혀 있다.

10월 보름달의 장관을 보면서 내가 제물포에 도착한 때는 한 밤중이었다. … 내가 도착한 후 며칠 동안 국왕은 일본의 왕자를 접견하기 위해서 경운궁에 갔다. 그리고 그 후에 왕은 정중하시게도 나를 정식 면담에 초청했다. 나는 그 초청에 응했고 지난 번 경우처럼 영국 공사관에서 근무하는 통역자를 수반하여 경운궁으로 갔다. …

그 접견실은 지금껏 한 번도 사용된 적이 없었다. 폭 6.1m, 길이 3.7m의 접견실 방에는 섬세한 흰 창호지를 바른 격자문과 격자창문이 있었다. 바닥에는 섬세한 흰 돗자리가 깔려 있었다.

왕과 왕세자는 모두 깊은 애도에 싸여 있었다. 그들은 매우 흰 예복에 황갈색의 풀을 먹인, 세련되고 섬세한 소매가 없는 옷을 입고 있었으며, 섬세한 황갈색의 심芯감 모자를 쓰고 있었다. 그들은 환관, 시녀, 총신, 박씨와 엄씨로 불리던 그 소문의 주인공인 상궁들, 그리고 하급 관리들에 의해 둘러싸인 채로 그 방의 높은 쪽 끝머리에 함께 서 있었다. …[9]

왕은 내가 빅토리아여왕을 위해서 그의 사진을 찍을 수 있도록 허락해 주었다. 내가 사진을 찍을 목적으로 그 방을 정리하고 있을 때 통역자가 "폐하가 오셨습니다."하고 말했다. 그 때 내가 뒤로 물러나서 절을 할 준비를 취하기도 전에 왕과 왕세자가 방으로 들어왔고, 그 뒤에 승정원의 관료들과 몇몇의 대신들이 뒤따라 들어왔다. 바깥 툇마루에서는 신식 경찰들 한 떼가 몰려왔다.[10]

언제나 예의바른 그 군주는 내가 왕가의 예복을 입은 그의 초상화를 가지기 원하는지 물어 보았다. 값진 삼홍색 비단과 왕의 어깨에 가슴에 걸쳐 있는 수를 놓은 가슴받이는 그에게 매우 잘 어울렸고 그의 태도에는 위엄이 있었다.[11]

고종은 상중임에도 불구하고 멀리서 조문 차 조선에 온 이사벨라 버드 비숍의 요구, 영국의 빅토리아여왕에게 헌상할 사진을 찍도록 하락해 달라는 요구를 거절하지 않고 흔쾌히 사진기 앞에 서서 촬영했다.

다음 왕세자 차례가 되자, 고종은 왕세자가 사진에 잘 찍혀 지도록 이런저런 지시도 하고 자세까지도 마음을 썼다. 뿐만 아니라 고종은 사진을 다 찍은 후 자신의 앞에 세워 놓은 사진기에도 큰 관심을 표시했는데. 이사벨라 버드 비숍의 표현에 따르면, "호기심 어린 눈빛으로 사진기의 특이한 부품들을 살펴보았는데, 그때 왕의 매우 즐거워 보였다."고 사진촬영 뿐만 아니라 즐겁게 사진기를 관찰했다는 내용도 빼놓지 않았다.[12]

이렇게 촬영한 고종의 어사진은 자신의 책에 게재했는데, 사진 자체가 아니라 사진을 바탕으로 한 삽화, 또는 목판화로 개재했다. 아마 이 당시만 해도 조선의 국왕 어사진을 게재하는 것이 이 책의 품위를 손상시키고 수준을 떨어뜨린다고 생각했는지 모른다. 이러한 영향 때문인지 19세기에 출판된 책이나 인쇄 매체들에 게재된 사진의 대부분은 목판화로 제작한 사진을 게재했다.[13]

이사벨라 버드 비숍이 조선에 온 것은 1894년, 일본 요코하마를 거쳐 2월말 나가사키에서 상선을 타고 인천을 거쳐 3월 1일 서울에 도착했다. 이후 1897년까지 네 차례나 조선을 방문해 체류하면서 곳곳을 여행했다. 뗏목을 타고 남한강을 답사하고, 조랑말을 타고 금강산도 답사했다.

이사벨라 버드 비숍은 1894년 경복궁 왕비 거실인 교태전에서 고종을 처음 알현했다. 이때 두 사람과의 대화 속에는 경회루의 아름다움을 촬영해도 되느냐는 내용들을 두고 대화가 오가는 중에 고종은 언제든지 촬영하라고 했는데, 아마 이 무렵에 고종과 왕세자의 첫 번 째 사진을 촬영할 수 있는 기회를 가졌을 것으로 생각된다.[14) 왜냐하면 『The Illustrated London News』에 고종의 어사진을 게재한 것이 1894년 8월 4일자이기 때문이다. 이때 경복궁의 경회루 촬영 때 어사진도 촬영했을 것으로 생각된다. 이 주간지에 게재된 고종 어사진은 이사벨라 버드 비숍이 이때 촬영한 사진을 제공해 게재했을 것이다.

6. 대행왕후 국상 때 상복 입은 고종 어사진

고종의 어사진 중에서 대행왕후大行王后 국상 때 상복을 입고 촬영한 사진은 존재할까? 명성황후가 일본인에게 시해 된 이후 오랫 동안 장례식을 치루지 못했는데, 이때 고종은 무슨 복식을 착용했을까? 등등이 또한 우리의 관심일 수 밖에 없다.

필자는 2004년 국립현대미술관 주최의 대한제국기의 재조명이란 세미나에 「고종 · 고종 황제의 어사진」이란 제목의 논문을 발표한 적이 있다. 이때 상복 차림의 고종 어사진을 황제 위에서 물러난 후 말년의 모습을 촬영한 사진이라고 했다. 당시에는 참석자들이 이 사진에 대한 관심들을 갖지 않아서인지, 아니면 중요하게 생각하지 않아서인지, 이 부분에 대해 의문을 제기하지 않고 넘어갔다. 이러한 일이 있은 후 필

▲ 대행왕후 초상 때 상복 입은 고종(1896년 그레험)

자의 머릿속에는 과연 이 사진이 고종이 황제에서 물러난 후 말년에 촬영된 사진일까 아니면 왕후 국상 때 상복을 입고 촬영한 사진일까에 대한 의문을 떨쳐버릴 수 없었다.

그런 와중에 최근 이 책을 준비하면서 많은 자료들을 찾아볼 수 있는 기회를 갖게 되고, 어사진도 여러 종류를 보게 되었다. 이 과정에서 시해 이후 고종이 대행왕후 국상 때 상복을 입고 촬영한 사진이라는 것, 촬영자는 L. B. 그래험이라는 미국 공사 부인임을 확인할 수 있었다.[1]

대행왕후 국장은 1897년 11월 22일에 거행되었다. 명성황후가 일인에게 살해된 지 2년 2개월 만인 1897년 11월 22일 청량리 홍릉에 안장되었다. 그 사이에 김홍집 내각에서는 12월 29일음 11월 14일 산릉작업을 시작으로 국장 준비를 서둘렀으나 김홍집 내각의 붕괴, 아관파천 등으로 모든 국장 일정은 고종의 하교를 기다리게 되었다. 물론 김홍집 일파의 실각과 고종이 러시아 공사관으로 파천한 사건 등으로 보통 3개월을 넘기지 않는 국왕의 국상보다도 더 오래 걸리고, 여러 가지 사정으로 계속 연기되었다.

그 사이에 고종은 러시아 공사관에 파천해 있으면서 가까운 덕수궁으로 환어할 뜻을 세우고 1896년 8월부터 궁궐 수리에 들어가 9월 28일에 끝냈다. 그리고 8월 22일 왕후의 빈전殯殿과 혼전魂殿을 경복궁에서 이곳으로 옮겼다. 그 해 12월 4일에 의정부가 협의하여 시호를 문성文成 · 명성明成 전호를 경호전, 능호를 홍릉으로 정했다.[2]

조선시대에도 주자가례의 상례가 기준이었고, 궁중에서도 국상에 이를 적용했으며, 태상왕, 태상왕비, 왕, 왕비, 왕세자, 왕세자빈, 왕세손, 왕세손비의 상례는 국장으로 치렀다.[3]

1895년 을미년의 정국은 격동의 시기였다. 명성황후가 궁궐에서 일본 낭인들에게 무참하게 시해 당한 후 왕조는 풍전등화와 같은 위기에 놓이고, 국권을 지키기도 힘든 상황이 되었다. 고종과 왕실은 신변에 대한 위협뿐만 아니라 독살될지도 모른다는 불안에 떨게 되었다. 이러한 위기에 처한 고종은 미국과 미국 선교사들에게 왕실과 자신을 지켜줄 것을 호소했다. 언더우드, 애비선, 헐버트 등 선교사들은 집에서 음식도 만들어 오고, 고종 침전 바로 옆에서 당번을 정해 숙직을 하면서 불침번을 섰다. 그리고 1896년 음력 10월 12일 고종의 왕궁 탈출 때에는 고종을 지키기 위해 자신의 몸도 돌보지 않았다.

고종은 이러한 각별한 사명감을 고맙게 생각했으며 가장 신뢰하는 사람에게 징표로 주는 어사진 한 장을 언더우드에게 주었다. 이 어사진이 바로 일반인들이 입는 옷 같기도 하고, 상복 같기도 한 복장으로 촬영한 어사진이다. 사진 맨 밑에는 나중에 언더우드가 적어 넣었지만 "The King 리태왕 1896"[4]라고 적혀져 있다.

고종이 언더우드에게 준 똑같은 사진은 『더 코리언 리포지토리The Korean Repository』 1896년 11월호에 게재되어 있으며, 한국의 국왕폐하라는 제목과 함께 하단의 주석에 L. B. 그래험L. B. Graham이 촬영한 것으로 밝혀놓은 기사도 찾아볼 수 있었다.

이번 달 우리에 의해 출간한 인쇄된 고종의 인물사진은 미국 공사관의 숙련되고 열정적인 아마추어 사진가인 L. B. 그래험L. B. Graham 이 찍은 것을 복제한 것이다.[5]

L. B. 그래험L. B. Graham은 당시 미국 공사 실John M. B. Sill의 부인이다. 미국 공사 부인이면서 사진술에 뛰어난 아마추어 사진가로 당시의 외국인 사회에서는 사진가로 알려진 사람이었다. 아마 실 공사가 일본 출장 중에 국상을 당했기 때문에 부인인 그래험 여사도 조문을 하게 된 기회에 고종의 어사진을 촬영했을 수도 있으며, 『더 코리언 리포지토리』라는 잡지에서 촬영을 의뢰했을 수도 있을 것이다.

그래험 여사가 대행왕후 국상 때 러시아 공사관에 파천한 고종의 모습을 촬영할 수 있는 기회를 포착할 수 있었던 것도 중요한 사건이지만, 흥분하지 않고 치분하게 국왕을 촬영할 수 있었던 것도 대단한 능력이었다. 백립을 썼지만 모자가 얼굴을 가리지 않고, 고종의 모습이 잘 보이도록 하는 등 대행왕후 국상 때의 상복 모습을 충실히 전달해 주었다. 그뿐 아니라 양손을 자연스럽게 처리한 것이라든가 바로 뒤에 의자를 놓아 마치 앉아 있는 것처럼 전신좌상의 분위기를 냈다. 그리고 이사벨라 버드 비숍의 설명처럼 매우 흰 예복이었지만 사람과 옷을 선명하게 표출할 수 있도록 적절한 노출을 하는 것까지 세심하게 주의를 기우려 촬영했다.

사진 촬영처럼 그래험은 조선의 외국인들 사이에 고운 마음씨를 가진 부인으로 칭송되었다. 항상 친절했으며 예의범절이 깍듯해 일반 외국 친구들에게서 진정한 호의와 존경을 받았던 미국인이었다.[6] 그래험과 남편 실이 미국 변리공사 겸 총영사로 조선에 온 것은 1894년 4월, 본국으로 송환된 1897년 9월이었으니까 3년 5개월 동안 체류했다.

사진에 찍힌 고종은 포포布袍 : 생포로 만든다, 포과익선관布裹翼善冠 : 갓에도 역시 배로 짠다, 포과오서대布裹烏犀帶 : 겉을 싼 무소뿔 조각으로 장식한 오서대를 띠었다. 신은 흰 가죽으로 만든 운두雲頭가 낮은 백피혜白皮鞋를 신었다.[7] 이러한 상복은 착용 예는 1904년 순종비의 국장 때 순종 황제가 시사복視事服에 포과오서대布裹烏犀帶와 백피화白皮靴를 하였으며, 연제練祭 후의 공복으로도 백포白袍, 백포과오서대, 백피화를 착용한 예도 있다.[8]

아마 졸곡 할 때에는 다른 상복이나 면복을 입었겠지만, 사진에는 정무를 볼 때에 입는 상복이거나 연거복燕居服을 입은 모습을 촬영한 사진으로 생각된다.[9]

고종이 파천해 1년여 동안 체류했던 러시아 공사관은 1890년에 착공해 5년 만에 완공한 큰 건물과 작은 건물 네 채로 되어 있다.[10] 고종은 러시아 공사관으로 파천 한 후 그 건물의 왼쪽, 베베르 전공사가 사용하고 있는 건물에 딸린 방 두 개를 사용했다.[11] 그리고 덕수궁까지 연결되는 지하 통로를 이용해 고종은 덕수궁을 왕래하면서 국정을 살폈던 것으로 여겨진다.[12]

특히 대행왕후의 국상 때의 상복 차림의 고종 모습을 촬영한 사진은, 사진에는 배경이나 주면 건물이 명확하게 찍혀지지 않아 러시아 공사관에서 촬영한 사진이라고 보기 어렵지만, 그래험 부인이 베베르 부인과 명성황후 등 세 사람이 매우 절친했던 관계로 보아 러시아 공사관에서 촬영했을 가능성도 배재할 수 없다.[13] 또 덕수궁 뒤 중구 정동에 자리 잡은 러시아 공사관은 터가 매우 넓었고, 건물 뒤에는 헛간이 달린 작은 곁채와 정원이 있었다는 내용[14] 그리고 국상을 준비하는데 많은 사람들이 모여 촬영하기에는 불편함 등을 고려하면 덕수궁보다 러시아 공사관 정원에서 촬영했을 가능성이 훨씬 높아 보인다.

7. 다양한 어사진의 등장

고종이 국왕에서 1897년 12월 황제로 등극하고, 구중궁궐 임에도 일반인들의 활동무대와 근접한시내와 인접한 위치라는 뜻에서 경운궁에 거주하면서 다양한 어사진 촬영이 이루어졌다. 고종 어사진의 다양화는 바로 경운궁의 궁궐 생활 중에 형성되었으며, 사진술의 발전도 이 무렵이면 엄청나게 발전해, 실내·외에서 자유롭게 어사진을 촬영할 수 있던 시기였다. 촬영자도 외국 여행가, 황실과 가까운 인물들에게만 촬영의 기회를 얻을 수 있었던 것이 아니라 영업사진관을 비롯해 신문사의 사진기자들까지 어사진 촬영의 기회를 얻게 되었다. 어사진 촬영의 시대는 영업사진관 시대와 동시대였다.

그러나 개방화와 일본문화의 침투는 고종 어사진 촬영 기법에도 큰 영향을 미쳤다. 뿐만 아니라 포즈, 복식 및 여기에 치장하는 여러 장식품도 다양해졌다. 단순하고 단조롭기까지 했던 곤룡포에는 황제복이 되면서 가슴에 대훈장을 장식하고, 황제라는 신분이 갖추어야 할 덕목이라고 해서 일日, 월月, 성신星辰, 산山, 용龍, 화, 화충華蟲, 종이宗彝, 조藻, 분미粉米, 보黼, 불黻의 12가지 문양을 새긴 옷을 착용했다.

8. 고종 황제를 최초로 촬영한 언더우드

황제 등극을 계기로 촬영한 최초의 고종 어사진은 『그리스도신문』에서 석판으로 인쇄해 호외로 발행한 특별판각이라는 이름의 호외로 생각해 왔다. 그래서 이 사진에 대한 여러 자료들을 조사하고 오랫 동안 찾았지만, 이 글을 준비하기 전까지는 전혀 찾을 수 없었다. 물론 『상투의 나라』라고 제목을 붙이기도 하고, 『(언더우드 부인의 조선생활): 상투잽이와 함께 보낸 십오년 세월』[15]이라고 제목을 붙인, 이 책에서 그 실물을 처음 찾게 되었다. 물론 이 책은 1904년 미국에서 간행되었으며, 언더우드가 아니라 부인, 릴리아스 언더우드라는 점이 문제가 되었지만, 다음과 같은 몇 가지 점에서 최초로 고종 황제를 촬영한 어사진으로 확인하게 되었다. 첫째는 릴리어스 언더우드가 이 책에 쓴 서문에 "무엇보다도 나는 남편의 도움을 많이 받았다. 그의 조언으로 나는 갑신정변甲申政變, 동학혁명東學革命, 보부상褓負商, 독립협회 그리고 가톨릭교도에 관한 특수한 자료들을 조선인들로부터 입수했다. 그는 또한 조

▲ 고종 황제(1897년 언더우드)

선 기독교인의 생활에 관한 일화의 많은 자료를 제공해 주었으며, 우리는 그것에 모든 정력을 쏟았기 때문에 이 책은 나의 것인 동시에 그의 것이기도 하다."라는 내용 때문이었으며, 릴리아스 언더우드의 책에 수록된 고종 어사진을 황제라고 설명을 붙인 점, 「황제」라는 사진에 나타나 있는 복식의 특징 때문이었다. 번역본이지만 이 책의 p.50에 게재된 황제고宗라는 어사진은 언뜻 보기에는 이전의 사진처럼 상복常服처럼 보였다. 그래서 이전에 촬영한 로웰의 어사진과도 비교해 보았으며, 이사벨라 버드 비숍이 촬영한 것으로 추측되는 어사진과도 비교해 보았더니, 지금까지와는 전혀 다른 새로운 사실을 확인하게 되었다.

이 책에 수록된 고종 황제의 복식은 익선관, 즉 앞이 낮고 뒤가 높은 오사모 즉 정전저후고오사모頂前低後高烏紗帽를 쓰고, 금직반령보金織盤領補를 단 황색반령착수포黃色盤領窄袖袍를 입은 복식임을 발견하게 되었다. 그리고 옥으로 된 대를 차고, 보는 금적반룡, 화는 가죽신을 신고 있는 모습이란 것을 확인할 수 있었다.[16] 복식의 외모도 외모지만, 사진에는 선명한 인쇄가 못되어 정확하게 식별이 되지 않지만, 용무늬와 그 아래 깃털이 아름다운 꿩이나 봉황 같은 화충이 양 소매에 수놓아져 있는 것을 확인할 수 있었다. 컬러 사진이 아니기 때문에 검정색 중심으로 표현되어 있으나, 황제만이 착용할 수 있는 황룡포인 황색반령착수포를 입고 있음을 알아볼 수 있었다.

촬영 장소나 촬영 시기에 대해서는 자세한 자료가 없지만, 언더우드 선교사가 『그리스도신문』을 발행하면서 고종의 탄신을 기해 국왕의 윤허를 얻어 석판으로 제작한 어사진을 정기독자들에게 무료 배포할 것을 기획했던 것이 6월 무렵이었을 것이고, 촬영 장소는 경운궁덕수궁의 정관헌으로 추측된다.

어사진은 완벽한 화면처리라든가, 배경도 뒤에 병풍을 둘러치는 것, 자연광을 이용한 것 등 전문적인 사진술 활용과는 차이나 나지만, 릴리아스 언더우드의 책에 수록된 사진 촬영 수법과 크게 다르지 않았다. 이 사진의 배포라든가 촬영 의도는 『독립신문』 기사에서도 찾아볼 수 있는데, 1897년 8월 21일자에 이렇게 게제되어 있다.

그리스도신문이 대군주폐하 탄일날 별노히 호외를 낼터인데 이 신문을 사 보는 이들이 일년치를 미리 세음한 이의게들은 대군주 폐하의 석판 사진 한 장식을 별노히 정표로 줄터이라 이 사진은 대군주 폐하의 처분을 물어 일본 가서 석판으로 조성하였는데 사진이 매우 잘 되었고 입으신 것은 용포요 쓰신 것은 면류관이더라. 만일 이 신문값 일년치를 미리 내지 아니한 이들은 이 사진을 그리스도신문사에 가서 얻을 터인데 매 장에 오십 전씩이라더라.[17]

기사의 내용은 『그리스도 신문』에서 고종의 탄신일을 기념하기 위해 석판으로 인쇄한 고종 어사진을 발행하는데, 이 신문의 일년치 구독료를 미리 낸 정기구독자에게 제공한다는 것, 형식은 별도로 발행하는 호외로 일본에서 석판으로 인쇄하였는데 아주 잘 되었다는 것, 용포를 입고 면류관을 쓴 모습의 사진이라는 것, 정기 구독자가 아니더라도 50전만 내면 구할 수 있는데, 그리스도신문사에 가야 구할 수 있다는 내용의 기사이었다.

고종의 황제 즉위식은 1897년 10월 12일, 그리고 조선 주재 각국 외교관들에게 황제 즉위와 대한제국 제정을 통보한 것은 10월 14일이었다. 그러나 『독립신문』은 『그리스도신문』이 황제복식을 하고 촬영한 어사진을 고종의 탄신일에 호외로 발행한다는 것, 이를 정기구독자들에게 제공한다는 예고 기사를 게재한 것은 1897년 8월 21일자 잡보[18]에서 였다. 시기적으로 고종의 황제 즉위보다 1~2개월 이전에 발행되었다. 황제 즉위보다 탄신일에 초점을 마주었지만, 복식은 황제만이 입는 황용포에 익선관 차림이었다.

석판 어사진 호외 발행 취지는 고종의 측근에서 황제 옹립을 추진하는데 대중의 구심점을 모으기 위한 의도도 깔려 있었던 것으로 추측되지만, 『그리스도신문』이 기획한 의도는 황제 등극보다도 탄신일을 축하하기 위한 것이었다.

『그리스도신문』은 1897년 8월 26일자 제1권 22호에 고종 탄신일에 대한 기사를 석판사진을 배포한다는, '어사진 편전론'이라는 광고와 함께 2건을 게재했다. "경축만세"라는 기사, 8월 23일 "교중 형제가 훈련원 대청에 모여 만세함"이라는 제목의 기사였다.

그 외에 언더우드가 주도해 서대문 밖에서 경축행사를 개최했는데, 기독교인 뿐만 아니라 일반인까지 입추의 여지없는 대성황을 이루었다고 기록하고 있다.

국왕의 생신은 9월이었다. … 언더우드는 우선 서울 북쪽에 있는 사대문 밖의 커다란 공공건물을 사용할 허가를 얻어냈는데, 그 건물은 천 명 정도를 수용할 수 있었다. 사대문 안에는 적당한 장소가 없었다. 그 안에는 커다란 극장이나 강연장이 없었기 때문인데, 지금도 가장 큰 홀을 가지고 있는 YMCA조차 천 명을 수용하지는 못한다.

다음에 언더우드는 왕의 생신을 기념하는 그리스도인들의 기도 및 찬양 집회가 열릴 것이라고 널리 선전하였다. 단상이 세워지고, 건물은 깃발로 덮이고, 내각의 몇 명과 뛰어난 한국인 연설가 두 세명이 연설을 하도록 초청되었다. 단상에는 수많은 귀빈들을 위한 의자와 함께 오르간이 놓여졌다. 누구도 왕의 생신을 소홀히 한 사람으로 지목되고 싶지는 않았을 터이므로, 평민들 뿐만 아니라 정신들도 그 사실을 알고 있는 한 모두 참석하였다. 물론 선교사들도 대부분 참석하였다.

건물 안에 사람들이 꽉 들어찼을 뿐만 아니라 건물 밖에도 온갖 계급과 연령과 지위의 사람들이 긴 행렬로 빽빽하게 둘러 차 있었다.[19]

촬영을 주도 했던 사진사들도, 조선에 진출한 일본 사진사들, 촌상천진村上天眞, 암전정岩田鼎, 국전진菊田眞 등 주로 서울에서 이름을 떨치던 일본인 사진사들이 어사진 촬영에 적극 참여해 일본식 어사진 촬영의 바탕을 마련하게 되었다. 주로 입상은 찾아볼 수 없었던, 어진이나 어사진의 세계를 일본 사진사들은 서 있는 모습을 중심으로 한 어사진으로 전환시키는 수법을 발휘했다. 그리고 앞에서도 언급한 것처럼 사진 화면을 단순화 하는 것보다 과장된 치장이라든가 분위기를 사진에 나타내려고 했다.[22]

▲ 고종 황제(1907년 작가 미상)

주

1) 趙善美 『韓國肖像畵硏究』悅話堂 1989 pp.161~162.

2) 위의 책 p.145.

3) 수록된 이미지의 명칭은 조선국의 국왕이라고 했다.

4) Ridel. F. 『Die Katholischen Missionen』에도 조선의 왕, 사진에 의거해 제작했음을 밝혔다.

5) A. H. 세비지-렌도어 『고요한 아침의 나라 조선』 p.173에 수록. 신복룡 장우영 역주 집문당 1999.

6) 『명지대 LG 연암문고 소장 한국관련 이미지자료 목록집 I II』 명지대학교 근대전기 한국에 대한 서양인의 이미지자료 연구팀.

7) 고종은 빈번하게 일어난 여러 사건들 때문에 궁궐 한 곳에 오래 정착하지 못했다. 1877년(고종 14) 3월에는 경복궁에서 일어난 화재 때문에 창덕궁으로 옮겨야 했으며, 1884년(고종 21) 10월(음) 갑신정변 때에는 경우궁, 계동궁, 창덕궁, 청나라 군영으로 이어했다가 정변이 가라앉자 창덕궁으로 환어했다. 1885년(고종 22) 1월에는 다시 경복궁으로 환어했다가 1894년(고종 31) 4월에 창덕궁으로 이어했으나, 1달 만인 5월에 경복궁으로 환어했다. 1895년(고종 33) 12월 을미사변으로 러시아 공사관에 이어해, 1년 간 체류하다가 1897년(고종 34) 2월 경운궁, 즉, 덕수궁으로 이어해 1919년 그곳에서 생을 마쳤다.

8) 이사벨라 버드 비숍(Isabella Bird Bishop)은 일생 동안 여행을 하면서, 여행지에서 체험한 사실들을 바탕으로 많은 책을 써 대부분 베스트셀러에 올랐다. 1831년 에드워드 버드(Edward Bird) 목사와 어머니 도라(Dora Lawson) 사이에서 출생, 정규 학교를 다니지 않았으며, 어머니에게서 문학, 역사, 회화, 프랑스어, 성서를 그리고 아버지에게서 라틴어를, 그리고 독학으로 화학, 시, 생물학을 공부했다. 어려

서부터 병약해 척추질환, 불면증, 무력감 등으로 일생 고생했는데, 의사의 권유로 허약한 몸을 치유하기 위해 세계를 여행하다가 1904년 일생을 마치게 된다.

9) 위의 『고요한 아침의 나라』, p.485~487.

10) 위의 책 p.490.

11) 위의 책 p.490.

사진을 찍을 때 그는 세자를 잘 보이게 하려고 세자가 서 있을 자리에 세심한 신경을 썼으나 결과는 그다지 만족스럽지 못했다. 사진을 찍은 후에 그는 호기심 어린 눈빛으로 사진기의 특이한 부품들을 살펴보았는데, 그때 왕은 매우 즐거워 보였다.

12) 위의 글

13) 崔仁辰 『韓國新聞寫眞史』 열화당 1992 p.29.

『한국과 그 이웃나라들』에 수록된 사진 중에 부산 관문(p.44), 원각사비(p.64), 한국 농부들의 저녁 반주(p.104), 한국여성(p.145), 팽티엔의 승용마차(p.234), 중국군(p.249), 시베리아의 한국 정착민들(p.279), 관복을 착용한 한국 관료(p.304), 명성황후를 화장한 장소(p.313), 평양 칠성문(p.346), 한국 경찰(p.508) 등은 목판화나 삽화로 게재되어 있다.

14) 위의 『한국과 그 이웃나라들』 p.296.

알현이 끝나갈 즈음 나는 이틀 후 다시 와서 호수 위의 누각을 사진 찍어 가도 되겠느냐고 여쭈었다. 그러자 왕은 "그것 뿐이요? 자주 와서 많은 것들을 찍어 가시오"라고 하며 몇 가지를 언급했다.

15) 서정민 『언더우드家 이야기』 살림출판사 2005, p.94.

16) L. H. 언더우드 『언더우드-한국에 온 첫 선교사』 이만열 옮김 기독교문회사 1990, p.172.

17) 이사벨라 버드 비숍, 위의 책 p.486.

18) 사진계 일부에서는 천연당사진관을 개설한 김규진이 어사진을 촬영했다는 주장도 있으나 확인되지 않는다.

19) 뿌리깊은나무에서 L. H. 언더우드부인의 저서를 김철의 번역으로 1984년에 출판하면서 붙인 책 이름이다.

20) 『명지대 LG 연암문고 소장 한국관련 이미지자료 목록집 I II』 명지대학교 근대전기 한국에 대한 서양인의 이미지자료 연구팀.

21) 『독립신문』광무 원년 8월 21일 제2권 99호 제2면 잡보.

22) 『그리스도신문』에서 어사진 배포 광고를 게재한 것은 1897년 7월 29일(제1권 18호)이었다.

23) 이에 대해서는 Terry Bennet 『Korea, Caught in Times』(1997년 영국에서 발행)에도 고종의 어사진을 촬영한 사진가로 게재되어 있다.

24) 양승이 『한국의 상례』 한길사 p.358.

25) 위의 책 p.215.

26) 서정민 『언더우드家 이야기』 살림출판사 2005 p.94.

27) 『The Korean Repository』 November, 1896.

28) 유영렬 윤정란 『19세기말 서양선교사와 한국사회』 景仁文化社 2004 p.146.

29) 『明成皇后殯殿魂殿都監儀軌 I 』에는 고종이 발인할 때의 복식은 布裹翼善冠을 쓰고, 布袍를 입고, 布裹烏犀代를 띠고 白皮靴를 신고, 輦를 타고 궁을 나왔다고 기록되어 있다(皇帝具布裹翼善冠布袍布裹烏犀帶白皮靴 乘輦出宮).

30) 『增補文獻備考』 권67, 禮考 14 國恤.

31) 민속원에서 나온 국역 『국조상례보편』에는 "졸곡 뒤에는 백포익선관·오서대·백피화, 연거복(포의, 포립, 백포대)를 착용한다. 상제를 지낸 뒤에는 흑립(의대는 그대로 착용한다)을 쓰고 담제를 지낸 뒤에는 길복을 입는다,"고 되어 있다.

32) 고려대학교아세아문화연구소 편 『구한국외교문서』 17 (俄案).

33) 카르네프 外 4인 『내가 본 조선, 조선인』 A. 이르계바예브 김정화 옮김 가야넷 2003 p.99.

34) 하원호 등『개항기의 재한 외국공관 연구』동북아역사재단 2008 p.267.
이 책에는 1896년 고종이 아관파천을 단행했을 때 1년 동안 거처로 사용한 곳에 관련된 주(註)에 "이 건물은 해방 후 한때 소련 총영사관으로 사용되었다가 한국전쟁 때 파괴되고 3층 석탑만이 지금까지 남아 있다. 그런데 홍미로운 사실은 이 탑의 동북쪽으로 지하실이 있고 이곳에 덕수궁까지 연결되는 통로가 있었다는 것이다."라고 해서 지하 통로를 언급하고 있다.

35) 하원호 등『개항기의 재한 외국공관 연구』동북아역사재단 2008 p.272.
F. A. 매켄지『한국의 독립운동』신복룡 역 집문당 1999 p.57.

36) 카르네프 위의 책 pp.81~82.

▮▮▮▮고종 어사진을 통해 세계를 꿈꾸다

-19세기 어사진의 정치학-

7 지운영의 어사진 촬영 길을 따라

1. 북촌의 사진 역사

우리 사진의 역사는 마동, 오늘의 종로구 봉익동, 와룡동, 묘동 등에 걸쳐진 동네에서 시작되었다. 광화문에서 종로 3가 네거리에 이르면, 동쪽으로 1907년에 문을 연 우리나라에서 가장 오래된 활동사진관 단성사가 나온다. 그 영화관 옆으로 난 골목길을 따라 걸어 들어가면 극장 뒷길이 나 있고 조금 더 들어가면 종묘 담과 종로시민공원과 만나게 된다. 이 단성사 뒤쪽과 종묘를 두고 북쪽으로 펼쳐졌던 동네가 바로 마동이었다.

오늘날에는 그 옛날의 흔적은 찾을 길이 없다. 촘촘히 들어선 집들 사이사이로 금은방이 즐비해 어두운 골목인데도 금은방에서 쏟아지는 조명등이 대낮처럼 환한 오늘의 종로구 봉익동이다. 이곳이 우리들 뇌리에서 완전히 잊어진 채 지내왔지만, 우리 사진의 역사를 처음 시작한 현장이 그 어느 곳에 있었던 동네다.

한국인으로 언제, 어디서, 어떻게 어떤 과정을 거쳐 최초로 사진을 받아들이게 되었을까? 하는 의문에 대한 답을 구하는 것은 사실 중요하고도 중요한 연구과제이다. 사진하는 우리뿐만 아니라 사진을 좋아하고 관심을 표시해온 동호인, 사진을 이용하는 일반 민중들을 포함해 우리 역사에서도 중요한 질문이 되어 왔다. 그리고 이에 대한 해답을 찾아야 할 중요한 과제로 대두되 왔으나 지금까지 그렇지 못했다.

이에 대한 해답은 좀처럼 풀 수 없지만, 바로 마동 오늘의 종로구 봉익동을 찾아 나서면 그 무엇이 손에 잡힐 것만 같아 2006년 3월 14일 이곳을 찾았다. 1880년대 서울에서는 남촌인 중구 저동 오늘의 중앙극장 건너편, 백병원 옆인 중부세무서가 자리 잡고 있는 곳에 사진관을 개설해 영업을 하고 있었다는 내용과 북촌의 마동에서는 지운영이란 사람이 촬영국 즉 사진관을 처음으로 개설했다는 신문 기사를 근거로 해서 우리나라 사람이 사진을 처음 시작한 것은 북촌이었을 것이라고 추측하는 사람들이 많기 때문이었다.

구체적으로 신문 자료를 소개하면, 우리나라 최초의 신문인 『한성순보』 1884년 3월 18일음 2월 21일자에 "금년 봄 마동에 지운영이 촬영국을 개설했다. 모두 다 사진촬영 기술이 정교하다고 하다더라!"라고 게재된 내용의 기사를 찾아볼

▲ 종로 마동을 찾아서(1898년대의 종로)

수 있다. 이를 근거로 북촌에서의 사진의 시작은 1884년 3월이었을 것
이라고 주장하고 또 그렇게 생각해 왔다.

　이와는 달리 북촌에는 1882년 이전에 촬영국, 다시 말하면 사진관이
이미 개설되었다는 설도 있다. 앞에 말한 지운영의 아들인 지성채 화백의
증언에 따른 것인데. "단성사 옆 마동에 2층으로 된 사진관을 개설했는
데, 1882년 임오군란 때 구식군대와 흥분한 군중들은 희성인 지씨 성을
한 우리를 왜놈 앞잡이로 오인한 데다가 2층으로 된 사진관 건물이 마치
일본인 집으로 오해해 건물을 때려 부수는 바람에 사진기는 박살이 나

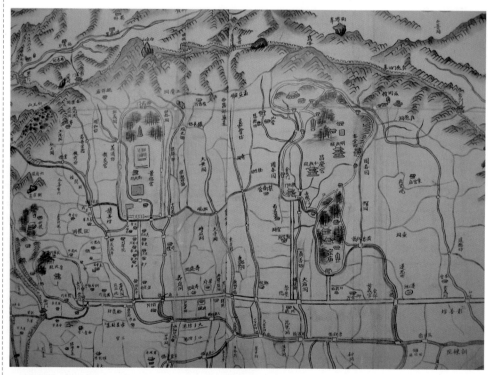

▲ 지도에 그려진 한성 북촌

고 귀중품들은 모두 약탈
해 갔다."는 증언이다.

지성채 화백의 증언이
사실이라면 지금까지 알려
진 것과는 달리 마동에는
1884년 봄보다도 훨씬 전
인 1882년 임오군란이 나
기 이전에 사진관이 설립
되어 찾는 사람들의 인물
사진을 촬영하고 있었다는
이야기 일 수도 있다.

이로 보면 우리나라 사
람이 최초로 사진 활동이랄
까, 사진기를 구입해 사진
을 촬영했던 곳은 남촌보다
도 먼저 북촌에서 였다.

전대미문의 사진기 앞에
포즈를 취하면, 자신과 똑

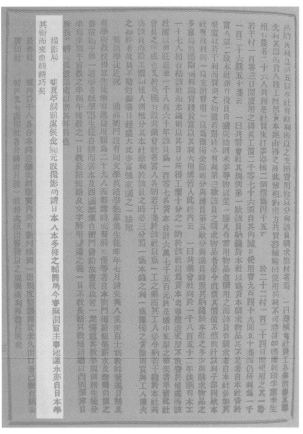

▲ 사진 촬영국 기사가 게재된 한성순보
(1884년 3월 18일 음 2월 21일자)

같은 모습을 한 채 눈앞에 펼쳐지는 문명개화의 무대가 되었던 것이다.
그리고 이러한 사진촬영이 당시의 사람들 눈에는 정교한 기술의 산물
로 비쳐져 모두 정교하다고 칭찬을 아끼지 않았다.

2. 종로 마동을 찾아서

마동은 마전골, 또는 마전동이라고 하는 오늘의 종로구 와룡동과 권농동, 봉익동에 걸쳐있는, 창덕궁에서 흐르는 물이 이 마을을 지나 청계천에 이르는 계천이 있는 마을이었다. 물이 맑고, 냇가에 반석이 깔려 있어서 피륙, 즉 짐승 가죽을 바래는 곳으로 이름이 나서 마전골, 한자로 마전동麻田洞, 이를 줄여 마동麻洞이라고 부르게 되었다고 한다.

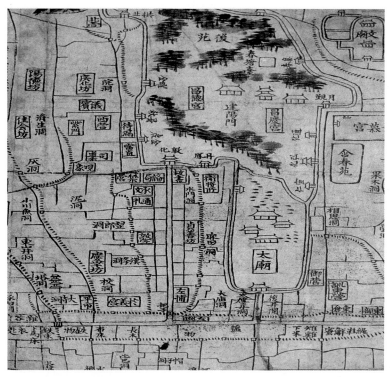

▲ 지도에 그려진 마전동

또 마동에는 조선초기부터 환관이라기도 하는 내시들, 성불구 남자들로 궁녀들이 많은 궁중에 들어가 임금의 시중을 들거나 행세를 하는 내시들이 많이 살았다. 다시 말하면 마동은 일명 내시촌이었는지도 모른다. 이들 내시들은 자식은 가질 수 없었지만, 어엿한 가족을 거느리고 살았으며 이들 주변에는 조정에 출사해 보려는 엽관배들로 들끓었다, 그뿐 아니라 궁중을 앞세운 내시들과 이를 이용한 계층민들이 사치와 세도를 부리며 살던 곳이기도 했을 것이다.

1880년대의 마동은 국왕이 창덕궁에서 정사를 살피고 있었기 때문에 궁에서 그리 멀지 않은 지역이기도 했지만, 환관들을 통해 출세하려는 무리들이 들끓어 제법 활기 띤 마을이었을 것이다.

사진관이 북촌의 이 마동에 처음 개설된 것은 어떤 연유에서였을까? 사진의 선각자인 지운영이 이곳에 살았기 때문일 수도 있을 것이고, 또 한편으로는 위에 든 여러 조건들도 이곳을 처음 사진의 점화점으로 삼게 된 요인이 되지 않았을까?

국왕이 살던 대궐 근처는 새로운 문물이었던 사진관을 개설하는데 어쩌면 가장 좋은 장소였는지도 모른다. 특히 이 동내에 살던 내시들의 입을 통해 사진에 대한 새로운 소식은 궁궐에 소상히 알려지게 되었을 것이고, 이러한 선전효과는 환관들이 거주하던 마동만이 가능했을는지 모른다. 모든 길은 로마로 통한다는 말이 있지만, 당시는 모든 일이 국왕이나 대궐과 통해 있었기 때문이다.

2005년 늦은 가을, 지운영의 촬영국이 있었음직한 곳을 찾기 위해 종로 3가역에서 지하철을 내려, 단성사, 종로 3가파출소, 소방서 뒷길을 이리저리 눈여겨보면서 마동이 있음직한 봉익동 일대를 걸어 다녔

▲ 종로 3가 단성사 부근(2005년)

다. 지운영의 아들인 지성채 화백이 "부친이 단성사 모퉁이 마동에 촬영국을 개설했었다."는 오래된 증언을 기억하면서 이 지역을 샅샅이 돌아보았으나 130여 년 전에 있었던 사건들에 관련된 흔적은 어디에서도 찾아볼 수 없었다.

　단성사 건물은 높은 빌딩으로 재건축해 복합상영관 형태로 바뀌어 있었다. 단성사 옆으로 난 골목길로 들어서면, 미로 같은 골목이 얽히고설키어 어디가 어디인지 분간하기 어려웠다. 음침한 옛날 골목길과는 달리 금은 등 귀금속을 파는 상가가 즐비해 화려하기 그지없었다.

　그리고 이 동네에서만 볼 수 있었다는 피륙을 바래던 반석은 어디 있었는지, 창덕궁에서 흐르는 시내는 어디에서 어디로 흘렀는지, 개천은 복개를 해버렸고, 맑은 물이 흐르던 냇가는 그 속에 파묻혔는지, 그 위에 도로며 집들이 들어서 흔적조차 찾을 수 없었다.

　마동은 1945년 해방 이후 봉익동과 권농동, 와룡동에 편입되어 동네 이름도 없어진 지 오래되었다. 최근 묘동 61번지 창덕궁으로 향하는 도로변에 마전터길이란 마을 표시판을 종로구청에서 설치해 그나마 그 옛날 시냇가에 형성된 마천터를 상기시켜줄 뿐 빽빽이 들어선 집들과 상가들은 이것마저 시야를 가리고, 질주하는 자동차의 소음은 이 거리의 유래를 생각할 틈을 주지 않았다.

마동에서 일어났던 역사적인 사건들이나 사진과 관련된 사건도 세월의 부침 속에 남아있는 건 하나도 없었다. 그럼에도 복개된 땅 밑으로는 옛날처럼 창덕궁에서 흐르는 냇물이 이곳을 통해 청계천으로 흘러 내리고 있을 것이며, 피륙을 바래던 반석은 아직도 땅 속에 묻혀 있을 것이다.

그리고 처음 북촌에 세워졌던 지운영의 촬영국도 이 마동에서 일어났던 여러 역사적인 사건처럼 눈에 보이지 않지만 어디엔가 숨겨져 있을 것이다.

3. 남향도 안 되고 높이 짓지도 못하고

피륙을 바래던 시냇가의 마을, 또 내시들이 모여 살던 마을인 마동에서 지운영은 촬영장을 어떻게, 어떤 형태의 것으로 설치해 사객들을 맞아 어떤 방식으로 인물사진을 촬영했을까?

기록이나 증언에 따르면, 지운영은 일본에서 사진술을 습득한 후 귀국해 촬영장을 개설했다고 한다. 그것이 가능했을까? 귀국하자마자 곧바로 막대한 돈을 투자해 촬영장을 갖춘 촬영국 건물을 신축해 영업을 개시했다는 증언은 좀 과장된 것이 아닐까? 오히려 지운영은 귀국하자마자 사진술을 시술하기 위해 실내 촬영장과 비슷한 형태의 천막 스튜디오를 설치해 노천에서 사객을 촬영했거나 아니면 부근의 일본인 집을 구입하거나 임대해 촬영장으로 개조해 활용했을 수도 있었을 것이다.

그러나 이러한 논의는 하나의 추론에 불과할 뿐 정작 어떻게 사객들을 맞아 사진술을 시술했는가에 대한 속 시원한 대답이라고 할 수 없을 것이다. 사객이란 사진관을 찾아 사진을 찍는, 사진 고객이란 의미에서 그렇게 지칭했다.

지운영의 아들인 지성채는 "마동에 일본식 2층 건물을 지어서 2층은 사진관으로, 1층은 사진기와 감광재료를 파는 사진재료상을 설치해 사진관 영업도 하고 사진재료도 판매했다."고 증언 한 바 있다. 그러나 사진술을 습득하고 사진기계와 촬영장 개설 관련 기재를 구입하는데도 적지 않은 투자를 해야만 가능했을 터인데, 유족하지 못한 처지에 거금을 들여 신축건물까지 지을 수 있었을까?

당시에는 눈을 씻고 보려고 해도 볼 수 없던 신식 건물을, 사진술 습득 후 귀국하자마자 곧바로 건축공사를 시작해 처음으로 신식 중에 신식이라고 할 수 있는 촬영장을 많은 돈을 들여 서둘러 했을 것 같지 않다.

신식 사진관의 조기早期 등장이 어려웠던 중요한 이유 중의 또 하나는 민간인들의 주택을 높게 지을 수 없다는 관행 때문이었다. 더구나 마동은 창덕궁의 입구라고 할 수 있는 궁궐의 초입으로, 이곳에 일본식 2층 건물을 건축한다는 것은 당시대의 관행으로는 전혀 용인될 수 없었다. 음양오행설은 우주나 인간 세상의 모든 현상을 음과 양의 이치로 설명하고 만물의 생성소멸을 목, 화, 토, 금, 수 등의 변천으로 이해한 학설이다. 선조들은 이러한 오행설을 생활의 모든 부분에까지 적용했는데, 주택도 마찬가지였다.

우리나라 사람들은 통일신라시대부터 음양오행설에 의해 주택은 음이라고 해서 낮게 지었으며, 반대로 높은 산은 양이라고 생각해 왔다.

따라서 음양오행설로 보면, 집을 높게 지으면 바로 산과 같이 양이 되는 민간인의 집은 나라를 망하게 한다는 속설로 해서 높은 집은 절대로 지을 수 없었다.

그뿐만 아니라 조선시대에는 집의 좌향坐向도 대궐과 같은 정남향은 절대로 허용되지 않았다. 그러한 시대에 대궐의 입구라고 할 수 있는 창덕궁 입구에 해당되는 종로 3가에 일본식 2층 건물을 짓는다는 것은 엄청난 재앙을 불러올 수 있는 위험한 일이었기에 그러한 모험을 자초하지 않았을 것이다.

4. 최초의 촬영장은 가설 스튜디오

사진관 건물이나 기타 신식건물은 1884년 갑신정변을 전후해 서양식 건물과 일본식 건물들이 등장하면서 독자적인 건축 양식을 가지고 등장했을 것으로 생각된다. 개인적인 여건 뿐만 아니라 조선왕조가 정한 규범으로 해서 최초의 사진관 건물의 등장은 이후에야 가능한 일이었을 것이지만. 그보다 더 흥미로운 사실은 공터에 설치한 가설 촬영장의 등장일 것이다.

실외 촬영장은 뜰이나 마당, 공터 같은 공지에 간단한 설비를 갖춘 임시 스튜디오로, 굳이 이름을 붙이자면 가설 스튜디오 또는 실외 촬영장이라고 할 수 있을까? 오늘날의 스튜디오 개념으로 보면 촬영장 바닥과 배경되는 위치를 중심으로 해서 천으로 천정을 덮고, 3면을 가려 햇빛을 약간 부드럽게 하면서 바람을 막아주는 정도의 천막 시설이었다.

인물사진 촬영은 실외촬영도 불가능한 것은 아니지만, 실외의 직사광선은 매우 강열해 사진 상에 보기 흉한 그림자가 나타나거나 일그러진 얼굴 표정이 되기 때문에 빛을 조절할 수 있는 간단한 시설이 요구되었을 것이고, 이러한 필요에서 등장한 것이 즉 실외 촬영장이다.

실외 촬영장이라야 흰 광목이나 이불보 같은 천으로 막을 치듯이 지붕 높이와 비슷하게 매 단 대에서 내려뜨리고, 병풍이나 회색 천을 배경으로 사용한 정도였다. 그리고 좌우에도 백면포를 내려뜨려서 사진관 전체에 빛이 자연스럽게 휘감아 돌 수 있도록 고안한 가설사진관을 만들었다.

기존의 건물을 등지거나 공지에 직사광선을 차단하여 빛을 부드럽게 하기 위하여 백포를 걸쳐놓기 위해 고안한 시설이 실외 촬영장으로 옆으로 몇 사람이 늘어설 정도 밖에 되지 않은 작은 공간이었다. 당시의 사진들을 보면 여기에 팔걸이의자이라든가 탁자, 화병, 시계, 책자 등 간단한 물건 등을 소품으로 활용했는데, 여기서도 그러한 형태가 애용되지 않았을까?

야외촬영장에 대한 구채적인 자료는 거의 남아있지 않아 명확하게 설명할 수 없다. 1880년대에 부산에 건너와 사진관을 개업했다고 알려진, 일본 나가사키 출신 가메다니 도요龜谷とよ라는 여자 사진사가 설치했다는 가설 사진관에 대한 기록이 남아있다.

이 기록에 의하면 햇빛이 잘 드는 곳에서 빨래를 널어 말리는 것처럼 그런 식으로 막을 치고 사진을 찍었던 것이 바로 가설 사진관이다. 햇빛이 잘 드는 공지에 빨래를 너는 줄 같은 것을 매거나 지붕 밑 처마에 줄을 매달아 장대를 걸치고 여기에 흰 면포를 둘러쳐서 촬영장을 만들었다고 한다. 사객은 지붕 밑에 앉거나 서서 사진을 찍었다.

또 실외에 가설한 촬영장에 나무로 사각 틀을 만들어 이것을 설치해 위에 천을 올려 거는 장치도 고안했다. 사진사에 따라 조립 방식이 다르지만, 천장을 보통 건물의 외벽이나 처마 밑의 벽에 붙여 설치하는데, 보통 옆으로 몇 사람이 늘어 설 것에 대비해 12척약 4m 정도의 길이로 하고, 배경과의 거리는 21척~24척약 7~8m 정도 되게 나무로 사각 틀을 만들어 이것을 기둥이나 걸쇠로, 벽에 따라서 7~9척약 2.3~3m 정도의 높이에 수평으로 설치했다. 이렇게 사각 틀을 고정한 후, 여기에 알맞게 적당한 크기의 홑이불이나 무명포로 천장을 가리고, 어느 한쪽 벽에 내려뜨려 땅에 닿도록 하는데, 좌우 어느 쪽으로 내려뜨릴 것인가는 투사하는 광선에 따라 정했다. 야외촬영장은 엷은 백색 천을 치는 것이 보통이었으나 나중에 유리를 수입하게 되면서 젖빛유리나 창유리로 덮었다.

정면은 배경 막 설치 공간으로 이용했는데, 배경 막에는 병풍을 설치하거나 흰 무명포 또는 쥐색 막을 쳤으며, 무늬가 없는 서양 천으로 된 벽면을 세워두기도 했다. 나중에는 서양미를 풍기는 배경을 선호해 무지보다도 그림을 그린 배경막도 이용했다.

촬영장의 바닥은 밑에 판자나 명석을 깔고 그 위에 화문석이나 주단을 깔았다. 진기한 서양 의자를 설치해 사객을 앉히고, 탁상에 서양 직물을 덮은 그 위에 탁상시계나 서양 꽃병을 놓아두고 사객은 손에 서양 책을 들고 포즈를 취하게 해 분위기를 한껏 고조시켰다.

그러나 이러한 가설 스튜디오, 즉 실외 촬영장이라는 원시적인 시설은 추운 겨울이나 눈, 비가 오는 날은 촬영할 수 없었으며, 흐린 날에도 촬영이 불가능했다. 실외촬영장은 비가 내리거나 많은 비가 오는 호우 때에는 촬영장 시설과 사진기계 등을 안전한 곳으로 옮기느라고 한바탕 대소동을 벌여야 했다.

지운영은 실외촬영장 외에 출사에 대비해 실외촬영장을 기준으로 축소해서 제작한 이동식 촬영장도 가지고 있었을 것이다. 일종의 조립식 이동촬영장으로, 공간은 한 두 사람이 촬영할 수 있는 너비에다가 천장은 지붕 형으로 만들고, 배경이 되는 전방을 개방했다. 운반할 때에는 천장과 3면, 배경 막 등을 해체해 이동했으며, 여기에 경첩을 붙였다가 설치할 때나 이동할 때에는 접거나 높낮이를 조절할 수 있도록 했다.

한 참 뒤의 일이지만 야외 촬영장은 거의 대부분 실내 촬영장, 즉 사진관으로 바뀌었으나 알맞은 채광을 하기 위해 북쪽 지붕을 적당한 크기로 절개해 여기에 유리를 덮고, 광선의 조절은 지붕 바로 밑에 커튼처럼 엷은 천을 달아 밀고 당기는 방법으로 했다. 배경은 솜씨 좋은 장인이 만든 것을 사용하기도 했으며, 병풍이나 쥐색 천을 치는 경우도 있었는데, 사객의 앉은 탁자위에 장식물을 놓아 화면의 분위기를 조성했다.

5. 촬영국의 사객들

이야기를 하기 전에 한 가지 설명하고 넘어가야 할 사항이 있다. 당시 사람들이나 지운영 자신은 이 가설촬영장을 어떻게 불렀을까 하는 명칭에 관한 문제다. 대부분 일본 영업사진계에서 그랬던 것처럼 사진관이라고 불렀을 것이고, 초기에는 촬영국이란 명칭을 사용한 적도 있었기 때문에 이 명칭을 사용하기도 했을 것이다. 중국에서는 어떻게 불렀을까? 촬영국으로 부르기보다 조상국으로 불렀는데, 우리는 이들 두 나라의 사진계에서 불렀던 명칭 중에 어느 것을 택해 불렀을까? 아니면 당시대의 사람들에게 친근한 명칭을 새로 작명해 불렀을까?

여러 자료를 조사해보면, 당시대 사람들은 촬영장에 내왕해 사진사에게 자신의 모습을 촬영하게 했던 곳을 '사진국寫眞局'이라고 하기도 하고 또는 '조상국照像局'이라고 했다. 그런가 하면 우리나라 최초의 신문인 『한성순보』에 '사진을 찍는 회사와 같은 새로운 기업체라는 뜻의 촬영국'이라고 게재한 것처럼 그렇게 불렀을지도 모른다.

그러다가 일본 사진사들이 현해탄을 건너와 서울을 비롯한 번화한 도시에서 사진 영업활동을 본격적으로 시작하면서, 상호 뒤에 '○○관', '○○당', '○○사진관'으로 부르더니, 1900년에 들어오면서 하나 둘씩 일본에서 통용하던 ○○○사진관 명칭으로 바뀌었다. 이로 보면 사진관이란 명칭은 일본 사진사들의 우리나라 진출과 함께 묻어 들어온 일본식 명칭이라고 해도 틀림없는 말일 것이다.

일본에서는 1862년 우에노 히코마上野彦馬가 나가사키에서 사진 영업을 개업하면서 촬영국이라고 했으며, 시모오카 렌조下岡蓮杖는 요코하마에서 사진관이란 명칭으로 개업했는데, 이후 많은 사진사들이 각지에서 영업사진관을 개설하면서 시모오카 렌조가 처음 사용했던 명칭대로 사진관이라고 했다.

어떻든 지운영의 촬영장은 당시에 무슨 이름을 붙여 불렀을 것이지만, 자세한 기록이 남아있지 않아 정확히 말할 수 없다. 그러나 촬영국이라고 거명했던『한성순보』1884년 3월 18일자의 기사에 근거해 지운영의 촬영장을 촬영국이라고 불러도 좋을 것 같다.

이 시대의 근대적인 업종, 즉 사진을 비롯해 궐련 담배, 콩깻묵, 술 빚는 양조장, 인쇄 등 제조 및 생산 업체의 명칭에 '국'이라는 글자를 덧붙였는데, 촬영국, 권연국捲烟局, 두병국豆餠局, 양춘국釀春局, 광인국廣印局 등이 그것이다.

다시 본론으로 돌아가서 지운영 촬영국의 사객들은 누구였을까? 당시의 사진들을 거의 찾아 볼 수 없고, 이에 관한 기록 자체도 찾아볼 수 없는 상태에서 누가 야외촬영장에 거동해 촬영했을까 하는 인적 정보를 찾기란 정말 어려운 일이다.

가능한 방법이라면 당시대에 지운영과 인적 관계를 맺고 있었던 인사들을 탐문해 그 인맥을 통해 사진들을 수집해 분석하는 방법으로 사객들을 찾아보는 것도 한 방법이겠지만 그것마저도 쉬운 일이 아니다.

지운영과 가까웠던 인맥으로는 육교시사의 동인들, 일본과 청나라에 파견되었던 사신들, 개화파와 당시에 정권의 핵심이었던 민씨 일파, 그리고 개인적 친분을 가졌던 다양한 유력 인사들, 그런 정도의 사객들을 들 수 있을 것이다. 어쩌면 이들이 사진에 대한 이해가 부족했던 당시대에 지운영의 촬영국을 찾아와 사진기계 앞에 섰던 사진 애호가들이고, 사진을 이해했던 인사들이고, 사진의 앞날을 꿰뚫어 보는 안목을 지닌 사객들이었을 것이다.

지운영의 사진과 육교시사와는 어쩌면 사진술 정보 제공 관계로 맺어졌을 것이다. 육교시사는 청계천 하류로부터 여섯 번째 다리인 광교 부근에 모여 사는 의관과 역관 등 기술직 중인들이 모여 맺은 시 동인 회를 말한다.

청계천이란 명칭은 일제시대에 서울의 지명을 개정할 때 붙여진 이름이고, 조선시대에는 개천開川이었다. 이 청계천에 놓았던 다리는 상류로부터

모전교종로구 서린동 148번지 남쪽과 무교동 3번지 북쪽에 놓인 다리,

광통교종로구 서린동 124번지에 있던 다리,

장통교종로구 관철동 11번지와 장교동 51번지엔 놓였던 다리,

수표교종로구 관수동 152번지와 수표동 43번지 사이에 있던 다리,

하량교하리콧다리라고도 함, 장사동 20번지와 입정동 5번지 사이의 다리,

효경교영풍교 또는 소경다리라고도 함, 예지동 135번지와 주교동 146번지에 있던 다리,

마전교종로 5가 343번지와 방산동 20번지 사이에 놓였던 다리,

영도교숭인동 234번지와 상왕십리 748번지 사이에 놓였던 다리

등이었다.

육교시사의 시동인들이 모여 살던 하류에서의 여섯 번째 다리로 알려진 광교는 광통교의 또 다른 별칭이며, 육교시사 회원들이 모여 활동했다는 동네는 오늘의 광교 부근이 아니었을까?일반인들 사이에는 중구 삼각동을 광교라고도 불러왔다. 보신각 남쪽에 놓였던 청계천의 다리로 그 중에도 가장 큰 다리라고 해서 대광통교, 또는 대광교라고도 했다. 처음에는 흙으로

놓은 다리였으나 세종 때 돌다리를 놓았다고 한다.

옛날 서울에서는 장사아치들이 물건을 사고 돌아가는 손님들에게 "안녕히 건너갑쇼"라는 인사를 일상으로 했는데, 이 말은 장사치들이 손님들에게 광교를 안녕히 건너가라는 인사에서 비롯되었다고도 한다. 한편 광교로 통하는 무교동과 다동 일대는 다방골이라고도 했는데, 육의전 장사아치들이 드나들던 술집과 기생집들이 즐비한 환락가여서 그렇게 불렀다.

이 육교시사의 동인들은 역관이나 의관들로, 조정에서 중국과 일본에 사절단을 파견할 때마다 그들을 수행해 그곳에 건너가 통역으로 현지인들과 대화를 해 다양한 문물을 접했던 계층이었다. 육교시사의 중심 처인 해당루 주인 변진환은 역과에 합격한 후 연행사를 수행해 몇 차례나 청나라에 다녀온 인물이었다. 육교시사의 맹주로 시인으로 명성이 높았던 강위는 일찍이 연행사를 수행해 청나라에 다녀왔으며, 1876년 일본과 외교 관계 수립을 위한 회담 때 필담을 책임 맡은 적도 있었다. 1880년 김홍집이 수신사로 일본에 파견했을 때 수행원으로 일본을 시찰했으며, 1883년에 발행된 우리나라 최초의 신문인『한성순보』의 기자로도 활약했다.

이 시사의 동인인 김경수도 역관으로 연행사를 수행해 청나라를 왕래하였는데, 왕래할 때마다 서양의 신문물에 대한 정보를 모아『공보초략』을 지은 개화파였다. 그 외에 박영선은 일본에서 처음으로 종두법을 들여 온 의원이자 역관이었으며, 1884년 지운영과 비슷한 시기에 교섭통상아문 주사를 지낸 정만조, 일본, 영국, 벨기에 특명전권공사를 지낸 김승규 등도 육교시사의 회원으로 지운영의 촬영국 사객들이었을 것으로 생각된다.

지운영은 김홍집과 김옥균과도 가까운 사이였다고 아들인 지성채의 증언도 있다. 김홍집과도 육교시사의 시회를 통해서도 알고 지내던 사이였지만, 지운영을 김홍집의 심복이라고 한 것은 무슨 연유에서 일까? 친밀한 관계, 그 이상을 말하는 것이 아닐까? 김홍집이 수신사로 일본에 건너갈 때 동생인 지석영이 수행원으로 동행했었는데, 혹시 지운영도 이때에 비공식 수행원으로 일본에 건너가 사진술을 습득할 수 있는 기회가 주어지지 않았을까? 앞으로 연구가 더 필요한 부분이다.

김옥균과의 관계도 일반적으로 알려진 것처럼 갑신정변에 실패한 김옥균을 정말 암살하려고 일본에 건너갔을까? 능력이 부족해 암살 기도는 미수에 그쳤다고 할 수 있지만, 자객으로 일본에 건너갔다가 미수에 그쳐 압송된 후 왕명으로 원악도에 귀양을 가게 되었는데, 이를 들어 김옥균 암살기도 인물로 기록되어 있고, 또 그렇게들 생각하고 있다. 그러나 아들인 지성채의 증언에 따르면, 임오군란 때 마동에 설립한 사진관 건물을 구식군대와 이에 동조한 무리들에 의해 파괴되자 김옥균이 위로차 이 파괴된 사진관을 방문했다. 경황 중에 집을 구하지 못해 다 쓰러져가는 초가집에서 사는 지운영을 본 김옥균은 옛 낙원여관 자리에 있던 50칸짜리 집을 구해 살도록 거금을 낼 정도로 각별한 사이였다고 했다. 당시의 실권자들이 나서서 부친을 김옥균 암살에 이용했지만, 부친은 전혀 살해할 의사가 없었기 때문에 김옥균과 가까운 인사들에게 암살 의도를 흘리고 속아 넘어간 것처럼 해 대비를 하도록 거짓 행세를 했다는 내용을 자세하게 증언해 주었다.

그 외에도 여러 방향으로의 인적 관계와 서화의 인맥, 정치적 인맥으

213

로 관련된 인사들이 그의 촬영국을 찾았을 것이며, 한때 글 선생으로 관계를 맺었던 영의정을 지낸 김병국 등 김씨 일가, 명성황후의 일가로 실권을 장악하고 있었던 민태호, 민영익, 특히 민영익은 일본사행 때 동행할 정도였던 관계로 보아 그의 촬영국 출입도 점 쳐 볼 수 있을 것 같다.

6. 창덕궁을 향한 사진의 거리

종로 3가의 단성사와 피카디리 극장 부근은 볼만한 영화가 상연될 무렵이면 장날처럼 북새통을 이룬다. 이 동네 또한 돈화문로와 묘동, 봉익동이 얽혀져 있는 특이한 곳이 그 옛날의 마동이다. 그리고 이궁이 긴 하지만 옛 모습을 그대로 간직하고 있는 창덕궁이 그리 멀지 않은, 대궐 입구라고도 할 수 있을 것이다.

종로 3가역에서 창덕궁을 바로보고 길에 나서면, 서울의 어느 거리보다 보행자 위주로 찻길은 좁고 인도는 넓게 만든 "걷고 싶은 거리"에 나서게 된다. 오른쪽으로 종로 3가 파출소와 소방서를 지나, 묘동 팔괘마당 사거리 동남쪽에 "마전터길"이란 표지판이 높이 걸려 있고, 바로 옆의 팔괘마당 네거리를 건너자마자 멀리서도 알아볼 수 있는 돈화문이 보인다.

종로 3가역은 창덕궁 돈화문을 향해 올라가는 길의 초입으로, 종로는 조선시대 전 기간에 걸쳐 한성의 교통 중심지였다. 종로 네거리를 중심으로 비단을 파는 선전, 무명을 파는 면포전, 명주를 파는 면주전,

지물을 파는 지전, 모시를 파는 저포전, 어물을 파는 내어물전과 외국의 옷감을 전문으로 파는 청포전 등 육주비전이라는 상가가 있었다. 정궁인 경복궁은 물론 이궁인 창덕궁에서도 도성 내외를 출

▲ 돈화문로(2005년)

행할 때는 이 거리를 거쳐야 했다.

오늘날처럼 사통팔달의 도로망과는 달리 소로가 많던 당시는 종로야 말로 번화가, 교통의 중심지, 상가가 밀집된 한성의 맥박이었다. 이 번화한 종로의 중심에서 약간 벗어나긴 했지만, 번화가의 물결이 넘쳐나던 종로 3가역, 옛 마동이었음직한 이곳에서 대궐을 향해 도로를 따라 걷노라면, 배산임수라고나 할까 북악산의 응봉과 보현봉의 전경을 배경으로 북한산 줄기의 명당자리라고 당시의 풍수가들이 극찬했던, 창덕궁의 정문인 돈화문이 눈에 들어온다. 날씨가 맑고 청명했다. 그 좋은 경치를 마음껏 감상하면서 큰 기대를 안고 창덕궁을 향했다.

이렇게 아름다운 거리에 붙여진 이름은 돈화문로. 창덕궁의 정문인 돈화문에서 퇴계로 매일경제신문사까지 1,850m에 이르는 간선도로의 명칭이다. 그리고 '서울 정도 6백년'이자 '한국방문의 해', '국악의 해'가

개최되었던 1994년에는 종로 3가역 부근에서 창덕궁 돈화문까지의 거리를 '국악의 거리'라고 명명했다. 당시의 신문에는 돈화문 일대에 전통악기상가가 밀집해 있고 국악전수소, 전통 한복집, 전통 예술인들이 밀집해 있기 때문에 국악의 거리로 정하게 되었다는 배경 설명도 빼놓지 않고 게재했다.

이왕 거리 이름을 지으려면, 경복궁의 정문이 있는 광화문 부근의 거리 이름을 광화문이란 이름을 따서 광화문로라고 하지 않고 세종로라고 한 것처럼, 창덕궁의 정문인 돈화문로도 대궐의 문이 대궐의 일부분이라면 차라리 창덕궁로라고 하던가 아니면 당시의 창덕궁을 창건한 조선시대 3대왕 태종의 이름을 따 태종로라고 했으면 더 좋지 않았을까. 그리고 이 거리의 역사적인 사건과는 아무 관련도 없는 것보다 이 거리에서 일어났던 일 중에서 가장 의미 깊은 역사적 사건을 선정해 거리 이름을 지어 이 거리를 지날 때만다 추억할 수 있고, 기념할 수 있었으면 얼마 좋았을까 라는 생각도 해보았다.

그런데 전통악기를 파는 상점들이 들어서 있다든가, 국악전습소나 전통예술인들이 밀집해 있다는 이유만으로 이 거리를 국악의 거리라고 한 것은 엉뚱한 일로 생각되었다. 국악기를 팔고, 전통한복을 만들어 파는 가게들이 들어서 있고 전통예술인들이 모여 산다고 해서 국악의 거리라고 한 것은 해도 너무 했다는 생각이 들었다. 가깝게는 2005년 세모와 2006년 3월에 이 거리를 눈여겨보면서 걷고 또 걸었던 필자의 눈에는 국악기를 파는 집은 서너 집뿐이었던가? 국악의 거리로 만들기 위한 변명으로 밖에 생각되지 않았다.

말이 났으니까 하나만 더 얘기해야겠다. 필자는 1970년대부터 이 날을 사진의 날이라고 생각해 가까운 사진인들과 후배 제자들에게 연락해 술잔을 기우리며 이 날을 기려왔다. 이러한 모임이 계속되면서 주위 사람들은 이 날을 사진의 날이라고 자연스럽게 부르게 되었다. 그것은 지운영이 고종 및 왕세자의 어사진을 촬영했던 날이기 때문이었다. 그러나 이러한 모임도 21세기에 들어오면서 시류 탓인지, 각박한 생활 때문인지, 아니면 역사에 대한 정열이 식어버린 탓인지, 한 두 사람 나중에는 모두가 이 날을 잊고 지내게 되어버렸다. 필자는 이 거리를 걸으면서 1884년 3월 13일은 우리 사진역사에서 중요한 날이고, 의미 깊은 날이라는 것을 다시 한 번 가슴 속에 담았다. 이 날에 대한 의의와 의미를 갖는 몇 사람만이라도 기념하고, 경축하는 날로 잊지 말고 살았으면 좋겠다는 생각을 마음에 담았다.

종로 3가역에서 돈화문까지 수십 번 오르내리면서 이 거리의 이름을 '사진의 거리photo street'라고 하는 것이 옳지 않을까 하는 생각을 해 봤다. 지운영은 창덕궁의 관문인 북촌의 마동에 사진술이라는 새로운 문물 전파의 역사적 기점으로 삼았으며, 문명개화의 산실을 여기에 두고 사진술의 시술이 늘어가면서 "사진술을 시술하는데 모두가 기술이 정교하다"고 입에서 입으로 도성 안에 전파된 곳이기도 했다.

"사진술을 시술하는데 모두가 기술이 정교하다", "실물과 똑같이 박아 낸다"는 소문은 국왕을 지척지간에서 모시던 내시들의 입을 통해서거나 아니면 다른 경로를 통해서 국왕에게까지 알려졌을 것이고, 국왕인 고종은 직접 이 소문을 확인하고 싶었을 것이다.

이렇게 해서 마동 촬영국 주인 지운영은 어명을 받들고 고종의 어사진을 촬영하기 위하여 창덕궁을 향하게 된다. 고종의 부름을 받은 지운영은 사진기와 삼각대를 마차에 실어 운반했거나 아니면 지게꾼에게 사진기 및 촬영장비 등을 지워 마동을 나서 창덕궁을 향하게 되었을 것이다. 당시의 사진기는 오늘의 카메라와는 비교할 수 없을 정도로 크고 무겁고 또한 삼각대까지 사용했기 때문에 다리 세 개도 챙겨야 했을 것이다. 그뿐만 아니라 촬영 때 설치해야 할 장비는 물론 습판이나 건판을 사용했던 시대였기에 출사에 나서려면 짐이 엄청나게 많았을 것이다. 촬영 도구들을 부대 같은데다가 다 담을 수도 없고, 또 부대에 담아 손으로 들고 다닐 수 없었기 때문에 운반 수단이 필요했을 것이다.

길거리에는 생전에 보지도 듣지도 못했던 사진기를 운반하는 세기의 구경거리를 놓칠세라 하나 둘 사람들이 모여들기 시작해 무리를 짓고, 줄로 이어진 구경 인파는 창덕궁 돈화문 앞길에 이르기까지 지운영 행차를 뒤따랐을 것이다. 국왕의 어사진을 촬영하기 위해 나선 출사出寫 나들이는 어쩌면 최초로 사진기계 등속을 선보인 대사건의 연출이었을 수도 있을 것이다.

마동에서 시작해 청덕궁 안으로 이어진 출사 나들이 왕복 행차는 사진역사에서 중요한 사건이었다. 조선인으로 어명을 받들고 자국의 국왕의 어사진을 촬영하기 위해 대궐 출사에 나선 것도 처음이었을 뿐만 아니라 연도를 따라 사진기 등을 선보인 것도 처음으로 일어난 사건이었다. 이러한 사건은 모두 종로 3가역에서 창덕궁에 이르는 거리에서 일어난 일이었다.

종로 3가역에서 창덕궁에 이르는 거리를 '사진의 거리'가 되어야 한다는 주장이나 이 날을 사진의 날로 정해서 지키자는 의견도 1884년 3월 13일에 일어났던 위의 최초의 사건을 염두에 두었기 때문이다.

국악기 상점, 전동 한복집, 또는 전통 예술인들의 거주는 역사적인 사건이라기보다 상업적이고, 극히 개인적인 문제임은 물론 언제든지 변동될 사안일 뿐만 아니라 상업적인 이윤에 따라 변동될 수밖에 없다.

그러나 이 거리가 사진의 거리가 되어야 한다는 주장은 사진사에서 최초로 국왕

▲ 어사진 촬영을 기록한 윤치호 일기 원본

을 촬영한 사건일 뿐만 아니라 어진의 시대에서 어사진의 세기로 이동되어가는 최초의 시발점을 만든 사건과 연유되어 있기 때문이다.

7. 고종 어사진 촬영 자료의 출처

지운영이 고종의 어사진을 촬영했다는 기록은 전혀 찾아볼 수 없다. 『승정원일기』나 『일성록』, 『비변사등록』 등과 같은 귀중한 관변 사료는 물론 일제시대 이왕직에서 만든 『고종실록』에도 고종의 어사진 촬영 사건은 전혀 기록되어 있지 않다. 그 뿐만 아니라 고종과 직접 관련된 여러 기록을 비롯한 당시대의 자료에서도 어사진 촬영에 관한 기록을 찾을 수 없었다.

그나마 다행스럽게도 윤치호만은 그의 일기에 고종이 어사진을 촬영했던 부분을 기록해 당시의 상황을 파악할 수 있는 귀중한 자료를 제공했다. 윤치호1865~1945년는 구한말의 정치가로, 1880년대 초부터 신사유람단이란 사찰단의 일원으로 일본을 시찰했으며, 일본에 수학한 해외 유학생이었다. 그는 10대의 소년시절에 고종과 명성황후에게 개화당과 미국 공사관과의 연락을 맡아 정치, 외교에 대한 자문을 할 정도로 정치권력과 깊은 관련을 맺어왔다.

윤치호는 당시대에 체험한 역사적 사실을 자세히 그리고 거짓 없는 자세로 당시대의 여러 사건들을, 그의 나이 18세인 1883년부터 일기에 적기 시작했다. 고종의 어사진 관련 기록도 이와 같은 역사적 배경을 근간으로 기록한 부분이라고 할 수 있을 것이다.

그는 일본 동인사에서 1년 반 동안의 영어공부를 마치고 1883년 5월 초대 주한 미국공사 푸트Lucius H. Foote를 동경에서 만나 그의 통역관이 되어 귀국했다. 그리고 그해 겨울 미국 공사관의 손님으로 조선에 온 퍼시벌 로웰을 대궐에 안내하는 임무를 맡아 로웰이 고종의 어사진을 촬

영하는 현장을 목격하게 되었고, 이 사실을 그의 일기에 이렇게 기록했
던 것이다.

> 1884년 3월 13일목요일, 맑음, 음 2월 16일 로웰, 사서기와 같이 예궐하여
> 어진을 촬영하다. 이날 지설봉池雪峰, 지운영도 어진을 촬영하다.원문: 晴, 愼,
> 十六日, Thursday) 與 魯月及司書記, 詣闕, 是日池雪峰(雲永) 亦撮影御眞.

그 이전 3월 10일에도 로웰이 고종의 어사진을 촬영했다는 사실도
그의 일기에 기록되어 있다.

> 3월 10일맑음 음 2월 13일, 월요일, 11시경에 사서기, 로웰과 같이 예궐하여
> 어진, 세자궁 어진을 촬영하고 오후 5시경에 물러나 공사관으로 돌아오
> 다.원문: 晴, 愼, 十三日, Monday) 十一時頃, 與司書記, 共 魯月 詣闕, 撮御眞, 世子宮御眞,午後五時
> 頃退歸館.

지운영이 예궐해 고종의 어사진을 촬영했다는 기록은 아주 귀중한
자료임에도 틀림없으나 저간의 사건 설명을 자세히 했더라면 얼마나
좋을까 하는 아쉬움도 따른다. 다행스럽게도 같은 날 지운영과 같이 고
종의 어사진을 촬영했던 미국 천문학자 퍼시벌 로웰이 1886년 보스턴

에서 발행된『조선, 고요한 아침의 나라』와 당시에 촬영한 사진들이 보존되어 있어 고종의 어사진과 관련된 상세한 정보를 얻어 볼 수 있게 된 것이다.

1882년 조미통상조약 체결 후 미국의 푸트가 주한 미국공사로 이듬해인 1883년에 내한하자 조선에서도 이에 대한 답례와 양국간의 우호친선을 위해 보빙사라는 사절단을 파견했다. 민영익을 전권대신으로, 홍영식 부대신, 종사관 서광범, 수행원 유길준, 고영철, 변수, 현흥택, 최경석 등과 통역으로는 청국인 오례당吳禮堂, 일본의 궁강항차랑宮岡恒次郎, 미국의 로웰도 외국인 비서관으로 동행했다.

당시 로웰은 일본에 체재하고 있었는데, 주일 미국공사관의 의뢰로 보빙사를 일본에서 미국에 안내했으며, 귀국 때도 미국에서 일본까지 수행했다. 고종은 그의 노고를 위로하고자 조선으로 그를 초청했으며, 12월 하순경 조선에 오게 된 것이다. 그해 겨울을 조선에서 지내며, 그가 체험했던 일들을 기행문 형식으로 쓴 글과 자신이 촬영한 사진들을 함께 수록한『Choson: The Land of the Morning Calm』이라는 책을 발행했다. 이 책에는 '근정전 전경', '외무아문 관리들', '병조兵曹의 관리', '경회루의 중국사신들', '창덕궁 옆길', '세검정 부근의 정자', '덕수궁 후정', '남산에서 본 풍경', '내당 마님의 행차', '민가의 물지게꾼', '시장의 인파', '홍살문', '시장의 인파', '한강변의 마포' 등과 함께 어사진도 포함해 28점의 사진을 수록했다.

8. 1884년 3월 13일의 창덕궁

2006년 3월 13일정확히 14일, 오전 11시에 창덕궁 관람을 했는데, 고종의 어사진 촬영 장소인 영경당의 관람이 화, 수, 목요일에만 가능하기 때문이었다. 지운영이 어명을 받고 국왕인 고종의 어사진을 촬영하기 위해 예궐했던 그날, 필자는 지운영이 예궐하기 위해 마동에서 걸었음직한 돈화문로를 따라 당시에 일어났을 여러 일들을 상상하면서 창덕궁에 이르렀다.

창덕궁은 유네스코 문화유산으로 지정된 이후 단체 관람을 제도화 해 한국인, 일본인, 중국인 등으로 나누어 15분과 45분에 입장시켜 관람하게 했다. 필자는 11시 2명밖에 되지 않은 한국인 관람객들과 함께 창덕궁에 입장했다. 돈화문 바로 옆 창덕궁 안내판이 서 있는 큰 고목나무 아래에서 안내원으로부터 이 궁궐에 대한 자세한 설명을 들은 후 봄 가뭄으로 메말라 물이 흐리지 않는 금천교에 대한 설명을 들으면서 진선문을 통과해 인정전에 도달했다. 효종, 현종, 숙종, 영조, 고종 등 다섯 임금이 즉위식을 가졌던 인정문을 통과해 조정이라고 했던 인정전의 넓은 뜰을 지나 옥좌가 있는 인정전 내부도 구경했다.

이어 국왕의 집무실이었던 청기와 전각인 선정전을 거쳐 희정당과 대조전을 구경하고, 밖으로 나와 조선시대의 교통수단인 가마와 초헌, 주정소, 자동차 등을 진열한 어차고를 끝으로 제1공간인 궁궐의 구경을 끝냈다.낙선재는 금, 토, 일요일에만 개방했다.

마동의 촬영국에서 돈화문로를 따라 돈화문에 이른 지운영도 창덕궁에 당도해 기다리고 있던 관리의 안내로 아마 금천교를 지나 진선문, 숙정문을 통과해 빈청에 들어가 하명이 있을 때까지 기다렸을 것이다.

안내 관리가 궐내에 도착을 알리고도 한참 후에 예궐하라는 어명을 받들어 관리의 뒤를 따라 왕의 집무실인 선정전에 들어간 지운영은 옥좌에 앉은 국왕께 세 번의 큰 절을 올리고, 얼굴이 거의 땅에 닿을 정도로 납짝 엎드려 부복해 하명을 기다렸을 것이다. 고종은 아마 고개를 들고 옥좌 앞으로 좀 더 가까이 다가오라고 하면서 사진기가 어떻게 생겼는지 보고 싶다고 했을 것이다.

그러자 기다리고 있었다는 듯이 사진기를 꺼내 사용하는 방법이라든가, 사진술에 대한 설명으로 이어지지 않았을까? 하는 상상을 해보았다.

1883년 12월 27일음 11월 17일 고종을 알현했던 퍼시벌 로웰은 입궁에서부터 빈청에 대기, 그리고 알현하기까지의 사정을 그의 책에 기록해 놓아 여기에 옮겨 적었다.

빈청은 현재 어차고로, 왕의 집무실인 선정전 바로 앞에 있는 조그만 건물이며, 로웰이 고종을 알현했던 궁전은 아마 선정전인 듯하다. 선정전은 인정전 동쪽에 있는 청기와로 이은 9칸 집으로 임금께서 평복 차림으로 정무를 살피던 편전이다.

궁성의 외문 중의 하나에 이르기까지는 4분의 1 마일이 채 못 되었다. 바로 그 지점에서 가마는 땅에 내려지고 나는 밖으로 기어 나와야 했다. 가마에서 나오면서 나는 문의 양쪽에 서 있는 보초를 보았다. 내가 그 문을 향해 나아가자 안에서 관리 한 사람이 마중하러 나와 있었다. 그는 우리를 호위하면서 넓은 바깥뜰을 가로질러 앞으로 나아갔다. … 우리는 영접실에서 차를 들면서 사자가 왕이 있는 곳으로 나를 호출하기 위해 도착할 때까지 한참을 기다렸다. 우리는 마침내 그곳을 나와서 다른 사람과 작별 인사를 하고 계단의 층계를 내려가 줄을 지어 뜰로 나아갔다. 우리 일행은 홍영식이 맨 앞에 서고 그 다음에 미국 영사, 그리고 마지막으로 내가 따랐다. 앞으로 나아감에 따라 두 세개의 문을 통과한 후 또 다른 넓게 트인 공간으로 엄숙하게 행렬을 이루어 걸었다. … 이윽고 우리가 궁전 뜰을 지나는 시련을 무사히 통과했을 때 반대편 끝에 있는 층계에 이르게 되었다. 그 층계는 앞이 트인 누각으로 이어져 있었는데, 그곳에서 왕은 줄곧 우리를 주시하고 있었다. 층계 중앙을 따라 카펫이 깔려 있었다. …

우리가 그 계단의 꼭대기에 이르자마자 홍영식은 얼굴이 거의 땅에 닿을 정도로 엎드렸는데, 이것은 조선인들이 왕 앞에서 일상적으로 행하는 부복이다. 이렇게 하는 동안 우리는 연속되는 세 번의 절 중에서 첫 번째 절을 시작했으며, 그 다음 교대로 절하고 또 나아가는 것을 되풀이하여 마지막 절이 끝났을 때는 왕 앞의 탁자에 좀 더 가까이 나가 있게 되었다. 왕은 우리를 접견하기 위해 일어섰다. … 알현하는 동안은 대화가 그리 많지 않았다.

▲ 연경당 내의 관람객(2008년)

로웰이 반대편 끝에 층계가 있고, 층계는 누각으로 이어져 있다고 한 내부 공간은 한가운데 뒤편 대들보 사이에 간략하게 꾸며놓은 보개 아래에 탁상과 의자 뒤쪽에 사람 키만 한 십장생 병풍이 쳐 있으며, 보개와 맞닿은 벽의 앞면은 화초문을 그렸으며, 천장에는 날개를 펴고 하늘을 나는 봉황 한 쌍을 그려놓은 옥좌일 것이다.

9. 창덕궁 어원의 연경당

이와는 달리 지운영은 이러한 절차나 알현, 아니면 미리 입시하라는 어명이 있었는지 알 수 없으나 사진기와 촬영 도구들을 이끌고, 마동의 촬영국에서 나와 창덕궁에 이르러 입궁 절차를 밟고, 금천교를 건너 진선문과 숙정문을 통과해 곧바로 후원에 이르러, 부용지와 우합루를 지나, 불로문을 거쳐 농수정이 있는 아흔아홉 칸의 민가인 연경당에 이르러서야 알현했을 수도 있었을 것이다.

지운영이 촬영한 사진은 명확하게 어떤 사진이라고 내놓을 수 있는 것을 지금까지 잊고 지냈다. 다만 로웰의 책『고요한 아침의 나라 조선』에 수록된 고종의 어사진이 중요한 자료로 활용되었는데, 이 사진 역시 촬영 장소나 촬영 과정 등을 확인할 수 있는 기록은 접하지 못했다.

그러나 사진과 관련된 기록은 없지만 여러 특징적인 표지들, 향로를 둔 건물이라는 점, '오색천서사현란'五色天書詞絢爛이라는 주련을 부착한 건물, 전각의 건축적인 특징 등은 중요한 단서를 제공해 주었다. 이러한 자료가 나타나 있는 사진 한 장만을 들고, 경복궁과 창덕궁을 오가며 비슷한 장소를 맞추어 보았으나 생각과 같이 그렇게 쉽게 찾을 수 없었다.

가장 큰 도움이 되었던 표지는 정자의 기둥에 부착한 주련의 내용이었다. 당시 중앙청 안에 있던 문화재연구소를 찾아 궁궐에 부착한 주련을 조사해 놓은 자료를 열람했더니, 창덕궁 후원 깊숙한 숲 속에 숨어 있는 농수정이란 정자의 기둥에 부착한 주련임을 확인할 수 있었고, 고종의 어사진 촬영 현장을 마침내 찾아낼 수 있었다.

어원은 임금이 살던 궁궐의 정원을 말한다. 연경당은 바로 어원의 중심에 있는 99칸의 민가를 본 따 조성된 건물이며, 농수정은 이 연경당의 유일한 정자이다.

필자는 농수정을 답사하기 위해 창덕궁의 동문인 청양문을 거쳐 긴 돌담을 끼고 북쪽으로 고개를 넘어 비원이라고 했던 후원에 이른 것은 역시 2006년 3월 14일 오후였다.

부용지를 중심으로 부용정, 건너편 북쪽의 어수문, 주합루, 북동쪽의 영화당, 300여년이 넘는 느티나무, 주목, 은행나무, 회화나무 등 거목과 100여 종의 수목이 조화를 이룬 궁궐의 정원에 이르러 5~10분 정도

휴식, 다시 영화당 앞뜰을 지나 금마문 바로 옆의 불로문, 돌 하나로
문을 만들어 이곳을 통과하면 늙지 않는다는 돌문을 통과하자 또 다른
연못과 정자가 어울려진 별천지에 다다르게 되었다.

동쪽만 트여 있을 뿐 삼면이 야트막한 산에 둘러싸여 계곡 형태를 이
루고, 애련지 애련정, 연지 등의 연못과 정자, 그리고 나지막한 산의
숲이 조화를 이룬 이곳에 느티나무 사이로 사랑채, 안채, 안 행랑채,
바깥 행랑채, 서재, 후원, 정자, 그리고 연못을 갖춘 민간인들 마을에
서나 볼 수 있는 사대부 집 형태로 지은 99칸의 연경당이 자리 잡고
있었다.

연경당은 사랑채의 당호이기도 하며 이 99칸 건물 전체의 이름이다.
집의 크기를 흔히들 99칸이라고 하지만, 현재 건물의 실제 크기는 109
칸이 된다고 하며, 궁궐지에는 123칸이었다고도 한다. 1828년순조 28 세
자가 사대부의 생활을 알기 위해 왕께 요청해 건축했다는 이 건물은 궁
궐 안의 건축물들이 단청과 장식으로 화려한 모습인 것과는 달리 전혀
단청을 하지 않은 민도리집 형태로 보존되어 있다.

집 앞의 돌다리를 건너면 행랑채가 둘러져 있고, 대문에는 장락문이
란 글씨가 붙어있다. 이 대문을 통과하면 다시 행랑채가 둘러서 있고
중문인 장암문이 나온다. 행랑채에는 동쪽으로 마구간을 두고 가마 등
을 보관하는 공간도 만들어 놓았다.

사랑채의 마당으로 통하는 장양문에 들어서면 사랑채와 안채를 막은
담이 보이고, 사랑채인 연경당 마당이 나온다. 안채와 사랑채는 붙여지
어서 사랑채 안에서 안채로 드나들 수 있는 구조로 되어 있다.

사랑채 바로 옆에 있는 선향재는 서재로 공부하고, 독서도 하고 책도

보관하는 도서실 역할도 겸한 14칸짜리 건물이 들어서 있다. 집의 방향이 서향이기 때문에 처마 밖으로 기둥을 세우고 차양용의 맞배지붕을 해 서쪽에서 비치는 햇빛을 차단했다.

선향재 뒤란으로 들어가면 층층이 깎은 돌로 만든 계단이 나오고 이 계단 위에는 까마득히 우뚝 솟은 정자가 자리잡고 있다. 전혀 예상치 못했던 연경당의 산정에 지은 농수정이 사람들의 시선을 기다리고 있었다.

꽃장식의 높은 층단을 올라가면 옆으로는 나무와 관목, 꽃들을 자연스럽게 마치 자생의 수풀처럼 드문드문 심어 노단식 정원을 꾸몄으며 정자에 오르면 정남쪽 앞으로 환하게 트인 동산이 있고, 어수문과 주합루의 야트막한 뒷산이 조화를 이루어 하나의 경치로 눈에 들어온다.

농수정은 정면과 측면이 모두 1칸, 기둥과 기둥 사이의 4면은 벽이 없이 만卍자 무늬로 된 사분합문을 달았다. 사분합문은 모두 10개, 이 문들을 모두 열어 접어 올려서 들쇠에 걸면 사방의 경치를 한 눈에 감상할 수 있는 특이한 구조의 정자다.

정면 처마에는 '수목이 울창하게 우거져 비단을 펼쳐놓은 듯하다'는 뜻의 "농수정"이란 편액을 달았으며, 네모기둥에는 주련을 걸었다. 정면 양쪽 기둥에는 "오색의 어필은 문장도 찬란하고, 구중궁궐 봄 전각엔 말씨도 조용하다.", 그리고 양 측면 기둥에는 "막 불어난 봄물에 꽃이 비쳐오고, 사랑스런 내 집엔 술이 상에 가득하다.", "이러한 좋은 모임 얻기 어려움 알겠거니, 언제나 머무는 시인 인연 있는 듯하다."는 내용으로 된 주련을 걸어두었다.

▲ 재현 촬영 후의 기념촬영 농수정(2008년)

10. 농수정은 야외 스튜디오

"1884년 3월 13일목요일, 맑음, 음 2월 16일 로웰, 사서기와 같이 예궐하여 어진을 촬영하다. 이날 지설봉池雪峰, 지운영도 어진을 촬영하다."

지운영은 입궁해 연경당과 선향재 사이로 해서 돌계단을 걸어 올라가 촬영 장소로 예정된 농수정에 오른다. 그 이전에 궁궐의 영선을 맡은 관리들을 시켜 국왕의 어사진을 촬영할 만한 우아한 촬영장을 꾸미게 했을 것이다.

정자의 사분합문을 모두 열어 접어 들쇠에 매달고, 이 문들을 통해 펼쳐지는 담장 뒤편의 소나무 숲이 자연스럽게 펼쳐지도록 고려했으며, 정자 안으로 올라가는 장대석을 국왕이 서거나 앉아 있을만한 곳으로 추정해 바닥에서부터 정자의 문지방 부근까지 꽃무늬를 수놓은 융단 같은 것을 깔고 양쪽 기둥 위치에 칠보 향로를 비치했을 것이다.

촬영장 설치가 끝나고 사진기 설치까지 마치고 대기하고 있던 지운영 앞에 고종은 왕세자와 함께 이곳에 당도해 어진을 도사하는 것이 아니라 사진기를 이용해 최초로 어사진을 촬영하게 되었다.

왼쪽 기둥의 "오색의 어필은 문장도 찬란하네.", 오른쪽 기둥의 "구중궁궐 봄 전각엔 말씨도 조용하다."라는 양쪽 기둥의 주련까지 나오게 건물 정면의 장대석에 서서 전신 형태로 화면을 결성했다. 그 다음 어사진은 옥좌에 앉아 있는 것 같은 앉은 모습을 취해 촬영했다. 왕세자도 같은 자리에서 비슷한 모습으로 촬영했다.

이 날짜 왕실의 기록인 『승정원일기』고종 21년 음 2월 16일에는 "날씨가 맑다"고 기록된 것으로 보아, 야외에서의 어사진 촬영은 온화한 봄 날씨 속에 이루어졌던 것 같다. 그러나 봄 햇빛이 강해 야외 초상사진 촬영에 알맞은 날씨라고 할 수 없었을 것이다. 로웰의 책에 수록된 고종의 어사진을 자세히 보거나 또 현장의 채광상태를 살펴보면 오후의 남서쪽에서 비치는 광선을 받으면서 촬영했던 것으로 생각되는데, 그럼에도 조명 상태가 균일하고, 밝고 어두움의 상태가 두드러지지 않게 영상을 표출할 수 있었던 것은 감광도가 아주 낮기 때문에 음영의 격차가 크지 않았을 것이고, 야외 스튜디오를 설치했기 때문이었을 것으로 생각된다.

▲ 농수정의 현판(2008년)

지운영은 어사진 촬영에 대비해 간단한 야외 촬영장을 설치했을 것으로 추정된다. 농수정 건물을 중심으로 앞면만 남겨 놓고 3면에 7~9척 약 2.3~3m 높이로 목책을 설치하고, 위에서 아래로 홑이불이나 무명포를 둘러쳐 광선을 조절했을 것으로 생각된다. 아니면 남서쪽에만 무명포를 내려뜨려 강한 광선을 조절했을지도 모른다. 배경은 농수정의 사분합문으로 통해 펼쳐진 배경이 북쪽이었기 때문에 병풍이나 회색 천을 설치할 필요가 없었을 것이다.

지운영의 어사진은 로웰의 시각과는 달리 어진도사 때처럼 계단에 놓인 의자에 앉아 있는 전신좌상 모습을 한 채 촬영했다. 왕세자도 국왕과 같은 모습이었지만, 용안을 약간 옆으로 틀도록 해 부왕과 차별화를 시도했다.

사진기 앞에 고종은 어떤 모습으로 서 있었을까? 국왕은 어떻게 촬영했을지 대단히 궁금한 대목이다. 사진에 나타난 모습만으로도 짐작할 수 있으나 사진 속에 나타나지 않는 부분도 있기 때문에 자세한 기록이 있었으면 얼마나 좋을까 하고 생각했다. 그러나 사진에는 수십 번도 더 촬영해 보았던 모습이 찍혀있으며, 자세라든가 시선, 주위 분위기와 자연스럽게 어우러져 자연속의 국왕으로 촬영되어 있다.

로웰은 그의 책에 알현했을 때의 고종의 모습은 보통 키보다 조금 작고, 표정은 퍽 호감이 가는 인상이었으며, 익선관과 곤룡포를 입은 평상복 차림이었다고 적었지만, 사진기 앞에 처음 선 것 같지 않은 익숙하게 친근한 모습으로 찍혀진 것도 그의 인품에서 온 것일까?

고종이 자의나 타의던 간에 창덕궁의 후원 깊숙한, 그것도 정전이 아닌 민간 사대부 집 형태로 지은 아흔 아홉 칸에 딸린 농수정에 올라 어사진을 촬영한 것은 그 이면의 사실을 알 수 없으나 대단히 흥미롭다.

봄에서 가을까지 나무와 숲, 꽃이 어우러지는 후원의 별천지로 역대 왕들 중에는 이렇게 아름다움과 고요함, 속세와는 절연된 이곳을 찾아 휴식을 취하기도 했다고 전해지며, 1895년 6월, 명성황후가 승하하기 2개월 전에 내외 귀빈들을 연경당에 초청해 앞뜰에서 원유회를 베풀었다고도 한다.

왕실에서 이곳을 이용한 사연은 한 두가지가 아니다. 정치적 장소였다는 주장도 있고, 비밀을 요하는 만남의 장소로도 이용했다는 기록도 있다. 또 사교적인 의미에서 외국인들에게 개방한 적도 있다고 한다. 이러한 설은 그렇게 근거 없는 것만은 아니었던 것 같다. 윤치호의 일기에는 외국 공사나 정객들을 불러 은밀한 부탁이나 시류의 동향을 들을 때 이곳 후원에서 주위를 물리치고 정치적인 대화를 나누었다고 한 기록도 있으며, 외국 공사들의 부인이나 외국 손님들의 예궐 때에도 가끔 후원의 경치를 구경하도록 했다고 한다.

■■■■고종 어사진을 통해 세계를 꿈꾸다

-19세기 어사진의 정치학-

8 고종 황제의 어사진

1. 어사진에 대해

고종 황제는 우리나라 역대 국왕과는 달리, 사진의 수용과 신문 제작의 실현으로 사진 문화와 신문 매체 등을 통해 자신을 현신할 수 있는 시대에 재위에 올라 있던 국왕이었다. 어사진은 사진이 갖는 독특한 시각적 이미지 통로를 통해 가장 많이 민중에게 알려진 국왕으로 자리매김할 수 있게 했다. 매일매일 사초에나 기록될 법한 일들 뿐만 아니라 일상의 동정들까지 매체에 등재되어 일반인들은 안방에서도 황제의 용안을 직접 보는 것과 같은 지근거리에 위치하게 만들었다.

고종 황제는 또한 회화에 의한 인물화 제작의 전통을 이어받은 국왕이었다. 전해지는 작품이 희귀해 당시에 제작된 많은 작품은 찾아보기 어렵게 되었지만, 집단적인 회화 작업이라는 독특한 조선시대의 전통적인 방법에 의해 인물화, 즉 어진을 제작하고 절차에 의해 이를 진전에 봉안하는 전통적인 어진도사를 경험했던 국왕이었다.

어사진의 제작은 전통적인 어진도사도감이라는 복잡한 절차를 거치지 않는 대신 사진사를 선택하고, 어디서 어떻게 찍을 것인가 하는 사진 촬영에 대한 문제를 황실과 사전 논의를 거치고 그 절차에 따라 촬영하는 또 다른 어사진 제작이 마련되었다. 그리고 이렇게 촬영된 어사진은 열성조와 함께 봉안하는 진전 봉안용이 아니라 지근거리에서 볼 수 있는 생활 속의 시각 이미지였으며, 일반 민중들에게 추모의 정례, 조종, 국가를 상징하는 국왕의 재현 모습으로 보급되기도 했던 것이다.

어사진의 출현 시기는 개화와 개방화의 격동기였으며, 구미 열강과 일본의 식민지 지배의 야욕이라는 위협적인 세력의 영향이 상존하던 시대 상황이었다. 고종은 이러한 위협으로부터 자주 국가 위상을 표방하는 대한제국을 선포하고 연호를 광무, 왕을 황제라 칭하는 새로운 출발을 하게 되었다. 그리고 이러한 선포에 민중들은 정당, 사회, 교육 등 각종 단체를 결성하고 언론사를 창립해 민족을 향해 각성을 촉구하는 활발한 신문화 운동을 전개하기에 이른다.

이러한 시대상황 속에서 고종·고종 황제의 어사진은 어진과 함께 민중을 향해, 위기에 처한 국가의 자주 독립을 위한 각성을 촉구하는 대운동의 정신적 상징물로, 민족의 구심점으로, 국가를 대표하는 시각적 이미지로 추앙되고, 이를 진전에 봉안하는 것이 아니라 각 단체나 개인들이 봉안해 정신적 지주로 삼으려는 운동으로 파급되었다.

▲ 덕수궁 옥좌의 고종 황제(작가, 연대 미상)

이 글에서는 고종시대에 어진제작의 전통과 서양 문물의 전래에 따른 사진의 수용 과정에서 어사진과 어진, 이 두 문화적 분야가 어떻게 존립하고, 양자가 독자적인 특징을 살리면서 어떤 관계에 놓이게 되었는지 등에 대해서 살펴보고자 한다. 그리고 사진이 수용되어 고종이 최초로 어사진을 촬영하게 된 이면, 현존하는 어사진에 나타난 시대상, 어사진 촬영과 어진도사와의 관계, 그리고 대한제국 선포에서 고종 황제의 퇴위에 이르는 과정에서 전개된 어진과 어사진의 봉안운동, 그리고 이들 사진을 촬영했을 법한 당시대의 사진사 등에 대해서도 살펴보았다.

2. 명칭에 대해

이러한 문제의 논의를 위해 먼저 고종 황제의 인물사진을 어사진이라고 지칭하고 대중화하게 된 동인과 고종 황제의 사진 촬영의 현장이 되었던, 국왕이 언제 어디에서 살았던가 하는 왕궁 이어移御에 대해 먼저 살펴보는 것이 순서일 것 같다.

조선왕조 초기에는 국왕의 인물화를 도사하기 위해 의궤儀軌라는 규범이 마련되었으나 모사된 국왕의 인물화에 대한 명칭은 이 의궤에 정립하지 않았다. 다시 말하면 국왕의 어진도사는 일정한 제도에 의해 이루어졌지만, 완성된 어진을 지칭해야 할 명칭에 대해서는 전거에 의해 일정한 명칭이 만들어진 것이 아니다. 인물화 명칭과 비슷한 기존의 화어 중에서 각 왕대마다 적당한 명칭을 선택해 지칭했다.

조선 개국시조인 태조대에서 태종, 세종대로 이어오면서 국왕의 인물이나 왕비의 인물화를 제작하거나 진전에 모시는 일들에 대해 『조선왕조실록』
에서 여러 기록들을 찾아 볼 수 있는데, 일정한 용어를 제정해 사용한 것이 아
니라 그때 그때마다 다양한 용어들을 사용했던 것으로 나타나 있다.

태조 때에는 부친인 환왕桓王의 인물을 진眞,[1] 태조의 부인인 신덕왕
후神德王后의 인물은 영자影子,[2] 태조의 인물은 영影으로 기록되어 있다.[3]
제3대 태종 때에는 다양한 명칭들이 기록되어 있는데, 태종 2년에 있
었던 어진 제작을 계기로 태종이 자신의 인물을 그리라고 명할 때에는
어용御容이란 명칭을 사용하고 있으며,[4] 태조의 인물화를 지칭할 때에
는 진眞이라 하고, 인물화를 봉안하거나 봉영해 올 때에도 진眞, 성용聖
容, 어용御容, 진용眞容, 그 외에 사진寫眞 등으
로 기록되어 있다.[5] 또 태조의 부인인 신의
왕후의 인물화를 진전에 모실 때에는 진용
眞容이라 하고,[6] 공신들의 인물화는 영자影
子, 영影라고 기록되어 있다.[7]

세종 때에도 국왕의 인물화에 관련해 다
양한 명칭을 사용한 용례들이 기록되어 있
다. 태조의 인물화를 쉬용晬容, 세종 자신의
인물화는 진眞[8]으로 지칭했다. 그 외에 영
자影子 성용聖容, 어용御容,[9] 성진聖眞 등의 명
칭들을 사용한 용례들이 기록되어 있으며,
국왕의 인물화를 모시는 진전은 어용전御容
殿[10]이라고 기록했다.

▲ 양복차림의 고종(작가, 연대 미상)

▲ 고종의 가족사진(작가 미상)

국왕의 인물화에 대한 명칭은 태조, 태종, 세종에 이어 각 왕대로 이어지는 조선 왕조의 오랜 기간, 진, 영, 영자, 진용, 어용, 성용, 성진, 수용, 또는 쉬용晬容, 睟容, 영정影幀[11] 등으로 그때 그때마다 다르게 사용했다. 숙종 39년에 와서 군신 간에 국왕의 인물화 명칭에 대한 논의 과정을 거쳐 어진御眞이라는 새로운 명칭이 등장하게 되었다.[12]

이와는 달리 국왕의 인물사진에 대해서는 다양한 명칭을 사용한 경우나 명칭에 대한 논의 과정 등 위와 같은 과정이 없었다. 국왕과 사진과의 관련된 여러 기록들을 찾아볼 수 없게 된 것은 사진술 수용의 짧은 역사 때문이기도 했지만, 어진이라는 기존의 명칭을 그대로 사용하거나 사진을 어진과 같은 개념으로 생각했던 이유도 있었다.

 사진술 수용은 동아시아 주변국과 달리 1880년대에 와서야 실현되었으며, 사진 문화의 발상지인 유럽에서가 아니라 우리보다 먼저 사진술을 수용한 주변국을 통해 수용하는 특이한 수용 과정을 거치게 되었다. 사진이 전파되어 가던 1840년대, 유럽 여러 나라들은 사진과 촬영도구를 무역상품으로 전 세계에 판매했으나 우리는 문호를 굳게 닫고 있던 시기였다. 사진술은 오래 전에 발명되어 대중화되고 상품으로도 판매하고 있었지만 우리의 특수한 역사적 상황으로 고종 때에야 이를 수용할 수 있게 된 것이다. 고종은 이런 역사적 여건으로 사진시대의 국왕이 되었던 것이다.

▲ 고종과 엄비를 조합해 인쇄한 사진 엽서

그리고 이러한 일천한 사진 수용의 시기임에도 고종은 사진과 친밀한 관계를 맺어왔다. 어떤 도식적이고 제정된 규범 속에서 사진을 촬영하게 된 것이 아니라 특별한 제도적인 제한을 두지 않았던 것 같으며, 전해지는 사진들 속에서 이러한 현상을 엿볼 수 있다.

특히 고종 황제의 사진은 어진도사 때처럼 요란한 도사도감을 구성하는데 따른 논의나 그리고 주관 화사나 동참화사와 같은 화가 선정의 경우처럼 언제 어떻게 촬영하고, 실력 있는 사진사가 누구이며, 어느 사진사를 기용해 어사진을 촬영할 것인가에 대한 논의가 이루어졌다고 생각되는 별다른 자료를 찾지 못했다.

국왕인 고종의 인물사진에 대한 명칭을 최초로 사용한 것은 좌옹佐翁 윤치호였다. 그는 자신이 쓴 일기에 로웰이라는 미국인을 대궐에 안내하여 고종의 사진을 찍게 된 부분에서 어진御眞이란 명칭을 사용하고 있는데, 국왕의 사진에도 인물화처럼 어진이란 명칭을 사용했던 것으로 추론된다.[13]

어사진이라고 한 또 다른 경우는 『그리스도신문』이 특별 부록으로 고종 황제의 인물사진을 인쇄해 독자들에게 제공하면서 불렀던 명칭이기도 했다.

> 그리스도 신문 값 일 년 치를 먼저 낸 이에게 만 어사진 일본씩 나누어주고 팔지는 아니한다더라.[14]

『그리스도신문』은 기독교 계통의 주간 발행 신문으로, 고종 황제의 어사진을 신문 판매의 목적에서, 또 고종 황제의 어사진을 보급하기 위해 이를 지속적으로 추진했다. 이 신문은 이러한 사실을 광고나 사고로 오랫 동안 게재했는데, 여기에서도 고종 황제의 인물사진을 어사진으로 게재하고 있다.

그리스도신문이 각처에 퍼져 많은 사람이 보아 유익하게 하는데, 월전에 신문 사장 원두우씨가 대군주 폐하께 대군주의 사진 뫼실 일로 윤허하심을 물어 월전에도 말하였거니와 한 달 후에 어사진을 뫼실 터인데, 일년을 이어 보는 사람에게는 한 장씩 주기로 하였으나, 지금부터 일 년을 이어보려는 사람에게도 주겠노라. 그러나 우리 조선이 몇 백년 이래로 어 사진 뫼시는 일은 처음일뿐더러 경향 간 인민들이 대군주의 천안을 뵈온 사람이 만분의 일이 못될 터이니, 신문을 보아 문견을 넓히는 것도 유익하거니와 각각 대군주 폐하의 사진을 뫼시는 것이 신민 된 자에게 기쁘고 즐거운 마음을 어찌 다 측량하리오. 경향 간 어떠한 사람이던지 이 사진을 뫼시러 하거든 일년을 이어 보시오.

그리스도 신문국은 대정동[15])

『그리스도신문』은 1897년 4월 1일, 미국 장로교회 선교사 H. G. 언더우드Underwood, 元杜尤가 창간한 주 1회 발행 순한글 주간지로 여타 기독교신문처럼 선교활동을 목적으로 발행했다. 기사는『독립신문』과 같은 구어체의 한글로 썼으며, 1면 논설, 2면 공장편리설, 3면 농지편설, 5면 관보, 8면 외방통신, 6면과 7면 국내 각부 통신, 전보, 광고 성경강화 대회관, 교회통신, 기도회 등의 종계 관계 기사를 게재한 8면 내외의 지면을 지속했다. 특히 이 신문은 기독교 선교를 목적으로 발행되었으나 과학지식의 보급과 계몽에도 중요한 발행 목적을 두었다. 또 신문사상 최초로 사진 게재를 실현한 신문이었다.[16] 어사진이란 명칭은『그리스도신문』에서 시작되어 1900년대에 발행되던 몇몇 민간지에서 채택되어 신문 용어로도 사용되었다.[17]

그 외에 고종 황제는 황제 자신의 사진에 주연진珠淵眞이란, 마치 어진에 표제를 쓰는 것처럼 주연珠淵이라는 고종의 호와 사진의 진眞을 합친 주연진이라고 표기한 적도 있다.

위에서 본 몇 가지 명칭인 어진, 어사진, 주연진 등은 그 나름의 당위성을 가진 이름들이다. 이들 명칭들은 추론컨대 국왕의 인물화에 대한 종래의 명칭 어진御眞이 존재하고 있었고, 또 사진이라는 명칭이 인물화를 지칭하는 이름으로도 널리 알려져 있었고, 사진도 인물화의 개념으로 생각했기 때문에 크게 문제되지 않았던 것 같다. 그러나 어진은 국왕의 인물화를 지칭하는 명칭과 동일하기 때문에 사진과 인물화를 구별해야 한다는, 명칭이 갖는 특성으로 해서 일반적으로 사용하기에는 합당하지 못한 점이 있었다. 주연진처럼 고종 황제 진眞 또는 고종진이라고 부르는 것도 문제점이 있었다. 참고로 일본에서 천황의 인물사진 촬영은 메이지 천황 때에 최초로 실현되었는데,[18] 천황의 인물사진을 어사진御寫眞이라고 해서 공식적인 용어로 되어 있지만, 어사진이란 명칭은 거의 사용되지 않고, 어진영御眞影이란 호칭이 일반화되었다.[19]

어사진의 촬영이 처음 실현되었던 1880년대의 한국사진사 초기시대의 사진술의 가치 평가라든가 사진술 자체에 대한 이해는 당시대의 사진적 체험인들의 구설에 좌우되었다. 사진술은 기존의 도화와는 달리 서양에서 전래된 외래 문물로, 사진술에 대한 소양이나 그 실체도 정확하게 파악되지 않은 불확실한 새로운 문화였다. 다만 사진사가 주장하는 일방적인 특질에 대해서 동의하고 사진기 앞에 나섰던 그런 정도였을 것으로 생각된다. 다시 말하면 이러한 초기의 사진술 수용의 시대에는 사진이라는 명칭 외에 국왕이나 사대부, 일반 민중의 신분에 따른 구분된 명칭을 사용했다. 그리고 사진의 여러 분야들에 대해 각각 그에 합당한 명칭들을 마련하기에는 사진술의 수용이 일천했던 시기였다.

고종의 인물사진에 대한 명칭인 어진, 어사진, 주연진 등은 어진과 같이 인물화를 지칭하는 사진寫眞이란 명칭에서 유래되었으며, 'Photography' 즉 사진이 우리나라에 정착되면서 만들어진 명칭도 여기에 근원되어 있다.[20] 따라서 이 글에서도 이러한 사진의 역사적 사실과 1890년대부터 민간지들이 기사에 게재해 왔던 어사진이란 명칭을 고종 황제의 인물사진에 대한 명칭에도 대입했다.

3. 고종의 왕궁 이어에 대해

고종 어사진은 일반적인 관행처럼 사진관을 찾아가 자신의 모습을 촬영하는 것과는 달리 사진사를 궁궐 내로 불러들여 사진을 찍었다. 복잡한 행차에 따른 문제도 있지만, 국왕이 사진관에 출궁한다는 것 또한 당시대의 관행으로는 거의 예가 없기 때문에 사진사가 궁궐에 들어와 어사진을 찍게 된 것이다. 사진사는 궁궐에서 어사진을 촬영하기 위해 영업사진관과 같은 완벽한 촬영장은 아니더라도, 만족할 만한 사진을 촬영하기 위해서 최소한의 간이 촬영장을 조성해야 했다.

초기의 사진사들이 어떤 방법으로 궁궐 내에 간이 촬영장을 만들어 국왕을 촬영했는지에 대해 관련 기록이 전혀 없기 때문에 그 실체를 파악할 수 없다. 남아있는 사진 자료들을 검토해 보면, 추측으로나마 초기에 국왕의 사진 촬영이 어떻게 이루어졌는가를 짐작해 볼 수 있다. 그리고 대부분의 사진들이 왕실에서 사진사를 불러 어사진 촬영이 이루어졌기 때문에 국왕이 어느 때 어느 궁궐에 머물었던가 하는 것은 바로 고종 어사진의 연대나 그 사진에 감추어진 이면의 사실들을 찾아볼 수 있는 직접적인 증거 자료가 된다.

고종시대에는 정궁인 경복궁과 이궁離宮인 창덕궁, 경운궁, 경우궁, 계동궁 및 러시아 공사관 등으로 이어해 이곳을 생활공간과 통치 활동 공간으로 활용했다.

고종은 1863년에 왕위에 올라 5년 후인 1868년고종 5, 273년 동안 폐궁으로 있던 경복궁을 중수해, 공사가 완전히 마무리된 이해 7월 2일, 정궁으로 이어했다.[21] 그러나 5년 후인 1873년고종 10 경복궁 내의 자경전 화재로 이해 12월에 다시 창덕궁으로 이어하게 된다.[22]

개항 전후인 1875년고종 12 경복궁의 중수가 마무리된 5월에 다시 정궁인 경복궁으로 이어했으나,[23] 1876년 11월 전각 830여 칸이 불에 타는 경복궁 대 화재사건으로, 1877년고종 14 3월 10일 창덕궁으로 이어해,[24] 여기에서 약 8년 동안1877년 3월~1884년 12월 거주하였는데, 이 시기가 고종 어사진 촬영의 최초기에 해당된다.

1884년고종 21 10월 갑신정변이 일어나자 고종은 경우궁, 계동궁, 창덕궁, 청군 군영으로 피신했다가 10월 23일에 창덕궁으로 이어한다. 임오군란과 갑신정변을 창덕궁에서 겪은 고종은 다시 1885년_{고종 22} 경복궁으로 이어해[25], 1894년_{고종 31} 잠깐 창덕궁에 머물렀던 시기도 있었으나[26] 1896년_{고종 33}까지, 가장 오랜, 약 12년간 이곳에서 생활했다. 이 기간은 을미사변 등 크고 작은 사건들이 일어났으며, 외국인들에 의해 여러 모습의 어사진들이 촬영되었던 시기이기도 했다.

고종이 1896년_{고종 33} 12월 경복궁을 나와 러시아 공사관으로 거처를 옮긴, 외국 공관에서 생활하게 되는 아관파천[27]이라는 사건도 일어났는데, 러시아 공사관에 체재한 기간은 약 1년간이었다. 그리고 러시아 공사관을 나와 경운궁, 즉 덕수궁으로 이어한 것은 1897년 2월이었다.[28]

덕수궁은 고종의 재위 말년과 생애 말년을 보낸 궁궐이기도 했다. 1897년 10월, 원구단에서 황제 즉위식을 거행하고 대한제국을 선포할 때나 망육순의 행사가 치러진 곳일 뿐만 아니라 1907년 순종에게 양위한 곳도 이 덕수궁이었다.

고종의 러시아 공사관과 덕수궁 이어 시기는 역사적으로도 중요한 사건들이 빈발했었지만, 어사진 촬영과 어진도사가 함께 이루어진, 국왕의 시각적 표상의 제작기이기도 했다. 참고로 고종의 궁궐 이어와 환어를 다음과 같이 정리했다.

- 1868년고종 5 7월 2일 경복궁 중건으로 창덕궁에서 경복궁으로 이어
- 1973년고종 10 12월 경복궁 자경전 화재로 창덕궁으로 이어
- 1875년고종 12 5월 창덕궁에서 경복궁으로 이어
- 1877년고종 14 3월 경복궁 화재로 창덕궁으로 이어
- 1884년고종 21 10월 갑신정변으로 경우궁, 계동궁, 창덕궁, 청나라 군영으로 이어했다가 창덕궁으로 환어
- 1885년고종 22 1월 경복궁으로 이어
- 1894년고종 31 4월 창덕궁으로 이어
- 1894년고종 31 5월 경복궁으로 이어
- 1896년고종 33 12월 을미사변으로 러시아 공사관으로 이어
- 1897년고종 34 2월 경운궁, 즉 덕수궁으로 이어해 두 번의 어진도사와 많은 사진들을 찍었다.

4. 최초로 촬영된 고종의 어사진

고종은 최초의 사진시대 국왕일 뿐만 아니라 어진 제작이라는 전통적인 인물화 제작 문화가 겹쳐지는 시대의 황제였다.

고종의 어사진은 왕의 평상복이라고 할 수 있는 익선관과 곤룡포 차림으로 옥좌에 앉아 촬영한 모습에서부터 평상복 차림으로 궁궐의 실내·외에서 촬영된 모습, 서양 문물과 함께 이입된 양복을 입고 촬영한 모습, 어진제작 때처럼 전통적인 군복과는 다른 서양 군복 차림으로 찍은 사진, 명성황후 국상 때에는 상복차림을 한 사진, 퇴위한 후에는 일

반 사대부들의 복장과 같은 모습으로 찍은 사진도 있다. 이 많은 사진
들은 사진기라는 낯선 기계 앞에 서서 사진사의 지시에 따라 포즈를 취
한 것이다. 사진이 어떻게 찍혀지는지 흥미롭게 카메라까지도 구경하
는 등 고종의 사진에 대한 관심사가 그 속에 담겨져 있다. 시대의 흐름
과 변화의 물결이 적나라하게 표출된, 정말 사진시대의 국왕이었다는
느낌을 불러 일으킨다.

　조선 왕조 제26대 고종은 섭정으로 오랫동안 통치해 왔던 아버지인
흥선대원군에게서 왕권을 돌려받은 후 흥선대원군과는 달리 왕권을 행
사하면서 점차적으로 외국을 향해 문호를 개방하고 서구 문물을 수용하
려는 방향으로 전환했다. 1876년에 일본과 국교를 맺고, 1882년에는 미
국을 비롯한 서양 제국들과도 외교 관계를 수립했다. 인적 교류와 함께
문화와 문물 등이 여러 나라로부터 유입되는 등 개화의 시대를 맞게 되었다.

　이와 때를 같이하여 사진과 사진기 등이 반입되고, 이를 이용해 사진
술을 정착시켰으며, 실생활에 이를 이용하게 되었다. 서울과 지방에 사
진관이라는 특이한 형태의 사진 유통구조가 생겨나고, 이를 이용하는
민중들의 수효도 점차 늘어나게 되었다. 또 이러한 수용과정에서 외국
인들이 국내에 들어와 무제한적으로 피사체에 접근해 그들의 흥미본위
로 촬영하는 사진 활동도 공식, 비공식적으로 이루어졌다. 사진기를 휴
대한 외국인들 외교관, 선교사, 기자, 여행자, 고용인, 상업가, 사진전
문가 등 여러 부류의 사람들이 입국해 많은 사진을 찍어 그들 나라에
소개하거나 찍은 사진을 상품화 또는 여러 간행물에 소개했다. 이러한
사진의 힘은 좋은 뜻으로든 나쁜 뜻으로든, 조선을 세계에 알리는 매체
가 되었다.

개항 이후 1880년대를 전후한 시기는 문호 개방과 함께 서양 열강들의 통상을 위한 진출이 러시를 이루었으며, 선교활동을 위한 선교사들의 입국도 분주해졌다. 이러한 조선에 대한 관심과 함께, 이 땅에 진출하기 위한 많은 연구서들도 출간되었다.

한국 선교의 개척자인 존 로스 목사Rev, John Ross의 『한국역사History of Corea, 1879년』, 에른스트 오페르트Ernest Oppert의 『한국기행Ein Verschiossenes Land, Reisen nach Corea, 1880년』, 1871년 일본에 건너와 화학을 가르치면서 일본과 조선의 역사를 연구한 윌리엄 엘리오트 그리피스William Elliot Griffis의 『은둔국, 조선Corea, the Hermit Nation, 1882년』, 퍼시벌 로웰Percival Lowell의 『조선, 고요한 아침의 나라Choson the Land of the Morning Calm, 1886년』, L on de Rosny의 『Les Cor ens, 1888년』, 조선 부영사로 18 개월간 조선에서 생활했던 W. R. 칼스Carles의 『한국생활Life in Corea, 1888년』, 영국왕립지리학회의 인도지역 임원을 지낸 H. E. M. 제임스James의 『The Long White Mountain, 1888년』, Percival Lowell의 『The Soul of the Far East, 1888년』 등은 1890년대를 전후해 출판된 서양서적들이다. 이들 책을 살펴보면 조선에 입국해 본격적으로 사진촬영을 했던 외국인은 퍼시벌 로웰 외에 수 명에 불과했다.

1880년대의 책들에는 특이한 사진들을 찾아 볼 수 없으나 1890년대부터 1900년대에는 여러 목적으로 입국한 외국인들이 다양한 사진을 촬영했다. 자국의 이익을 위해 정보로 활용하기도 하고, 사진 자체로 자국에 소개하거나 인쇄 매체에 삽화로 활용하기도 했다. 이러한 서양인들의 사진 바람이 계속되는 동안 우리도 자생적으로 사진술을 수용해 특이한 영업사진관의 등장을 보게 되었다. 서울과 몇몇 지방 도시까

지 사진관이 설립되어 초상사진을 비롯한 인간사의 여러 모습을 찍어
내는 신기한 일들을 담당하게 되었다. 이러한 시대 변화 속에서 국왕인
고종도 어진도사 도감에 의해 초상화를 그리는 한편, 사진기 앞에서 자
유스런 모습으로 어체를 촬영하는 새로운 사건도 일어나게 되었다.

최초로 고종이 누구에 의해 언제 사진을 찍게 되었는가에 대해서는
정설로 기록된 것은 없으나, 1880년대에 사진을 찍었을 것으로 추정되
는 주장에는 다음과 같은 것들이 있다.

일본 도쿄에서 발행되던 『동경회입신문東京繪入新聞』 1882년 8월 27일
자에는 고종의 사진을 바탕으로 조선 관리가 그린 그림에 관한 내용의
기사가 게재되었다. 일본 관리가 다시 그린 고종의 모습을 모사한 것을
해군 대위가 구입해 스승에게 기증했다[29]는 내용이다. 1882년을 전후
해 이미 고종의 인물사진이 촬영되고, 이 사진을 화가에게 주어 인물화
를 제작하도록 했거나 제작이 이루어졌다는 가능성을 내비친 주장이
다.[30] 또 하나는 조지 클레이톤 폴크George Clayton Foulk, 1856~1893라는 미국
의 아마추어 사진가가 1883년부터 1887년까지 조선에 머무르면서 촬영
했던 사진들을 1888년 W. R. 찰스가 출판한 책에 사진을 제공했는데,
이 책에 고종의 인물사진도 포함되어 있다는 것, 좀 시기는 뒤떨어지지
만 1890년대에 L. B. 그래험L.B. Graham이라는 미국인 아마추어 사진가도
고종의 사진을 촬영했다는 주장도 있다.[31]

이와는 달리 앞에 열거한 1880년대의 서양인들의 책 중에 퍼시벌 로
웰의 『조선 고요한 아침의 나라』에는 본인이 직접 촬영한 '근정전 전
경', '외무아문 관리들', '병조兵曹의 관리', '경회루 내부', '경회루의 중국
사신들', '창덕궁 옆길', '세검정 부근의 정자', '세검정', '덕수궁 후정',

'왕궁의 일부', '남산에서 본 풍경', '내당마님의 행차', '남사당의 가두공연', '수학자 친구', '어린이들', '민가의 물지게꾼', '산밑의 초가집', '시장의 인파', '홍살문', '시장의 인파', '시장 속의 군모를 파는 상점 광경', '한약방 겸 점치는 집', '상점 풍경', '한강변의 마포', '세검정 오륜교', '한강변의 어선', '유빙이 떠있는 한강' 등 28점 속에 고종의 어사진도 포함되어 있다.

또 로웰이 고종의 어사진 등을 촬영한 사실을 명확히 해주는 다른 자료로 조선왕조 말의 정치가 윤치호尹致昊. 1865~1945의 일기를 들 수 있다. 1883년18세부터 60년 동안 일기를 썼던 윤치호는 1884년 3월 10일양력자 일기에 "11시경에 사서기 로웰과 같이 예궐하여 어진御眞, 세자궁 어진왕세자의 사진을 촬영하고 오후 5시경에 물러나 공사관으로 돌아오다."[32] 라고 기록하고 있으며, 또 3월 13일자에도 "로웰이 사서와 같이 궁궐에 들어와 어진을 촬영하다. 이날 지설봉지운영도 어진을 촬영하다."[33]라고 해서 고종이 로웰의 카메라 앞에 서서 사진을 촬영했다는 사실을 밝혀주고 있다.

그리고 이때에 촬영된 사진은 약 6개월 후에 고종에게 전달되었다. 역시 윤치호의 일기 1884년 8월 7일자에 "이날 로웰의 서신과 로웰이 서울에 있을 때 촬영한 사진을 받다. 또 진상하는 사진첩 1책이 있었다. 이것을 가지고 예궐하다."[34]라고 기록하고 있다. 고종은 1884년 3월에 카메라 앞에서 사진을 촬영했으며, 국왕이 자신을 찍은 인물사진과 왕세자의 사진 등을 직접 볼 수 있었던 것은 그 해 8월 7일이었던 것으로 생각된다. 그런데 흥미로운 점은 국왕께 진상하는 사진은 낱장으로 된 사진과 사진첩으로 된 두 종류였던 것으로 생각되며, 사진첩 즉 사진을 철하거나 대지에 붙인 책처럼 된 사진앨범이 최초로 등장한

사실도 찾아볼 수 있다.[35]

로웰이 촬영한 고종의 어사진은 그가 처음 알현했을 때의 모습을 염두에 두고, 무척 호감을 주는 모습 그대로 사진에 나타내려고 했을까. 그가 알현 때 받았던 첫인상을 그의 책에 다음과 같이 기록하고 있다.

왕은 약 서른살쯤 되어 보였으며 키는 조선인의 평균치보다 좀 작아 보였다. … 왕은 대체로 다른 궁정복宮廷服과 유사한 의복을 입고 있었으며 부분적인 장식만이 다른 것과 구별되었다. 모자는 관리들의 것과 비슷했으나 관리들의 갓이 검정색인 반면 왕의 것은 검은 청색을 띠고 있었다. 겉옷은 다른 관리들과 거의 같은 모양이었고 밝은 적색赤色 옷으로 허리가 메어져 있었다. 조선에서는 이 적색이 왕을 나타내는 색이다. 허리띠는 장식에 있어서 화려 했지만 모양은 다른 것과 유사했다. 그리고 왕의 가슴 장식은 학鶴 대신 중국의 용龍이 그려져 있었다. … 왕의 첫 인상은 처음 순간부터 무척 호감을 주는 모습이었다.

이러한 그의 모습은 그와의 대면에서 더욱 드러나게 되었는데, 사람의 얼굴이 실제로 그의 성격의 반영이다는 것을 입증한 셈이다. 특히 그의 웃음은 사람의 마음을 끄는 매력이 있었다. 그의 따뜻한 눈길을 받으며 내가 거기 서 있을 때 나는 그가 격식을 차리기 위해 했던 말처럼 진실로 나를 만나게 된 것을 기뻐하는 모습을 볼 수 있었다.[36]

고종 어사진의 촬영자 로웰1855~1916이 조선에 건너오게 된 것은 보빙사라는 미국 시찰단을 일본에서 미국까지, 다시 미국에서 일본까지 안내한 공로에 보답하기 위해 고종의 초청으로 이루어진 것이었다. 1883년

12월 조선을 방문한 로웰은 보스턴 출생으로 1876년 하버드대학 물리학과를 졸업한 후 어느 강연회에서 일본 문화에 대한 얘기를 듣고 이에 자극되어 일본에 건너와 10여년 간 일본에 체류하고 있었다. 1882년 미국과의 외교 관계가 수립되고, 양국간의 친선을 위해 사절단을 파견하게 되었다. 당시 일본에 체류 중이던 로웰은 민영익전권대신, 홍영식부대신, 서광범종사관, 유길준, 고영철, 변 수, 현흥택, 최경석이상 수행원으로 구성된 보빙사를 일본에서부터 미국까지, 또 미국에서 일본으로 돌아오는 데까지 안내하게 되었다. 1883년 12월에 입국한 로웰은 약 3개월 정도 머물다가 1884년 3월 18일, 고종의 어사진을 촬영한 지 4일 만에 일본으로 출국했다.

로웰이 촬영한 고종의 어사진은 서양인이 촬영한 최초의 사진임과 동시에 최초로 인쇄되어 책에 게재된 국왕의 사진이기도 했다.

로웰이 찍은 고종의 어사진은 장소가 명시되어 있지 않아 촬영 장소를 확인할 수 없으나 사진에 나타난 특징적인 표지들을 근거로 촬영 현장을 찾아보았다. 향로를 둔 건물, 오색천서사현란五色天書詞絢爛이라는 주련을 부착한 건물, 네모난 기둥으로 된 전각 등을 참고로 조사한 결과 창덕궁 후원 깊숙한 숲 속에 숨어있는 농수정이란 정자 앞에서 찍었음을 확인할 수 있었다.

창덕궁의 동문인 청양문을 거쳐 긴 돌담을 끼고 북쪽으로 고개를 넘어서면 여러 목조 건물과 정자들이 숲과 연못을 낀 정원 형태를 이루어 아름다운 후원 속에 다다르게 된다. 부용정이 세워져 있는 부용지와 서쪽 언덕 위에 우뚝 서 있는 주합루, 동쪽에는 영화당 등이 후원의 제1 공간을 이루고 있다.

영화당을 끼고 조금 들어가면, 제2공간이 펼쳐지는데, 돌 한 장을 조각해 만든 불로문이 서 있고 그 안으로 들어가면 애련정이 있는 정사각형태로 된 애련지, 느티나무 사이로 민간 사대부 집 형태로 지은 99칸 집의 연경당이 자리 잡고 있다. 1828년에 세운 연경당은 장락문, 장암문, 수인문, 모옥, 통벽문, 연경당, 선향재, 농수정 등로 이루어져 있으며, 이 정자에는 '자손들이 복을 영원히 누리라'는 연경당 현판이 걸려 있다.

돌다리를 건너 대문인 장락문을 통과해 사랑채의 마당으로 통하는 연경당 안의 또 다른 문인 장양문에 들어서면 오른쪽에 14칸짜리 선향재가 있다. 선향재 뒤란으로 들어가면 층층이 깎은 돌로 만든 계단이 나오고, 이 계단을 오르면 동산에 전혀 예상치 못했던 정자가 우뚝 솟아 있다. 수목이 울창하게 우거져 비단을 펼친 듯하다는 뜻으로 된 농수정이란 편액이 걸린 정자가 바로 그곳이다.

정·측면 한칸 사모지붕, 네모기둥 사이에 벽을 두지 않고 완자무늬의 사분합문을 달았다. 사용할 때는 열 개의 분합문을 열어 접어서 들쇠에 메달아 바깥 경치를 구경할 수 있다. 이러한 농수정에 올라 고종은 사면의 분합문을 모두 열어 접어 들쇠에 걸고 "오색의 어필은 문장도 찬란하네"의 주련이 보이는 건물 정면의 장대석에 서서 전신 형태의 사진을 촬영했던 것이다. 시종들은 고종의 사진 촬영에 앞서 농수정 정면 양편에 칠보 향로를 가져다가 비치하고 장대석에는 꽃무늬를 놓은 융단 같은 것을 깔고 그 위에 서서 촬영하도록 세심하게 연출을 했다.

고종이 외국인 사진가에게 사진을 촬영하면서 창덕궁의 후원 깊숙한, 그것도 정전이 아닌 민간 사대부 집 형태로 지은 99 칸의 부속 건물인 농수정까지 올라가 찍게 했던 것은 그 이면의 사실을 알 수 없으나 대단히 흥미롭다. 1895년 6월 명성황후가 연경당 앞뜰에서 내외 귀빈들에게 연유회를 베풀었다는 것으로 보아 고종은 미국인 로웰에게 후원의 아름다운 경치를 구경도 시킬 겸 이곳을 촬영장소로 택한 것은 아닐지. 그러나 필자가 현장을 답사했던 2002년, 사진을 찍었다고 기록된 3월 13일의 경치는 아직도 봄의 아름다움이 후원에 찾아오지 않고 있었다.

5. 대한제국기 전후의 어사진

고종의 어진은 국호를 대한제국으로 정하고 황제의 제위에 오른 후인 1901~2년 무렵 면복본冕服本과 원유관복遠遊冠服, 익선관복翼善冠服, 군복대본軍服大本, 군복 소본 등을 제작했다. 그리고 이 해 말에 기로소에 봉안할 어진을 또 제작하게 된다.[37] 그러나 현재 남아 있는 어진은 원광대학교 박물관에 소장되어 있는 황색 곤룡포를 입은 익선관본과 궁중유물전시관에 소장된 통천관을 쓰고 있는 강사포본絳紗袍本, 그리고 1899년 미국인 휴버트 보스Hubert Vos가 그린 고종의 인물화, 그 외에 이모했는지 확인할 수 없지만, 소본으로 조성된 어진 등이 전해지고 있다.

이와는 달리 고종의 어사진은 그 원본의 소재는 확인이 불가능하지만, 다양한 모습으로 찍힌 원본과 복사본들의 어사진들이 전해지고 있다. 현존하는 고종의 어사진들은 한국 사진 발달의 일단을 엿볼 수 있다. 또 한편 한국 근대사가 어떻게 진행되어 왔는가를 엿볼 수 있는 자료라고도 할 수 있을 것이다.

고종의 어사진을 시대적으로 나누어서 보면, 초기의 어사진은 -국왕의 동정을 스냅한 사진은 전혀 없고, 채광 문제 때문에 실내에서 촬영한 사진도 거의 없고- 실외에서 주로 촬영된 사진들 뿐이다. 아마 공식적인 어사진의 등장은 실내 촬영이 가능해지면서 실현되었을 것으로 생각된다. 어사진들 중에는 야외와 실내 촬영의 중간 과정 현상인 실내이기도 하고 야외이기도 한 회랑이나 처마 밑을 이용한 촬영장 시대도 있었다. 이때는 벽면에 병풍이나 광목 같은 천을 배경으로 설치하고 야외 조명을 이용하는 촬영 기법도 활용되었다.

▲ 고종 황제(1907년)

초기의 사진술은 사진관의 촬영장처럼 사진관 건물의 북쪽 지붕을 벗겨내고 유리를 덮어 천창을 만들고, 남쪽 벽면에도 채광창을 내어 자연광선을 활용할 수 있는 시설을 만들어 사진을 촬영했다.

그러나 왕궁에서도 국왕의 사진은 이러한 사진관과 같은 천창식 촬영장 구조를 갖춘 설비를 마련하지 않고는 촬영이 불가능했다. 왕실의 집무실 등 실내에서 포즈를 취한 모습으로 촬영된 사진은 1900년 이후 실내에서 촬영할 수 있는 채광 문제를 해결할 수 있게 되면서 가능해졌다.

어사진은 사진술의 발전에 따라 새로운 변화의 모습으로 다양하게

▲ 고종 황제(1907년)

촬영되었다.

　1890년대에서 1910년 이전에 촬영된 어사진은 고종 황제의 외형 모습에 새로 제정된 제도와 규범의 여러 가지 변화들, 당시대의 중요 사건들이 사실적으로 나타나 있다. 1897년 대한제국 선포, 양복 착용과 단발령, 표훈 관제의 반포 등은 바로 황제 자신의 외형 치장과 복장에 그대로 반영되었다.

　고종의 어사진 중 익선관본에 해당되는 사진은 익선관, 곤룡포, 옥대, 흑색 녹비화를 착용한 전통적인 평상복의 모습이지만, 흑백사진으로 촬영되어 아름다운 모습의 분별이 명확하게 나타나 있지 않다. 고종이 황제에 올라 착용한 익선관은 관 자체가 2단으로 턱이 지고, 앞쪽 보다 높은 뒤쪽에는 매미 날개 모양의 양각을 위로 향하도록 부착했다. 모체의 정면, 위, 중앙, 좌우는 적색을 띤 자색의 명주실 다발을 위로 9번, 좌우 9번 꼬아 장식했으며, 내부 골격도 매우 정교하게 제작되어 있다. 곤룡포도 홍곤룡포에서 황곤룡포로, 깃은 둥근 곡령曲領으로 단추를 오른쪽 어깨에서 끼우게 되어 있고, 양쪽 무의 여분을 뒤쪽으로 반정도 반쪽으로 접어서 무의 위 부분을 꿰매어 고정시키는 형태이다. 황제를 상징하는 황룡포에는 해를 상징하는 흰색 여의주를 입에 물고 있는 모습을 수놓은 보를 앞가슴에 부착하고,

등 뒤의 보에는 용이 달을 상징하는 흰색 여의주를 입에 물고 몸을 둥글게 틀고 있는 보를, 오른쪽 왼쪽 어깨에도 앞가슴과 등 뒤의 형태와 같은 보를 부착했다. 중국 황제와 동격의 포를 입고 있었다고 한다.[38]

이렇게 용의 형태를 아름답게 수놓은 황룡포나 익선관이지만, 당시에 찍힌 사진은 흑백인데다 몇 번의 복사를 통해 인화된 사진들이라 명확하게 구분되지 않는다. 오늘과 같은 우수한 전 정색 감광판이 아니어서 특이한 색감의 표출이 잘되지 않던 시대였기 때문에 색이나 수놓아진 보를 자세하게 볼 수 없다. 뿐만 아니라 형태마저도 명확하게 구별하기가 매우 어렵게 되어 있다. 1884년 무렵 로웰이 촬영한 고종의 인물사진과 비교하면, 익선관의 모양이나 곤룡포의 형태와 무늬 등에서 크게 다른 점을 찾아보기가 쉽지 않다.

대한제국 선포 이후에 촬영된 고종 황제의 사진들은 훈장 착용만 빼면, 복장이나 포즈, 배경 등에서 전통적인 어진 제작의 틀을 답습하고 있다고 할 수 있는 형태로 촬영되었다. 그러나 고종의 양복 착용과 군복 착용 사진에 오면 어진도사 형태가 어느 정도 상존하고 있긴 하지만 사진적 어진 촬영의 새로운 시대가 열리기 시작했다.

1897년 대한제국 선포를 전후한 시기에는 신체와 복장의 변화에 영향을 미쳤던 중대한 사건들이 일어났다. 1895년에 김홍집 내각은 양력을 채용하고 단발령을 선포해 고종이 솔선해 머리를 깎고, 관리들은 무장을 한 채 거리를 다니면서 강제로 백성들의 머리를 깎는 단발령을 시행했다. 그리고 1899년 7월 4일에는 칙령 제30호로 표훈원 관제를 반포하고, 1900년광부 4 4월 17일 칙령 제13호로 대훈위大勳位와 훈勳, 공功 등 3종으로 훈등을 구분하여 금척대수정장金尺大綬正章, 이화대수정장梨花大

綬正章, 태극장太極章, 자응장紫鷹章 등을 제정하였다.[39] 이후에도 칙령으로 팔괘장八卦章, 서성대수장瑞星大綬正章 그리고 황후의 어지로 수여하는 서봉장瑞鳳章 등이 제정되어 시행되었다.[40]

그리고 또 하나의 사건은 1300년 간 입었던 중국식 관복이 서구식의 양복으로 바뀐 문관복 규칙의 반포였다. 1900년 4월 17일 반포된 문관복장 규칙은 문관복의 대례복, 소례복, 상복을 양복으로 입게 한 것이며, 영국의 궁중 예복을 모방하고, 일본의 대례복大禮服을 참작하여 만든 것이었다.[41] 대례복은 연미복인 프록코트와 같은 색인 트라우저에 비콘해트를 착용했으며, 소례복은 연미복과 프록 코트, 상복은 서구 시민의 평복인 세비로를 입게 되었다. 일본은 영국의 예복을 모방하고 우리는 일본의 양복을 모방한 복식을 문관복으로 채용하게 된 것이다.[42]

이러한 단발과 훈장제, 양복 착용의 영향이 가장 뚜렷하게 나타난 사진이 바로 고종 황제의 양복을 입은 어사진이다. 익선관 또는 면류관에 황곤룡포를 착용하고 오봉병풍을 배경으로 옥자에 앉은 전통적인 어진과는 달리 상투를 단발하고 가르마를 한 하이칼라 머리를 했으며, 신은 녹비화 대신에 검정 가죽구두를 착용했다.

옷은 곤룡포 대신에 궁내에서의 접견, 공식적인 연회 등 때 착용하는 검정색 프록코트厚錄高套, Frock coat를 입었으며,[43] 여기에 황실에만 수여되는 가장 품격이 높은 대훈위 금척대수정장을 오른쪽 어깨 쪽에서 왼쪽 허리 밑으로 착용하고 왼쪽 가슴에는 금척부장과 서성부장을 패용하고 있다. 또 장갑을 든 손은 무릎에 올려놓은 상태로 병풍을 배경으로 의자에 앉은 좌상 형태를 취한 전혀 새로운 형태의 사진이 되었다.

이로 미루어보아 양복 착용의 어사진의 촬영 연대는 1902년 9월 11일

에 서부장의 훈위 시행이 실시되었기 때문에 적어도 1902년 9월 이후
에 촬영되었을 것으로 생각된다.

고종 황제의 사진 중에서 문관복의 기준에 따라 제작된 황제복 차림
은 우리의 시선을 끄는 흥미로운 모습이다. 프러시아 황제복식이라고
도 하고[44] 대원수 복장제식의 교임식交衽式 또는 대원수 복장제식이 아
닌 특수복의 육군 복장이라고도 하는[45] 고종 황제의 사진은 군복이라
기보다는 문관복의 대례복 형식을 갖춘 차림이 아닌가 생각된다.

법규류편法規類編 규제문 제10류 의제에 정해진 문관 대례복은 소매에
금실로 오얏꽃 무늬를 수놓은 장식을 하고, 흰색 장갑, 모자, 검대와
검을 착용하도록 되어 있다.

사진 우측 상단에 붓글씨로 사진 설명을 써 둔 "주연진 정미추珠淵眞 丁
未秋"라고 한 고종 황제의 어사진은 가슴에는 훈장을 패용하고 장갑을
낀 한 손은 탁자에, 또 한 손은 정장에 착용하는 칼을 집고 서있게 하
여 안정적인 자세를 취하고 있다. 탁자 위에는 정장에 착용하는 모자를
놓아두고, 배경은 꽃으로 장식된 병풍이거나 벽장식이 된 방에 양탄자
를 깐, 고급스런 분위기 속에서 촬영된 사진이다. 고종 황제가 입은 상
의에는 가슴에 주렁주렁 훈장을 패용한 것도 빼놓을 수 없다. 이 패용
훈장은 대한제국 최고 훈장으로 황실에만 수여되는 대훈위 금척대수정
장과 부장으로 금척부장이며, 여기에 외국 정부로부터 받은 외국훈장
의 부장도 함께 패용해 앞가슴은 더 이상의 공간이 없을 정도로 훈장으
로 장식되어 있다.

금척훈장은 대한제국 당시의 최고 훈장으로 지름이 약 74mm2치5푼 크
기에 한 가운데 청홍색으로 태극 마크가 황금색 선으로 둘러있고, 태극

마크를 중심으로 십자가형 금척과 백색 금척이 주축을 이룬 사이로 외곽에는 세 송이의 백색 오얏꽃李花을 연결 형태로 첨부했다. 그리고 정장에 따른 금척 대수부장은 정장보다 조금 큰 지름 3촌약 90mm, 모양은 정장과 같았다.[46]

그리고 이 어사진에 적혀 있는 "주연진 정미추"의 주연珠淵은 고종 황제의 호, 진은 사진, 즉 고종의 사진을 뜻하는 것으로, 정미년 즉 1907년 가을에 촬영했다는 내용인데, 어사진에 쓰여 있는 글씨는 고종 황제의 친필인지 아니면 고종 황제를 촬영한 사진사의 글씨인지는 알 수 없지만, 촬영된 시점은 명확하게 판별된다.

이 어사진은 1907년 가을에 촬영되었다. 고종 황제의 사진 중에 황제 재위 중에 촬영한 사진으로는 마지막으로 촬영했거나 퇴위 후 어사진을 봉안하기 위한 운동과 더불어 촬영된 사진이었을 것으로 생각된다. 이 어사진을 촬영하고 오래지 않아 퇴위하고, 그해 10월 1일에 순종이 왕위에 올랐기 때문이다.

고종 황제가 육해군을 총람하는 대원수를 겸하면서 신체 치장, 복식 등 외형적인 모습에도 엄청난 큰 변화를 가져오게 되었다. 1899년 고종 황제는 원수부 관제를 반포해 황제 자신이 대원수로 육해군을 통령하고 황태자는 원수로 육해군을 통합해 통솔하게 되었다.

고종은 이러한 시기의 모습도 남기려고 했던 지, 이때의 모습도 촬영했다. 대한제국을 선포하고 황제로 즉위한 후 군 통수권을 장악하고 대원수 모습으로 자신에 차 있는 대원수 복장으로 찍은 모습과 원수 복장을 한 순종과 함께 사진을 찍었다. 군복본의 사진이다. 소매에는 인자형의 금선을 수를 놓았으며 어깨에는 견장을, 그 위에는 대원수 계급의

성장을 부착했다. 머리에는 맨 위에 화살촉과 같은 금색 쇄를 부착한
투구형의 모자를 착용하고 허리에는 검대를 하고 검을 착용했다. 이 복
장에서도 금척대훈장을 패용했다.

6. 사진과 어진의 관계 설정 가능성

조선시대 5백년 간 각 왕대마다 어진이라는 국왕의 모습을 그려 보
존하는 관례가 정례화 되어 있었다. 기록으로 남아 있는 것만 해도 국
왕의 모습을 직접 그리는 도사가 31회, 어진의 모사는 11회, 추사 4
회, 제작 3회, 그리고 이러한 어진 제작의 대상 국왕은 21명으로 나
타나 있다.[47]

그러나 초·중기의 왕대에는 어진 제작이 활발하게 이루어지지 않다
가 대한제국기에 이르면 1900년 윤 4월부터 약 3년 동안^{광무 4~6} 태조,
숙종, 영조, 정조, 순조, 익종, 헌종 등의 어진 모사 작업과 고종 자신
의 어진도사 작업도 이루어져 어느 때보다도 어진 제작이 활발하게 이
루어지게 된다.

1900년대 고종 황제의 어진도사도감에 관여했던 궁내부 특진관 민영
환은 도제조와 제조였다. 어진도사에 관여했던 신하들은 상초^{上綃}하기
전에 어진을 봉심하는 과정에서 어진과 예진이 방불한 듯하지만, 완전
히 사실적이지 못하다는 이유를 들어 다시 그리도록 요청한 적도 있었
다.[48] 이러한 사실적이고 박진감을 요구했던 이면에는 1899년 미국인
휴버트의 유화로 그린 고종 인물화의 사실적 묘사 영향이 이러한 요구

의 동인이 되었을 것이라고 했다.[49)]

어진 제작 담당 화사들에게 주문했던 민영환의 사실성은 휴버트 보스 유화의 영향도 있었지만, 민영환 자신이 서양화가에게 유화를 그리게 했던 경험, 사진 및 촬영에서의 영향도 크게 작용했을 것으로 생각된다. 그는 1890년 말 조선에 두 번째 온 A. 헨리 사비지 렌돌A. Henry Savage-Landor이라는 영국인에게 인물화를 그리게 했는데, 이때 민영환이 자신의 유화에 반응했던 정황을 사비지 랜돌은 자신의 책에 다음과 같이 기록하고 있다.

내가 자세를 취하게 하자 그는 말을 한마디도 하지 않았으며 눈조차도 깜박이지 않았다. 거의 세 시간이나 되는 시간 동안을 그는 조각과도 같이 미동도 하지 않은 채 아무 말 없이 앉아 있었다. 내가 "끝났습니다"라고 말하자 그는 어린아이 같은 모습으로 일어나 작품을 보기 위해 내 쪽으로 다가왔다. 그는 대단히 기뻐했다. 그는 나의 손을 잡고 거의 30분 간이나 흔들었다. 그런 후 그는 갑자기 엄숙한 표정으로 화폭을 노려보더니 그 뒤를 살폈다. 크게 당황한 것 같았다. "무슨 일이십니까?"라고 내가 묻자, 그는 매우 낙담한 표정으로 "당신은 비취 장신구를 빼먹었소!"라고 대답했다. … 나는 전면에서 초상화를 그렸기 때문에 이들은 그림에 나타나지 않았다. 나는 유럽의 미술 기법으로는 사물의 앞과 뒤를 동시에 보여주는 그림은 그릴 수 없다는 것을 설명하려고 애썼다. … 이러한 어려움은 많은 시간과 인내를 들여 투명하지 않은 사물을 관통하여 볼 수 없다는 사실을 증명함으로써 결국 해결되었다.[50)]

뿐만 아니라 민영환은 군복 차림의 인물 사진도 촬영한 적도 있었으며, 러시아 황제 니콜라이 2세의 대관식, 영국, 독일, 프랑스, 오스트리아, 미국 등 여러 나라를 방문한 적도 있었다. 그 당시는 쉽지 않았던 해외 여행을 통해 회화와 사진에도 전혀 무관하지 않았던 것으로 생각된다. 이러한 여러 세계의 접촉에서 받은 소양들이 고종 황제 어진에 대해 문제를 제기하게 되었을 것으로 생각된다.

서양화와 사진에서 받은 영향이나 소양은 어진도사 제작의 당사자였던 고종 황제도 풍부했을 것으로 생각된다. 1890년에는 민영환을 그렸던 사비지 렌돌이 그린 민상호이 책에는 Min San-ho로 표기되어 있다.의 궁중 예복 모습 유화를 감상한 적도 있으며,[51] 1899년에는 휴버트 보스에게 자신의 인물화를 그리도록 한 서양화 실기를 직접 체험했던 황제였기 때문이다.

▲ 고종(1899), 휴버트보스 국립현대미술관 소장

또 사진에 대해서도 1880년대 초부터 서양의 사진가들을 비롯해 우리나라의 지운영 같은 사진사에게 사진을 찍도록 했던 풍부한 사진적 체험도 가지고 있었다.

이러한 서양회화에 대한 풍부한 소양과 사진의 사실성을 인식하고 있던 당시대의 분위기로 보아 고종 황제의 어진 제작에 사진가들이 촬영했던 면본, 익선관본, 양복본, 군복본을 참고자료로 활용했을 수도 있지 않았을까라는 생각도 든다.

1899년 네덜란드 화가 휴버트 보스Hubert Vos가 유화로 그린 최초의 고종 황제 어진과 로웰의 사진, 언더우드의 책『상투를 튼 사람들과 더불어 15년』에 게재된 고종 황제 사진을 비교해 보면 재미있는 현상을 발견하게 된다.

그때까지의 각 왕대의 어진은 좌상 상태의 어진이었던것에 비해, 서 있는 입상 상태로 그려졌거나 촬영되었던 점, 손의 포즈, 곤룡포의 늘어뜨린 부분 등은 앞의 사진과 많이 닮았다. 고종의 모습이 좌상의 어진 형태를 벗어나 서 있는 입상 형태의 형식을 띠고, 모두의 친근감 속에 자리 잡게 된 것은 사진이었다.

또 이러한 입상 형태의 사진은 대한제국기에 촬영된 어사진들에서 쉽게 찾아볼 수 있다. 양복본과 군복본은 대한제국의 선포와 1901~1902년의 어진도사, 망육순 기념행사 시기에 촬영된 것으로 생각된다. 현재 이와 관련된 황제의 모습은 어진으로 남아있지 않고 사진에서만 찾아볼 수 있다.

양복본 및 군복본이 기념사진처럼 촬영되었던 것은 어진도사와 어떤 관계하에서 촬영된 것은 아닐까. 디테일 한 부분이 많고, 또 그때까지 전혀 그린 적이 없는 새로운 복장이기 때문에 사실적인 표현에 뛰어난 사진기로 촬영한 양복본과 군복본 사진을 활용하지 않았을까. 어진도사에 참고하기 위해서이거나 아니면 반대로 어진도사의 개념에서 촬영된 것은 아닐까라는 추측을 갖게 한다.

고종 황제는 어진도사 장소였던 덕수궁 정관헌에 50여 차례나 출행해 참관도 하고 화사들에게 포즈를 취했다.[52] 또 도사도감의 도제조, 제조, 화사들 모두가 서양화와 사진에 대한 체험을 가졌던 인사도 있고, 아니면 직접 볼 수 있는 기회도 있었던 시기였다. 때문에 고종 어진 제작은 역대 왕조와는 달리 화가들의 화도법, 새로운 안료 사용, 서양화와 사진의 수용에 따른 화상 표현 등에서 받았던 여러 가지 영향을 여기에 반영하게 되었다.[53] 12면류관 십이지장복, 황색 곤룡포의 착용 등 황제로서의 어진은 과거 역대 국왕과 다른 점 뿐만 아니라 당시대의 변화를 반영한 형태로 처음 제작되는 분야였다. 또한 어진도사에 대한 요구나 어진도사 작업에 미적 심안이 높아져 있던 시기였으며, 어진과 어사진의 양문화가 겹쳐진 변화의 시대이기도 했다.

7. 어진과 어사진의 대중화

고종 황제의 어진과 어사진은 일제의 강요에 의해 황제 자리에서 물러난다는 조칙이 발표되면서 이에 대한 반대운동과 함께 봉안운동도 전개되었다. 이에 따라 어진과 어사진도 진전 봉안용이 아니라 민중 속에 자리 잡게 되는 계기가 마련되었던 것이다.

1907년 7월 19일 국민들 사이에 고종 황제의 양위 조칙 발표에 이어 20일 양위식을 거행했다는 소식이 알려지자 이에 대한 저항운동이 전국적으로 전개되었다. 역신들에 대한 성토와 처단 요구, 일본인들을 공격하는 등 폭동이 일어났으며, 서울 종로에서는 대한자강회, 동우회,

기독교 청년회 회원 등 수천명이 모여 연설회를 개최했다. 연설회에 참집했던 수백 명의 군중은 일진회 기관지 국민신보사를 습격한 후 덕수궁 대한문 앞에서 황제의 양위를 철회할 것을 요구하는 연좌시위도 벌였다.[54]

1907년 고종 황제가 제위에서 물러나자 일본 세력과 친일파에 대한 민중들의 분노는 저항과 무력투쟁으로 확산되었다. 많은 국민들 사이에 고종 황제를 존호하는 존경심이 더욱 커지게 되었다. 여기에 퇴위한 고종 태황제에 대한 어진 봉안 운동이 전국적으로 파급되면서 어진, 어사진 봉안에 따른 의식 절차도 중요한 현안으로 대두되었다.

당시의 어진 봉안에 관련된 신문기사를 참고하면 학교에 어진을 봉안하는 문제는 "대황제 폐하 어진을 각 보통학교에 뫼시기로 학부에서 의논한다더라."[55]라는 기사처럼 학부가 중심이 되었다. 관청 봉안은 "어진봉안, 13도 각 관찰도와 각 부윤부에 대황제 폐하의 어진을 봉안한다더라."[56] "대황제 폐하 어진을 각도각부에 봉안한다 함은 이미 게재하였거니와 삼화부에서는 그 사무실에 봉안하였다고 내부로 보고하였다더라."[57]라는 기사처럼 내부에서 추진했다.

고종 황제의 어진 봉안과 함께 진전의 역할과 같은 의례와 봉영, 장소, 보관에 따른 새로운 규칙도 내부와 학부 주관으로 마련되었다. 어진을 봉영하는 문제는 해당지역 관리를 상경시키거나 신임 관리가 임지에 부임할 때 봉영하도록 했으나 과거와 같이 국가의 중요대사로 조정의 논의를 거쳐 행하는 과거의 어진 봉영 절차를 따르지는 않았다.

○ 어진을 뫼시다. 인천부윤 김윤정씨가 내부에 전보를 인하야 작일에 상경하였는데 어진 일본을 뫼시고 갔다더라.[58]

○ 어진봉안 각 관찰도에 어진을 아직까지 봉안치 못한 곳에는 이번에 신임한 관찰사들 부임할 때에 뫼시고 가기로 결정하였다더라.[59]

또 어진 봉안 절차나 어진 봉안 장소의 관리, 각종 행사 때의 어진 봉안 절차 등에 대한 규정도 학부가 훈령으로 마련해 각 학교와 관청에 지시했는데, 다음 기사는 고종 황제 퇴위 후의 어진 봉영 및 보관 규칙을 엿볼 수 있는 내용을 담고 있다.

○ 어진 봉안 절차, 학부에서 각 관립과 공립학교에 훈령하되 대황제 폐하께서 하사하신 어진을 각 학교에 봉안하고 일반 직원과 학도가 성의를 테념하여 흥기하고 힘써 공부할 뜻으로 이왕 훈령하였거니와 혹 소홀히 할 염려가 없지 못하여 주의할 조건을 들어 훈령하니 직원과 학도가 상확하야 일체로 준행하라 하였는데,

一, 어진을 존엄케 하기 위하야 학교를 감독하는 관청에 봉안하되 감독하는 관청이 없는 곳에는 다른 행정관청에 봉안함.

一, 예식을 거행할 때에는 모셨던 관청에서 그 당일에 예식 하는 처소로 뫼시고 예식을 마친 후에 즉시 도로 뫼시되 학교 직원이 친히 거행하고 지영하고 지송하는 의절은 정지함.[60]

○ 어진봉안처소, 공립 울산보통학교에서는 감독청이나 다른 행정관청이 없어서 어진을 객사에 봉안하기로 그 고을 군수가 학부에 보고하였더니 지령하기를 봉안할 관청이 없거든 객사에 뫼시되 극진히 조심하야 하라 하였다더라. [61]

어사진 보급 및 봉안은 1907년 무렵 고종 황제 퇴위 후에 어사진 봉안과 일제에 대한 저항으로 나타난 자주독립 운동 전개 과정에서 촉발되었다. 그러나 실제로 고종 황제의 어사진은 민간 신문사에서 인화지에 인화된 사진이라기보다는 석판으로 인쇄한 사진을 자사의 신문 판매와 고종 황제의 어사진 보급이라는 두 가지 목적으로 대한제국 초기에 배포되기 시작했다.

고종 황제 퇴위 후 어사진 봉안과 보급은 정부의 궁내부, 학부, 내부 등에서 주도 되었는데, 이들 어사진은 이미 촬영된 어사진을 봉안하기도 했지만, 공식적인 어사진을 새로 촬영해 보급했다. 어사진 봉안은 궁내부에서 어사진을 보급하고 내부와 학부의 주관으로 봉영과 관리를 담당했는데, 당시의 신문들은 이렇게 보고하고 있다.

○ 어사御寫 봉안奉安, 어진을 촬영하야 각 보통학교에 봉안하기로 학부에서 의의擬議하였다더라. [62]

○ 어진 봉안, 각 지방 13도와 각 부윤부各府尹府에 대황제 폐하大皇帝陛下의 어진을 촬영 봉안한다더라 [63]

○ 어사진 봉안, 대황제 폐하의 어사진 한 본식을 각부와 각 관찰부에 봉안할 터인대 각부에 보안할 어사진은 궁내부에서 한 본식을 보내었고 관찰부에 봉안할 어사진을 내부 관인이 뫼시고 나려간다더라. [64]

8. 애국운동의 구심점이 된 어진과 어사진

고종 황제 퇴위 후에 전개된 어사진 봉안 운동은 고종 황제의 강제 퇴위와 일제의 침략에 대한 저항으로 민중들 사이에 일어난 하나의 운동이었다. 당시의 신문에 보고된 기사 중에는 몇 가지 사실들이 눈에 띄는데, 하나는 어진을 봉안할 전각 건축과 또 하나는 교회에서 고종 황제를 기리는 기념행사에 어사진을 봉안하고 경축회를 개최했다는 내용의 기사이다.

어사진 봉안 처소의 전각 건축에 관한 기사는 회령지방의 동향으로 "대황제 폐하 어진 한 본식을 지방 보통학교에 봉안함은 사람마다 아는 바이어니와 회령군 사민회에서는 발기하기를 학교에 봉안함이 불안하다하야 학교후원에 전각 하나를 건축하고 따로 봉안하였다더라."[65]라는 내용의 기사다. 또 후속 기사에서는 계획이 실현되어 굉장히 큰 규모의 어진관 건립과 이러한 어진관 설립은 처음이라는 내용을 다음과 같이 게재했다.

회령군 사민교육회 7백원의 자금으로 어진관을 일□히 건축하여 해부 공립보통학교에 기부하였다함은 전보에 게재하였거니와 해 어진관을 탑영(塔影)하여 학부에 송교하였는데, 해관의 굉장함은 실무할 뿐만 아니라 해관의 건축은 초유한 사이라더라.)[66] (□은 원문에서 판독 불가능한 글자 표시임)

민중들 사이에 어사진이 어떻게 모셔지고 어떤 역할을 했는가에 대해 많은 행사의 예는 찾아 볼 수 없지만, 『그리스도신문』에 게재된 황해도의 한 지역에 소재한 교회에서의 고종 황제의 덕을 칭송하는 경축행사 기사는 어사진이 어떻게 받들어졌는가를 찾아볼 수 있는 좋은 예가 될 것이다.

> 장연군 대구방 송천에 있는 교회에서 음력 동지달 십오일에 대황제 폐하 존호하신 경축회를 예배당에서 개설하였는데, 회장은 서상륜씨로 책정하고 서기는 한정일씨와 림영찬씨로 책정하고 최석도집사는 서경조씨로 책정하고 연설은 삼인을 책정한 후에 당목 차일을 예배당에 높이 치고 당목 전편에 국문 대자로 썼는데, 대한국 황제 만만세라 색인 황기와 태국기호를 쌍쌍이 달았으며 대황제 폐하 어사진을 높이 모시고 규칙을 엄히 정하고 그 날 회석에 모인 사람 수로는 노소간 남인이 륙백오십이오 부인과 여아가 이백구십명이오 미쳐 기록치 못한 사람이 수백 명이 되니 향촌 조잔한 곳에 천여 명 사람이 음성을 같이하여 찬송하는 소리는 산천이 움직이며 이날 십 이점 종에 회장이 개회 한 후에 또 찬양가로 상주 은혜를 감사하고 대황제 폐하를 위하여 회장이 상주께 기도한 후에 안공서씨가 대황제 폐하의 인애하신 덕을 칭송하여 연설하고 ...[67]

고종 황제의 어사진을 모시는 운동은 관청으로부터 단체와 학교 그리고 당시대의 저항의 상징적인 의미를 띠고 민중들 사이에 파급되었으며, 일제의 강요에 의해 자국민의 국왕을 강제로 폐위시킨 데서 촉발된 애국심과 함께 민족의 구심점 역할을 했다.

고종 황제의 사진을 어사진이라고 부르는 등 사진 봉안 운동이 전국적으로 파급되고, 의병과 언론기관, 사립학교, 여러 정치 단체가 항일 세력의 주축을 이루어 더욱 강력한 저항 세력으로 부상하게 되었다.

9. 어사진과 당시대의 사진사들

사진이 발명되기 이전의 국왕은 소수의 인물들 외의 대다수 민중들은 그 모습을 전혀 알 수 없었다. 민중들이 어쩌다 국왕의 행차에 가까이 있게 되어 어가가 백성들 사이를 지나갈 때가 있더라도 그 모습을 전혀 볼 수 없었다. 어가 옆의 민중은 왕이 다 지나갈 때까지 길가에 엎드려 있어야 했기 때문이었다.

왕조시대에 시행해 왔던 어진도사 작업도 일반 백성에게 왕의 모습을 제시하여 존경하게 하고 군신 간에 일체감을 형성하기 위한 것이 아니라 조상을 추모하는 뜻에서 제작되었고, 진전에 보관해 조상의 영원함을 도모하려는데 목적을 두었을 뿐이었다. 즉 국가를 대표하는 국왕으로서의 시각적 이미지를 백성들에게 보여주려는 의도는 전혀 없었던 것이다.

이러한 시대에 국왕이나 사대부나 일반 민중도 사진기 앞에서 똑같이 포즈를 취할 수 있었으며, 고관들과 같은 모습으로 민중도 사진을 찍을 수 있었다. 이 시대에는 권력이나 계층의 문제가 아니라 사진을 찍을 때 지불해야 하는 경제 요건이 중요한 문제일 뿐이었다. 그리고 이러한 변화는 얼굴이 그 사람을 나타내는 신체의 중요 부분으로 이해하게 되었으며, 국왕의 용안도 볼 수 없는 금기 대상이 아니라 국가를 대표하는 상징적인 모습으로 시각화되었다.

사진 시대가 개막되면서 고종·고종 황제는 이러한 시대에 적극적으로 영합했으며, 사진시대의 국왕이라 할 정도로 많은 사진들을 촬영했다. 국왕 자신의 인물사진 외에 직계 가족들과 함께 찍은 가정사진, 조정대신들과 찍은 단체사진 등 많은 사진을 촬영하기도 하고, 신문이나 잡지에 최초로 복제되어 게재되기도 하고, 석판으로 인쇄해 판매되는 등 여러 분야에서 제작되어 보급되었다.

고종은 외국 왕자의 사진을 증정 받은 최초의 국왕이기도 했다. 1899년 6월 9일에 독일 하인리히 친왕親王이 군함 편으로 인천에 도착, 군악대를 이끌고 서울에 입경했다. 그는 독일인 운영의 광산을 시찰하기 위해 여행하던 중 원산에 이르러서 동행한 독일 공사에게 자신의 인물사진 2장을 고종과 왕세자에게 증정하도록 했다. 하인리히 친왕의 사진은 그후 독일 공사를 통해 고종에게 증정되었는데, 고종이 외국의 왕이나 왕족 사진을 증정 받기는 처음이었다.[68]

이러한 사진에 얽힌 사건과 고종 자신의 사진에 대한 지대한 관심은 1894년 한국을 방문한 이사벨라 비숍의 글에도 나타나 있는데, 고종의 사진에 대한 관심을 나타낸 부분을 인용한 것이다.

민간의 사진에 대한 무지한 인식과는 달리 고종 황제는 사진 찍기를 매우 즐겨하였다. 황제를 배알한 후 어영御影 촬영의 허락을 분부해 주십사고 원했더니 폐하陛下께서는 이 집안에서만 찍지 말고 저쪽에 가서

도 찍으라 하셨으며 또 손수 손을 들고 오랫 동안 참아 주시기도 하셨
다. 황제께서는 영국 빅토리아 여왕에게 헌상하기 위한 어진御眞 촬영
을 나에게 허락해 주시었다. 나는 촬영 준비를 끝내고 통역이 그 뜻을
상주上奏하자 폐하는 황태자순종 전하와 국내 관원 및 각료閣僚를 거느리
고 출어出御하셨다. 폐하는 항상 친절하셨으며 그와는 따로 어정장御正裝
의 사진도 찍지 않겠느냐고 묻기까지 하셨다. 어정복御正服은 진홍의 수
무늬에 금실로 갓을 두른 어흉장御胸章 그리고 어견御肩에도 그와 같은 수
무늬가 있어 옷 모양이 매우 고귀해 보였다.

폐하는 또한 친히 황태자순종 전하의 자세나 위치 등을 이래라 저래라
손을 봐주며 신경을 썼지만 전하께서는 그 뜻을 못 맞추어 주는 듯 했다.
촬영 후 황제께서는 카메라를 들어 흥미 있어 이모저모를 살펴보시었다.[69]

고종을 촬영했던 외국인들의 경험담은 비숍의 기록만큼 자세하지는 못하
지만, 국왕의 사진에 대한 의식은 개방적이고 흥미 이상이었던 것 같다.

외국인뿐만 아니라 국내의 사진가들에게도 촬영의 기회를 허락했는
데, 한국인과 한국에 거주하는 일본 사진가들이 있다. 1880년대부터
1910년대까지 30여 년에 걸쳐 촬영된 사진은 미국과 유럽, 일본 사진
가들이 촬영한 것으로 그 수를 헤아릴 수 없이 많다.

고종·고종 황제의 어사진 촬영에 관여했던 사진가는 누구누구였
을까?

미국인 로웰이 고종의 인물사진을 촬영했던 1884년 3월 10일, 지운
영이라는 주사를 지낸 서화가도 고종의 어사진을 촬영했다고 윤치호는
그의 일기에서 밝힌 바 있다.[70] 당시 지운영은 종로 3가와 4가 사이의

단성사 부근 마동이라는 곳에서 촬영국을 개업하고 있었는데, 우리의 사진가로서는 최초로 고종 황제를 촬영한 역사적 계기를 만든 인물로 알려져 있다.[71] 이후 서울에서는 황철이라는 서화가 겸 정치가도 사진관을 개설해 사진활동을 했으며, 1900년대에는 서화가 김규진도 시청 앞 소공동에서 천연당사진관을 개업해 영업사진 활동을 했다.

한편 1880년대에 현해탄을 건너 한국에 진출한 일본인 사진사들도 각처에서 사진관을 개업해 그 활동이 갈수록 활발했다. 서울에서는 주로 오늘의 충무로와 시청 부근을 중심으로 사진관을 개설해 영업활동을 했다. 1880년대에 가이군치甲斐軍治 사진관이 남산 밑에 자리 잡고 있었으며, 1899년에 충무로에 생영관生影館을 개업한 무라카미 사치로우村上幸次郎도 있다. 그는 『황성신문』에 서울 나동에 봉선관鳳仙館이라는 또 하나의 사진관을 개설한다고 광고를 낸 바 있다.[72] 당시로는 한 사람이 두 개의 사진관을 개업한 경우는 흔치 않은 일이었지만, 그는 생영관과 봉선관을 개설했다. 남산초등학교 밑에는 후지다藤田庄三郎의 옥천당이 성업 중이었으며, 태평로의 무교동에는 오랫 동안 사진영업을 지켜온 기쿠다菊田 사진관이 자리를 잡게 되었다. 옥천당 사진관은 당시의 동업자 중에 제일로 금일의 융성을 얻게 된 것은 모두 화객 제언의 덕택이라고 해서 가장 번창한 사진관임을 자랑하는 내용으로 된 문안을 신문에 광고로 게재한 적도 있었다.[73]

서울에서 개업하고 있던 이들 사진사들 -한국인 사진사나 일본인 사진사- 중에 고종 황제의 사진 촬영을 했던 사진사는 누구일까? 이에 대해서는 촬영된 원본사진을 접할 수도 없고 또 황실의 기록 등에도 밝혀져 있지 않아 어느 사진사가 촬영했다고 단정적으로 말할 수 있는 단계는 아니다. 그러나 몇 가지 자료를 통해 관계를 설정해 보면 몇 사람의 사진사가 가능선상에 등장하게 된다.

조선인 사진사 중에 천연당사진관 김규진은 오래 전부터 황실사진을 전담했다고 거론된 적이 있었다. 내용인 즉 1895년에 김규진이 일본에서 귀국하여 창경궁 내에 촬영국을 개설하고 궁중사진과 초상사진을 담당했다는 기록에 연유한 것이다.[74] 김규진의 창경궁 촬영국 설은 천연당사진관 개설과 일본에 유학했던 시점이 맞지 않기 때문에 설득력을 잃었던 주장이지만, 고종 때가 아닌 1907년 고종 황제 재위 말년 무렵이면, 그가 덕수궁 앞 소공동에서 천연당사진관을 개업해 장안의 화제를 모으고 있었기 때문에 충분히 가능했을 것으로 생각된다. 그 외에도 김규진은 서화가로 궁내부에 출사해 영친왕의 서법을 교수하는 사부로 재임도 했으며, 천연당사진관 건축 때 엄비의 많은 도움이 있었다는 점,[75] 또 사실 확인을 거쳐야 할 사항이지만, 영친왕이 일본에 유학이라는 명목으로 강제로 끌려갈 때 엄비가 사부였던 김규진에게 사진술을 배우게 한다는 명목으로 일본에 파견해 영친왕의 근황을 보살피도록 했다는 사실 등,[76] 황실과 서화뿐만 아니라 사진과도 밀접한 관계를 유지했을 것으로 추측된다.

또 고종 황제의 어사진을 촬영했을 것으로 추론되는 일본인 사진사로는 이와다岩田 사진관을 들 수 있다. 이 사진관의 이와다는 일본 메이지 천황의 인물사진을 촬영한 일본 도쿄의 마루키丸木利陽 사진관에서 기사 주임으로 근무했으며,[77] 순종의 사진을 촬영한 적도 있기 때문에 그 이전부터 이름이 궁중에 알려져 고종의 어진을 촬영할 수 있는 기회를 얻게 되었을 것으로 추측된다. 그리고 그 외에 무라카미 사치로우나 기쿠다 등도 당시의 명성으로 비추어볼 때 고종 황제의 어사진을 촬영하는데 참여했을 것으로 추론되는 사진사들이다.

10. 글을 마치면서

고종 황제는 사진시대의 국왕이자 황제로 각 왕대의 어진과는 다른 형태의 이미지를 남기게 되었다. 그리고 고종 황제의 어사진은 이러한 미학적인 측면과 함께 1910년을 전후해 왕조에 대한 위기의식이 높았던 시기에는 저항과 충성심의 구심점 역할을 하기도 했다.

대한제국기의 여러 변화들, 제도의 신설과 개혁 등이 고종 황제의 어사진에 사실적으로 투영되었던 재현상은 이미 살펴본 바 있지만, 여기에 더하여 어진도사 작업에 사진이 어떻게 활용되었는지에 대해서도 연구 과제로 설정해 보았다.

그러나 고종 황제의 어사진은 개인의 기록이지만, 그 사진 속에는 다양한 문화와 역사가 투영되어 있어 이면을 밝히기에는 많은 어려움이 있었다. 그런데다가 현재 남아있는 사진도 대부분 복사본이기 때문에 정확하게 사진을 읽고 파악할 수 없는 한계도 따랐다. 앞으로 고종·고종 황제의 사진에 대한 연구는 당시대에 촬영된 사진을 발굴하는 작업과 가능하면 당 시대에 제작된 사진들을 연구 대상으로 삼아야 한다는 난제를 내포하고 있다.

여기에서 논의 대상으로 삼았던 고종의 어사진은 현존하는 사진 전부를 대상으로 한 것이 아니라 필자가 수집한 사진 중에 인물사진 형태의 모습을 선택하였다.

주

1) 『太祖實錄』 4년 4월 29일조.

2) 위의 책 7년 8월 2일조.

3) 위의 책 7년 2월 26일조, 3월 6일조.

4) 『太宗實錄』 2년 2월 15일조.

5) 위의 책, 11년 5월 4일, 5월 18일, 8년 8월 7일, 9년 3월 15일조.

6) 위의 책, 4년 2월 18일조.

7) 위의 책 2년 2월 15일, 11년 5월 4일조.

8) 『世宗實錄』 16년 4월 15일조.

9) 위의 책 26년 10월 22일조.

10) 위의 책 14년 6월 3일조.

11) 影幀이란 명칭의 기록은 睿宗 1년 6월 21일조에 세종의 초상화를 지칭해 사용하고 있다.

12) 『承政院日記』 숙종 39년 4월 5, 6, 13일조.

13) 『尹致昊日記』 1884년 양력 3월 13일자 기록.
    與司書記 共魯越詣闕撮御眞世子宮御眞午後 五時頃 退歸館.

14) 『독립신문』 1897년 8월 28일 2면 잡보.

15) 『그리스도신문』 1897년 7월 15일자 광고.

16) 崔仁辰 『韓國新聞寫眞史』 열화당, 1992 pp.43~44.

17) 『皇城新聞』 1907년 9월 12일자 기사에는 "어진봉안설, 학부에서 태황제 폐하와 황태자 전하의 어사진을 촬영하여 각 관립학교에 일본식을 봉안한다는 설이 유하다더라."라고, 고종 황제의 초상사진을 어사진이라고 게재하고 있다.

18) 小澤健志『日本の寫眞史』東京 ニッコルクラブ, 1986 p.113.

19) 多木浩二 『天皇の肖像』岩波新書, 1989.

　　이 책의 서문에는 천황의 초상사진은 공식적으로 어사진(御寫眞)이라고 되어 있으나, 어진영(御眞影)이란 명칭이 일반인들 사이에 관습적으로 사용되고 있다고 했다.

20) 崔仁辰『韓國寫眞史 1631-1945』눈빛 1999 pp.14~20.

21)『承政院日記』고종 5년 7월 2일조.

22) 위의 책 고종 10년 12월 20일조.

23) 위의 책 고종 12년 5월 28일조.

24) 위의 책 고종 14년 3월 10일조.

25) 위의 책 고종 22년 1월 17일조.

26) 위의 책 고종 31년 4월 3일조.

27) 위의 책 고종 33년 12월 28일조.

28) 위의 책 고종 34년 2월 20일(양)조.

29) 李恩周「개화기 사진술의 도입과 그 영향 - 김용원의 활동을 중심으로」『震檀學報』제93호.

30) 龜井 武「日本寫眞史の落穗い(32)」『Photography in Japan』通卷 369號 日本寫眞協會 1994, 4, p.3. 이 글에서는『東京繪入新聞』1882년 8월 27일자의「飯岡仙之助所藏の當時朝鮮國王肖像模寫」로 된 기사를 소개하고 있는데, 기사는 "이것은 이이오카의 사진의 제자 해군대위 요시다 시케스카(吉田重親)가 스승에게 증정했던 복사에서 모사한 것, 원 그림은 조선의 관리가 그린 것이지만, 영국 공사가 그 복사를 간청해 허가를 얻어서 요시다에게 베끼게 한 것이라고 한다."라는 내용으로 보아 고종의 어사진이기보다는 어진을 모사한 형태의 초상화에 대한 기사로 생각된다.

31) Terry Bennett 『Korea, Caught in Time』UK Gamet publishing Limited 1997. L. B 그래햄에 대해서는「대행왕후 초상 때 상복 입은 고종 어사진」참조.

32) 尹致昊『尹致昊 國漢文日記 上』宋炳基 譯, 探求堂, 1975년, p.129.

33) 위의 책 p.130.

34) 위의 책 p.222.

35) 위의 책 p.222.

36) 퍼시발 로우웰『고요한 아침의 나라』趙慶哲 역 大光文化社 1986, p.183.

37) 李潤相「고종 즉위 40년 및 망육순 기념행사와 기념물」『韓國學報』제111집, 2003 여름호.

38) 劉頌玉「影幀摹寫都監儀軌와 御眞都寫都監儀軌의 服飾史的 考察」『朝鮮時代 御眞關係 都監儀軌 研究』韓國精神文化研究院 1997 pp.154~155.

39) 1900년(광무 10) 4월 19일 칙령 제19호.

40) 관보 제1864호, 제3730호 칙령조 참조.

41) 광무 4년 4월 17일자 칙령 제14호.

42) 유희경 김문자『한국복식문화사』교문사, 1999, p.349.
   劉頌玉『韓國服飾史』修學社 1998, pp.345~346.
   『민족대백과사전』한국정신문화연구원.

43) 劉頌玉『韓國服飾史』p.349.

44) 한영우『명성황후와 대한제국』효형출판 2001, p.146 사진설명.

45) 이강칠『대한제국 시대 훈장제도』白山出版社, 1999, p.27.

46)『法規類編』規制門 第二類 品勳.

47) 이 통계 숫자는 趙善美『韓國肖像畵研究』悅話堂 1989 pp.149~154에 소재한 「조선왕조시대의 어진제작도표」를 참조한 것임.

48) 李成美「朝鮮王朝御眞關係都監儀軌」『朝鮮時代御眞關係都監儀軌研究』韓國 精神文化研究院 1997. p.83.

49) 위의 책, p.83.

50) A. Henry Savage-Landor『고요한 아침의 나라, Corea or Cho-Sen: The Land of Morning Calm』신복룡 옮김, 집문당, p.154. 원저 출판은 1895년 런던 William Heinemann.

51) 위의 『고요한 아침의 나라』 p.155에는 고종과 왕족들이 민상호의 그림에 대해 보인 반응에 대해 "…이 초상화가 일으킨 센세이션은 매우 대단해서 며칠 지나지 않아 왕은 그 그림을 가져오라고 명하여 가족과 전체 일가들이 둘러앉아 그림을 감상했다. 그 그림은 꼬박 이틀 간 궁중에 보관되었는데, 그림에 손을 대지 말라고 한글로 쓴 표지를 캔버스 구석에 붙이는 조심성을 보였음에도 불구하고 내게 되돌려져 왔을 때는 아직도 다 마르지 않은 그림 위에 왕족과 그 밖의 여러 사람들의 손자국이 군데군데 찍혀 있었다. 왕은 그림에 매우 만족감을 표시했으며, 내가 조선을 떠나기 전에 왕 자신과 훗날 조선의 실권자로 부상한 가장 중요한 두 인물, 즉 두 외척인 조선 육군 총사령관직인 병조판서 민영환(閔泳煥)과 비스마르크라 할 수 있는 예조판서 민영준(閔泳駿)의 초상화를 그려 줄 것을 원했다."라고 기록되어 있다.

52) 위의 『朝鮮時代御眞關係都監儀軌研究』 p.62.

53) 위의 『朝鮮時代御眞關係都監儀軌研究』에 소재한 李成美의 「朝鮮王朝御眞關係都監儀軌」라는 글에 "이 목록을 보면 1872년 儀軌에서 볼 수 없었던 洋朱, 洋綠, 洋靑, 漳丹 등의 안료의 이름이 새롭게 등장하며 잡물 중에도 洋鐵대야가 있어 19세기 말에 새로운 외래 문물이 궁중 행사에도 이용되었던 것을 알 수 있다."라는 되어 있다.

54) 徐榮姬 「대한제국의 종말」 『한국사』 42 국사편찬위원회 1999 pp.371~372.

55) 『大韓每日申報』 1907년 11월 24일자 기사.

56) 위의 신문 1907년 12월 3일자 기사.

57) 위의 신문 1907년 12월 8일자 기사.

58) 위의 신문 1907년 12월 3일자 기사.

59) 위의 신문 1908년 6월 19일자 기사.

60) 위의 신문 1908년 3월 15일자 기사.

61) 위의 신문 1908년 3월 19일자 기사.

62) 『大韓每日申報』1907년 11월 24일자 기사.

63) 위의 신문 1907년 12월 3일자 기사.

64) 위의 신문 1908년 5월 12일자 기사.

65) 위의 신문 1908년 10월 10일자 기사.

66) 『皇城新聞』1908년 11월 4일자 기사.

67) 『그리스도신문』2권 3호, 1908년 1월 20일자 교회 통신 기사.

68) 『皇城新聞』1899년 8월 14일자 기사.

69) 이사벨라 버드 비숍 『한국과 그 이웃 나라』이인화 옮김 살림, 1994 pp.189~190.

70) 위의 『尹致昊日記』p.130.

71) 『漢城旬報』1884년 3월 18일자 잡보 기사.

72) 『帝國新聞』1899년 5월 8일자 광고.

73) 『皇城新聞』1901년 12월 6일자 美術的 特種寫眞 광고.

74) 『韓國藝術總覽』藝術院 1964, 사진연표 중의 김규진 부분.

75) 金永基『동양미술논총』1999, 友一출판사.
이 책에서 晴江은 "사진관 건물은 영친왕 생모 엄비가 1908년에 지워 준 집으로, 당시 장안의 민가로서 2층집은 우리 집이 최초로 새운 것이다."라고 적고 있다.

76) 金殷鎬 「海岡先生을 追慕함」『月刊文化財』1974년 7월호.
李慶成 「海岡 金圭鎭의 生涯와 藝術」『空間』1969년 5월호.

77) 『皇城新聞』1902년 1월 7일자 생영관 광고.
근하신년 생영관(生影舘) 사진사 이와다(岩田鼎) 생영관 사진 광고, 본관 기사는 동경(東京) 궁내성 어용사진사 마루키(丸木利陽) 처에서 십수년간 기사 주임으로 근무하였사오며 사진장은 구미의 신규 사진장을 방하여 개축하였사오며 조제품은 대략 여좌 하오니 ○만세불변색 사진 ○인연(引延)사진 ○법국(法國) 신유행 미술 광택사진 ○착색사진 ○옥판사진(실내 장식 용품) ○

백금지 사진, 기타 조제의 각종이 유하오니 아무조록 제군자는 촬영하시기를 앙망하옵나이다. 주택 촬영은 원근을 불구하고 청구하시는 대로 왕 촬영하오리다.

붙이는 글

한국사진역사의 길에 들어선지는 오래되었다. 그때의 흥분은 지금도 잊을 수 없다. 주위의 격려와 기대로 고무되었기 때문이었다. 그러나 실상은 그렇지 못했다. 자료 발굴도 그렇고 어디에서 어느 것을 찾아내고 어떻게 기술해야 하고 어떤 목표로 이 분야를 정리해야 할 것인가에 대한 방향조차 가름할 길이 없었다.

한국사진역사의 자료를 처음부터 수집하고 역사적 사실과 이를 보조해 줄 역사적 부수 자료를 분류하는 작업부터 시작했던 것 같다. 그리고 이러한 자료를 통해 크고 작은 명제들을 정립하고, 역사 기술 방향을 정리해 나갔다. 이와 같은 작업을 진행하면서 느낀 것은, 어느 분야도 사진에 대해 전혀 관심을 두지 않았다. 또 자료로도 취급하지 않는 등 한국사진역사 분야는 철저히 외면되어 있다는 것을 깨닫게 되면서, 풍부한 사진관련 자료를 활용해 한국역사의 여러 분야를 규명할 수 있는데도 철저히 무시하고 외면한데 대해 이해가 되지 않았다.

그러나 이러한 사진역사의 고립 시대일수록 사진역사가 담당해야 할 과제는 무엇인가에 대해 성찰하게 되었으며, 사진역사를 통해서만 해결될 한국역사 분야를 포함해야 하겠다는 포부를 갖게 되었다. 그래서 이 분야는 바로 한국사진역사의 연구 방향이 되었으며, 꾸준히 지금까지 계속해 오고 있다.

그 동안 몇 가지 연구 논문들을 발표했다. 고종의 어사진에 얽힌 문제는 맨 먼저 완성하려고 했으나 자료의 미비로 너무 많은 시일이 걸려 이제야 그 빛을 보게 되었다. 고종은 언제 사진을 촬영했는가. 어디서, 누가, 어떤 동기에서, 어떻게 촬영했는가하는 육하원칙적인 방식으로 이 과제에 접근하게 되었다. 사진에 찍혀진 촬영 장소를 찾는 문제도 시일이 많이 걸렸지만, 누가 이 사진을 찍었을까를 규명하는 것도 더욱 어려운 과제였다. 1884년에 로웰과 지운영이 촬영했을 것이라는 자료는 윤치호의 일기에서 찾아냈지만, 그 외에 촬영 장소를 찾는 문제들은 이 사진들을 어떻게 규명해야 할 것이냐 등등 해결해야 할 문제는 끝도 없었다.

재현 촬영이라는 방법을 활용했다. 옛날 찍었던 촬영 장소에서, 똑같은 복식과 똑같은 포즈로 촬영을 시도 해보았다. 의외의 사실을 발견하게 되었다. 무심히 넘어갔던 사진에 찍혀진 여러 피사체들이 발견되었다. 서구식과 조선식, 양식의 재발견도 재발견이지만, 어진모사도감처럼 요란스럽지 않았지만, 국왕의 어사진 촬영장 준비에 노심했던 측근들의 충성심의 일단도 엿볼 수 있었다.

이 책에는 고종의 어사진에 얽힌 여러 가지 사실을 규명하기 위하여, 본론에 이어 3년마다 내놓았던 연구 결과물도 수록했다. 첫 번째는 맨 마지막에 수록한 「고종 · 고종 황제의 어사진」이라는 제목의 글이다.

　논문 형태로 정리했지만, 여러 곳에 부족한 자료를 극복하려고 많은
노력을 했다. 고종이 황제에 오르면서 촬영한 어사진 부분에 대해 지금
까지 발표되지 않은 여러 내용을 담았다.

　두 번째는 2005년 늦은 가을에 시도했던 글을 게재했다. 현장 답사의
종로 3가, 단성사 부근의 지운영 촬영국이 있었던 마동에서 창덕궁으로
이어진 연도를 따라 걸으면서, 또 창덕궁 후원의 연경당까지 – 필자는
그 길을 사진의 길이라고 했다 – 현장을 르포르타주 한 내용의 글로, 지
운영의 촬영국과 어사진에 대해 새로운 방법으로 접근한 글을 수록했다.

　세 번째가 바로 2008년 어사진의 재현 촬영, 이 사진작업을 통해 어
사진에 얽힌 재문제와 이 작업의 진행 상황 등에서 밝혀진 내용을 맨
앞에 수록했다. 이와 아울러 로웰의 조선 체류 때의 자세한 연구 결과
물도 여기에 수록했다. 그 다음으로 고종의 어사진 역사라고 한, 어사
진 촬영에 얽힌 일단을 첨가했다. 영국의 여행가인 이사벨라 버드 비숍
이 선교사로 명성황후의 시의였던 릴리어스 호톤 언더우드의 책에 수
록된 고종 관련 부분도 참고했다.

　하나의 주제를 각각 다르게 접근했다. 그러나 자료의 활용이나 접근
방식을 연구 목적 등에 맞추려다 보니까 중복된 부분도 있고 다양한 자
료를 활용하지 못한 점도 있다. 시기적인 간격을 두고 작업했기 때문에
있을 수 있는 일이라고 생각해 그대로 수록했다.

끝으로 이 작업이 결실을 맺도록 적극 도와주신 창덕궁관리사무소(당시)의 안정열 소장, 이광섭 서무팀장, 단국대학교 석주선기념박물관의 박성실 교수, 이명은 학예연구사, 고종의 모습으로 분장해 촬영에 임해준 디자인 팬톤 곽인호 대표, 문화재 전문 사진가 서헌강, 이광표 동아일보 문화부차장, 국립문화재연구소, 뉴욕시립대학교의 박사과정에 있는 오혜리, 명지대학교의 박주석교수, 이혁준선생, 김예지, 그리고 공연예술연구가 김종욱선생, 이 책의 출판을 맡아 준 문현출판 한신규대표, 그 외에도 여러 분야의 연구가들에게 많은 도움을 받았다. 일일이 열거할 수 없지만, 여러분들께 다시 한번 감사드린다.

고종 어사진 촬영 127년이 되는 2010년 3월에

영석당

저자 : 최 인 진

- 1988년 동아일보 편집국 사진부 부장
- 1978년 한국사진사연구소를 설립, 사진사 정립을 위한 활동에 전념
- 1998년 98사진영상의 해 조직위 집행위원회 부위원장
- 2003년 학교법인 명지학원 사진박물관 개설 추진본부장
  현재 사진역사연구소장

[논문]
- '조선기에 전래된 사진의 원리'『향토서울』1979
- '사진수용단계에 있어서 다게레오타입 전래 유무에 관한 연구'
  김승곤선생 회갑기념 논문집『한국사진이론의 지형』2000
- '고종·고종 황제의 어사진'『근대미술연구』2004 국립현대미술관 외 다수

[저서]
- 『한국신문사진사』열화당 1992
- 『한국사진사 1631~1945』눈빛 1999
- 『손기정 남승룡 가슴의 일장기를 지우다-조선중앙일보·동아일보 일장기말소사건의 새로운 진실』
  신구문화사 2006년
- 『다산정약용의 카메라오브스쿠라를 되살리다』전시 및 도록 출간
- 『영선못의 봄 최계복사진집』문사철 2010 외 다수

고종어사진을 통해 세계를 꿈꾸다

초 판 1쇄 인쇄 2010년 11월 20일
초 판 1쇄 발행 2010년 11월 29일

지은이 최 인 진
발행인 한 신 규
편 집 오 행 복
발행처 도서출판 문현
주 소 서울특별시 송파구 문정동 99-10 장지빌딩 303호
전 화 (02) 443-0211
팩 스 (02) 443-0212
등 록 2009년 2월 23일 제2009-14호
E-mail mun2009@naver.com
www. mun2009.com

ⓒ최인진 2010
ⓒ문현 2010 printed in Korea

ISBN 978-89-94131-09-2 93910
정 가 28,000원